律师职业的理论与实践

LÜSHI ZHIYE DE
LILUN YU SHIJIAN

主　编◎贾海明
副主编◎王阿娟　钱锦宇

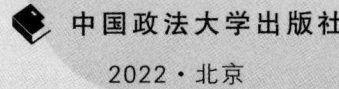

中国政法大学出版社

2022·北京

图书在版编目（ＣＩＰ）数据

律师职业的理论与实践/贾海明主编. —北京:中国政法大学出版社,2022.12
ISBN 978-7-5764-0763-1

Ⅰ.①律… Ⅱ.①贾… Ⅲ.①律师－工作－中国 Ⅳ.①D926.5

中国版本图书馆CIP数据核字(2022)第255687号

出 版 者	中国政法大学出版社
地　　址	北京市海淀区西土城路25号
邮寄地址	北京100088信箱8034分箱　邮编100088
网　　址	http://www.cuplpress.com (网络实名：中国政法大学出版社)
电　　话	010-58908586(编辑部) 58908334(邮购部)
编辑邮箱	zhengfadch@126.com
承　　印	固安华明印业有限公司
开　　本	720mm×960mm　1/16
印　　张	15.5
字　　数	260千字
版　　次	2022年12月第1版
印　　次	2022年12月第1次印刷
定　　价	49.00元

序 言

PREFACE

当下的世界，正面临百年未有之大变局；当下的中国，正处于中华民族伟大复兴的关键时期。党的二十大报告指出："全面依法治国是国家治理的一场深刻革命，关系党执政兴国，关系人民幸福安康，关系党和国家长治久安。必须更好发挥法治固根本、稳预期、利长远的保障作用，在法治轨道上全面建设社会主义现代化国家。"在全面依法治国推进的伟大实践中，中国的法律人应当有一种高度的责任意识，共同推进这项党和国家重大战略任务的实施。

从世界法律文明发展史来看，律师是参与塑造各国法治文明的重要力量。律师制度是一个国家法律制度的重要组成部分，是法治文明 进步的重要标志。在保障和促进中国社会公平正义，坚持依法治国、依法执政、依法行政共同推进，坚持法治国家、法治政府、法治社会一体建设的战略背景下，律师职业被赋予了更为丰富的职能定位。尤其是在新时代基层治理结构中，律师能够发挥其独特功能来实现一种微观社会正义。

陕西明萌律师事务所秉持"明礼诚信、见微知萌"的法律服务理念，在承办民商、刑事、行政诉讼、劳动保险、金融证券、投资并购、资产重组、房地产、医疗、知识产权等传统领域法律事务的同时，高度强调服务基层社会治理，通过为基层地方政府提供法律风险论证、协助基层行政机关实施内部重大决策的合法性审查、协助基层地方政府化解信访纠纷等方式方法，从法治的微观层面助推法治中国和平安中国的建设，取得了良好的法律效果和社会效果，并获得相关部门领导、律师同行和社会公众的肯定与赞誉。

为了提升和强化明萌律师事务所团队成员的专业素质和业务能力，我们主编"明萌法律文从"，以系列丛书的形式，不断梳理我所承办的代表性案例，总结执业过程中的法律技巧和经验，拓展相关理论研究，为中国特色社会主义法治建设提供自己微薄的智识贡献。

编　者

2022 年 12 月 15 日

目 录

CONTENTS

新时代我国律师职业定位及功能创新

一、律师制度的理论阐释

（一）律师的概念及特征

《中华人民共和国律师法》（以下简称《律师法》）第2条规定，律师是指依法取得律师执业证书，接受委托或者指定，为当事人提供法律服务的执业人员。因此，律师具有下列特征：

（1）律师必须依法取得律师执业证书。通过法律职业资格考试，在律师事务所经过实习，考核合格后，经国家司法行政部门批准才能取得律师执业证书。没有律师执业证书，持有司法局颁发的法律服务工作者执业证但从事法律事务的人，一般是基层法律服务工作者。

（2）律师开展业务活动应当接受委托或指定。律师从事律师业务时必须有当事人的委托或人民法院的指定，在授权的范围内开展工作，不允许有僭越或者滥用权利的行为。

（3）律师提供的是法律服务。律师是法律工作者，旨在为当事人提供法律服务，不受行政单位、党派、个人的干预，但律师只能在法律允许的范围内维护当事人的合法权益，其在法律允许的范围内才受法律保护。

（二）律师的职业属性

（1）专业性与规范性。律师应当具备从事法律实务的特定的知识技能与执业经验，具有深厚的法学知识功底和高尚的法律伦理素养。[1]世界各国均实行律师执业许可制度，只有符合法定的律师任职条件，才能申请律师执业证书，这是律师专业性的法律保障。专业性是指律师是向当事人提供法律服

---

[1] 夏锦文："法律职业化：一种怎样的法律职业样式——以司法现代化为视角的考察"，载《法学家》2006年第6期。

务的专业人员。也就是说，律师是以其专门技能为当事人提供服务的，以此区别于其他专业人员。同时，法律服务不同于一般的为社会提供服务的行业，其往往涉及司法公正和社会公平，律师的工作不仅对当事人的权益产生重大影响，而且在某种程度上，其工作效果往往也会产生很大的社会影响。因此，许多国家都明确规定，未经国家授予律师资格并颁发律师执业证书，任何人都不得以律师的名义从事法律服务工作。可见，律师职业又具有严格的规范性。[1]

（2）社会性和有偿性。社会性是律师职业最主要和最突出的特征，是律师职业有别于同为法律职业的法官、检察官的鲜明特征。社会性的内涵包括：第一，律师的业务活动是服务性的。律师不是国家公职人员，不具有国家事务、社会事务的管理职能。第二，律师的服务领域和服务对象面向全社会，为各类社会主体提供各种法律服务。第三，律师的权利来源于当事人的授权，特定情况下来源于法院的指定。所以，律师的业务活动不是行使国家权力，其服务行为不具有强制力。而有偿性则体现在：律师与当事人之间是基于一种协商一致的平等的合同关系。律师提供法律服务是有偿的，有偿服务是律师职业生存的物质基础。[2]但是，在法律明确规定的特定情形下，律师应当无偿为当事人提供相关法律援助。

（3）相对独立性与自主性。律师是自由职业者基本成了一种共识，通常情况下，律师可以接受也可以拒绝当事人的委托。律师接受当事人的委托承办各类法律事务属于个人劳动，接受委托后，律师独立地开展业务，不受委托人、律师事务所以及其他国家机关、团体和个人的左右。尽管当事人有权决定案件的命运和对案件的主要活动拥有最终的决定权，但律师在自己的工作中有一个不受外来干预的自决领域，如选择当事人、审查判断依据，为胜诉采取自认妥当的诉讼策略等。律师对自己的业务具有相对独立的意志，律师执业是独立的、律师承担责任是独立的，因此，律师的独立性和自主性是实现律师职业价值、体现律师机制的本质要求。

（4）公平性和公义性。律师职业本身代表了一种法律和社会的公正。律师根据当事人的委托，以自己的法律知识和专业技能为当事人提供法律服务。

---

〔1〕 何悦主编：《律师法学》，法律出版社 2011 年版，第 14 页。
〔2〕 谭世贵主编：《律师法学》（第 3 版），法律出版社 2008 年版，第 2 页。

由于律师是法律方面的专家，因此，人们自然而然地认为律师的意见是公正的。从我国《律师法》第 2 条第 2 款的规定也可以看出这一点。此外，无论是从法律规定上还是从道德要求上，律师都被赋予一种公共的义务。这个公共义务具体来讲，第一就是指律师义务。律师作为一种职业，在依法执行职务的时候，提供法律服务的时候，就是在履行社会公共义务。律师应该按照职业的要求提供高水平、高质量、符合社会公德的服务。第二就是指法律援助。如果不能尽职地提供法律援助，就会使这个社会的法律架构，包括法律质量、执法水平各方面受到非常大的削弱，就无法在国家公权力面前，维护作为当事人的普通百姓的权利。因此，作为一个律师，必须提供法律援助，这一点，各个国家的律师法都有明确的规定，是律师最基本的义务规范。

（三）我国律师职业发展的历史谱系

近代的研究者习惯将早期的"讼师"作为律师角色的渊源，我国古代的诉讼制度最早源于西周，《周礼》中就有关于诉讼代理人的记载。《周礼·秋官·小司寇》记载："凡命夫命妇不躬坐狱讼。"意思是作为原告或者被告的命夫、命妇者，无须亲自到法庭上进行诉讼，而仅需要由家人、奴仆代理出庭。《左传》也记载有："僖公二十八年（公元前 632 年），卫侯与元喧讼，宁武子为辅，疑庄子为坐，士荣为大夫。"其中，"大夫"的职责就是进行辩论。《唐律疏议·斗讼》记载："诸为人作词牒，加增其状，不如所告者，笞五十；若加增罪重，减诬告一等。"在理论界，比较公认的讼师"祖师爷"是春秋时期的邓析，他最早从事专业的法律咨询，并收取咨询费用，这种收取当事人咨询费用的职业行为具有历史意义。但讼师不可能与产生于西方的律师相提并论，其本质区别在于讼师并不是一种制度设置，是另一种制度的衍生物，而律师则是有意识的制度安排，两者背后所蕴含的司法理念有着天壤之别。[1]

中国律师行业在清末开始萌芽和发展，清政府开始变法图存。1906 年，沈家本、伍廷芳奉旨制定《刑事民事诉讼法草案》，在这份以英国法制为范本的诉讼草案中，沈、伍二人正式向清廷提出了建立中国律师制度的初步构想，并提出了引入西方的律师制度与陪审制度的建议。[2]1907 年试行的《各级审

〔1〕 胡瓷红："中国古代'讼师'正名论——以明清时期为例"，载《中共中央党校学报》2011年第 1 期。

〔2〕 邱志红："从'讼师'到'律师'——从翻译看近代中国社会对律师的认知"，载《近代史研究》2011 年第 3 期。

判厅试办章程》和 1910 年颁行的《法院编制法》规定了律师的代理和辩护，从法律上确认了律师活动的合法性。1912 年 9 月 16 日，中华民国政府颁布实行《律师暂行章程》，标志着律师制度在中国的正式建立。

1949 年，中华人民共和国的建立使中国社会进入了崭新的历史发展时期，废除了《六法全书》和旧的司法制度，中央人民政府政务院发布的《人民法院通则》规定，应保障被告人有辩护和请人辩护的权利。1954 年，中央人民政府司法部发布了《关于试验法院组织制度中几个问题的通知》，指定北京、天津、上海、重庆等地先行试办法律顾问处，以便通过试点在全国推行律师制度。1956 年，司法部向国务院提出《关于建立律师工作的请示报告》，建议通过立法，建立律师制度，并于 1957 年上半年起草了《律师暂行条例（草案）》，1957 年整风运动的扩大化致使新中国的律师制度夭折。1978 年，第五届全国人大通过了《中华人民共和国宪法》，重新恢复了辩护制度。1980 年，第五届全国人大第五次会议通过并颁布了《中华人民共和国律师暂行条例》，正式确立了律师制度。

1996 年 5 月 15 日通过《律师法》，明确规定了律师的性质、律师执业的基本原则、律师资格和执业证书、律师执业机构、律师的权利与义务、律师协会、法律援助、律师惩戒以及律师的法律责任。同时，我国《律师法》也在不断地修订完善，以更好地适应新时代的发展要求。《律师法》共有 4 次修订，2001 年 12 月 29 日第一次修订、2007 年 10 月 28 日第二次修订、2012 年 10 月 26 日第三次修订、2017 年 9 月 1 日第四次修订，并从 2018 年 1 月 1 日起施行。上述修订措施进一步规范和发展了律师制度，有利于加快我国社会主义民主和法治建设，维护改革开放和经济建设的发展成果，推动构建和谐社会。

二、律师职业角色分解及定位

角色定位是对自身以及自身以外的某人或某团体的社会地位、社会身份以及由此而应对社会承担的责任和享有的权利的理解、认同和预期。[1]律师也是作为社会上的人存在的，其价值的实现是通过其在社会中扮演的角色来体现的，其与一般职业在角色定位上没有差异。因此，研究律师的角色，必

---

〔1〕 孙文胜：“论我国律师的角色定位”，载《河北法学》2005 年第 4 期。

须将律师还原为社会中扮演不同角色的人，这才是分析律师角色的最本质方法。一般来说，律师具有法律人、政治人、经济人等诸多角色，这些角色之间也时刻存在着激烈的冲突，角色的冲突需要进行调适，而调适的前提就是对律师角色进行全面的把握。

（一）律师职业角色定位的必要性

首先，律师的定位是指律师对自身以及社会或民众对律师所应承担职责和应享有的权利的评价和期望。近三十年来，中国的律师业发展迅速：一方面，律师队伍逐渐壮大，律师的业务范围更加广泛；另一方面，律师同社会的联系更加紧密，民众对律师的需求越来越大，律师在社会中的地位也逐渐提高。虽然从整体上来看，我国律师业的发展形势良好，但是律师行业的发展仍然面临很多问题，社会的发展需要律师在社会中扮演更加多元化的角色。但是，当前我国律师角色定位具有很大的模糊性，与社会需求之间也存在较大的偏差，这直接导致了律师发展面临种种问题。因此，要解决律师发展困境，必须认真反思律师的定位问题。[1]

其次，律师定位是律师制度的基本问题。明确律师定位，有利于促进律师业的发展，并且推动法治建设的进程。从律师角色定位的定义我们可以看出，律师的定位关系到社会对律师的评价，准确的定位有利于改变公众对律师的错误看法，形成关于律师角色的正确认识。因此，律师的准确定位对于提高律师在社会中的地位和形象具有重要意义。另外，法律职业共同体对法律的发展和演化发挥着重要的功能，它不仅仅是一个知识和利益共同体，还深刻地影响着法律的形成和发展。[2]只有对律师进行正确定位，摆正律师在法律职业共同体中的地位，才能使律师与机关工作人员等享有的公共权力进行合法对抗，从而实现司法的公平和正义，推动法律职业共同体的形成。

最后，对律师进行正确定位，不仅能使律师正确履行职责，促进律师业健康运行和良性发展，还能使律师获得应有的社会地位，在社会法治建设中发挥应有的作用，因此研究律师定位问题具有必要性和重要意义。

---

[1]　孙文胜："论我国律师的角色定位"，载《河北法学》2005年第4期。
[2]　夏锦文："法律职业的形成及其条件——一种制度史考察"，载《江海学刊》2008年第1期。

（二）律师"法律人"角色定位

1. 国家法律工作者

"法治性是为律师的职业属性。"[1]1980 年 8 月 26 日，第五届全国人大常委会第十五次会议通过的《中华人民共和国律师暂行条例》第 1 条规定："律师是国家的法律工作者，其任务是对国家机关、企事业单位、社会团体、人民公社和公民提供法律服务，以维护法律的正确实施，维护国家、集体的利益和公民的合法权益。"这是我国第一次以立法的形式对律师角色进行定位。将律师定位为国家法律工作者，表明律师是国家公职人员，可以行使相应的国家权力。律师作为国家法律工作者，和审判人员、检察人员具有同等法律地位，这有利于提高律师的地位，保障律师权利，对恢复法制初期律师制度的建设，起到了重要的扶持作用。

2. 为社会服务的专业法律工作者

1992 年邓小平南方谈话，提出要进一步解放思想、深化改革开放，建设社会主义市场经济。随着中国经济的不断发展，企事业单位、民众以及日益增多的涉外案件对律师提供法律服务的需求越来越多，而律师以国家法律工作者的身份在实践中面临着诸多难以克服的困难。在此历史背景下，1993 年 12 月 26 日经国务院批复，司法部《关于深化律师工作改革的方案（送审稿）》提出，"律师是为社会服务的专业法律工作者"。该定位用"社会服务"一词取代"国家"一词，强调了律师职业的社会性和服务性，使得律师的服务对象和业务范围变得更广泛，律师可以为政府、企业、事业单位以及公民个人提供法律服务，律师执业不再受地域和行业的限制。律师与作为国家法律工作者的法官和检察官区别开来，可以不受行政编制和经费的限制，从而有利于律师队伍的扩大和律师业的发展。[2]

3. 社会中介人员

随着中国市场经济的进一步发展，中国的律师制度也逐步地进行了改革："法律顾问处"脱胎而成的"律师事务所"开始推行自收自支的经营管理体制，"合作制律师事务所"也进行了试点工作。1997 年 10 月召开的党的十五大的报告将律师事务所定位为"社会中介组织"，2000 年开始的脱钩制改革

---

〔1〕 司莉：《律师职业属性论》，中国政法大学出版社 2006 年版，第 129~140 页。
〔2〕 何悦主编：《律师法学》，法律出版社 2011 年版，第 19 页。

使得各地律师事务所纷纷与当地司法行政部门脱钩，律师彻底脱去了"国家"的外衣，被全部推向了社会、推向了市场。随着律师机构被定位为社会中介组织，为经济建设提供法律服务，形式上律师也就自然而然地成了社会中介机构的工作人员。

4. 为当事人提供法律服务的执业人员

2007 年 10 月 28 日，第八届全国人大常委会第三十次会议修订的《律师法》对律师的性质作了进一步的明确，将律师界定为"依法取得律师执业证书，接受委托或者指定，为当事人提供法律服务的执业人员"。同时，《律师法》进一步增加了关于律师职业使命的规定，即"律师应当维护当事人的合法权益，维护法律的正确实施，维护社会的公平和正义"。这一定位从法律制度上保障了律师为社会提供法律服务的职责，有利于律师依法、公正地自主执业；有利于壮大律师队伍，提高律师素质并树立律师良好的形象，充分发挥律师在社会主义法治建设中的积极作用。

综上所述，以上观点都没有明确揭示出律师性质的本质内涵，即没有说明律师究竟是什么性质的法律工作者，无法将律师与其他社会上的法律工作者区分开来。所以，在新时代背景下，通过社会各界的不断努力，加上学习和借鉴国外的相关经验，我国律师职业的角色定位又有了新的理论发展。具体而言：

（1）自由职业者。《德意志联邦共和国律师法》第 1 条规定："律师是独立的司法工作者，律师的活动不具有经营的性质。"[1]《法国关于改革若干司法职业和法律职业的第 71—1130 号法律》规定："律师执业属于自由独立职业，律师以协作律师、公司职员、律师协会会员身份执业，不享受领薪资格。"[2]

首先，律师权利既不是国家权利也不是社会权利，而是公民个人权利的延伸，中国社会正在从政治社会向政治国家和市民社会二元分立的社会转型，从市民社会的角度来看，将律师角色定位为提供法律服务的自由职业者更加准确。

其次，市场经济强调身份平等、意志自由和经济交往中的等价有偿，律师作为市场经济的主体之一，也必须拥有独立、自由的身份，这样才能和其

---

〔1〕　朱文俊："德国律师制度的产生与发展"，西南政法大学 2009 年硕士学位论文。

〔2〕　施鹏鹏："法国律师制度述评"，载《当代法学》2010 年第 6 期。

他市场主体订立契约，进行等价交换。律师应具有社会性和商业性，所以定位为自由职业者更合适。

最后，律师具有的特质对于律师职业的生存和发展至关重要，尤其是律师的独立性对于公民维护自身权利以及维护现代自由社会的架构具有重要价值，而独立性特征的最佳表述莫过于自由职业者，所以将律师界定为自由职业者具有正当性。将律师定义为自由职业者，为律师行业的发展提供了广阔的空间，律师只有做到独立执业，才能排除外来干涉、公正执业。这种定位有利于律师充分发挥能动性和积极性，提升律师的社会地位，成为平衡社会利益、化解社会矛盾的强大支撑。

（2）律师是公民权益的维护者。有人说："律师事业发达的国家，法治事业发展的顺利，有赖于对作为公平原则的法律的重视，而法律的这种公平原则，是建立在个人尊严和每个人都进行合理的自我约束的基础上。"[1]维护当事人的合法权益是我国律师的直接任务。律师执业的产生和发展在于社会法律服务的需求，尽管法官、检察官等也是法律专业人员，但是国家公职人员的身份、维护国家利益的立场决定了他们只能忠于国家、当国家利益和当事人利益冲突时，他们首先维护的是国家利益。所以，只有同为法律专业人员，但不属于国家机器组成部分的律师才具备全心全意为当事人提供法律服务的条件。可见，为当事人提供法律服务、维护当事人的合法权益是律师职业产生、发展的基础，没有这个基础，就不存在律师职业。[2]

（3）律师是司法活动的辅助者。律师虽然是独立的法律服务者，但他们也担当着维护宪法和法律正确实施的责任和使命，并倾向于把自己视为一个司法辅助人员，即参与司法活动的进程，发挥自身在司法活动中的价值，协助司法目标实现的人员。《加拿大律师法》规定："律师属司法辅助人员系列。"[3]同样，美国的法官与律师具有"血缘"上的关系：一方面，法官通常是在律师中遴选产生；另一方面，律师又要接受法院系统的管理。"司法辅助人员"与"在野法曹"的概念相类似。"法曹"一词最早发源于中国，是古代官职名称的一种，现在这一名词在日本、韩国等东亚成文法体系国家中

---

[1]　[美]艾伦·德肖维茨：《致年轻律师的信》，单波译，法律出版社 2009 年版，第 139 页。
[2]　李政主编：《法律职业道德》，法律出版社 2017 年版，第 109 页。
[3]　马登科："加拿大的法律教育和职业准入"，载《学术论坛》2011 年第 5 期。

还保留着，"在野法曹"也可称为"民间司法人员"，其作为法律职业共同体中的一员，与法官、检察官共同践行法治。[1]因此，律师虽不是司法人员，但属于司法活动的重要组成部分，是司法程序运作过程中不可缺少的一环，制约、监督着司法程序的正常运转，律师虽不主导司法程序进程，但参与司法过程，有助于协助司法公正的实现。

（4）中国特色社会主义法律工作者。2008年第七次全国律师代表大会的会议主旨是，中国律师要做中国特色社会主义的法律工作者，忠实履行中国特色社会主义法律工作者的职责。首先，我国是社会主义国家，我们的法律是社会主义国家的法律，在社会主义制度条件下依靠社会主义国家法律工作的中国当代律师，只能是社会主义的法律工作者。其次，从实践角度来看，律师是依社会主义国家法律的规定，通过国家法律职业资格考试取得资格证书，通过实习考核后经国家司法部批准成为执业律师，律师是以其全部的精力和工作维护社会主义法制的尊严，是天然的国家法治建设的维护者和拥护者。最后，律师不是国家、社会和法律的异己力量，是社会主义法律工作者，应该受到国家、社会和人民的尊重，故应该很好地维护律师制度及律师的尊严，以推进国家法治建设的健康发展。

（三）律师"政治人"角色定位

1. 政治属性

从律师制度起源来看，律师职业自诞生时起，就具有重要的政治功能，即平衡市民权利与国家权力。律师参与政治文明建设，从根本上说是由律师与政治的深层次关系决定的。法律是政治的产物，任何一种类型的法律制度，都是统治阶级意志的表现。法律的根本目的就在于实现社会的有序化，实现国家的结构性职能，维护符合统治阶级需要的社会关系，最终实现最大多数人的最大利益。而律师制度作为国家法律制度的组成部分，是统治阶级上层建筑的一部分，通过律师的功能达到消弭社会矛盾，使社会矛盾在法律的框架内得以解决，维系国家统一和社会稳定的目的。由此观之，律师与政治具有不可分割的必然的联系，律师参与政治是民主政治本身所固有的规定性。

尤其是在近代，在一个民主法治的国家内，社会秩序由法律制度加以调

---

[1] 参见陈海："律师职业的本质属性与律师职业定位的应然性思考"，载《内蒙古农业大学学报（社会科学版）》2010年第1期。

整，律师与政治愈加分不开。《加拿大律师法》规定"律师属司法辅助人员系列"，日本称律师为"在野法曹"。最具有代表性的是美国，美国的法官与律师经常有着角色的转换。美国的检察官就是政府聘用的控罪律师，在20世纪80年代中期的美国参议院中，律师出身的参议员高达60%，美国历任总统中曾担任律师职务者占一半以上。而在法治中国建设的伟大实践中，应当发挥律师更重要且积极的作用。习近平总书记强调指出："要教育引导法律服务工作者坚持正确的政治方向，依法依规诚信执业，认真履行社会责任。"[1]因此，在法治发达的国家，律师绝不会仅仅在司法领域有所作为，他们在更广阔的社会事务管理方面发挥着重大的作用。

2. 思想进路

首先，律师作为民主政治的产物，是懂得这个系统运行规则的人，必然在这一系统中发挥应有的作用，而绝不可能也不应该游离于这个系统之外。民主社会要求律师参与政治的必然性还在于法律本身的复杂性和法律调整的社会关系的复杂性。民主社会以法治为标志，法律的调整范围触及社会生活的各个角落，而且法律对社会关系绝不是一种静态的调整，而是一种动态的调整。正是这种动态调整，才使得民主社会始终保持了一种动态平衡。律师作为精通法律的专业人员，是法律的具体运用者，其对政治的参与能够更好地驾驭法律，实现统治者的政治愿望，维持社会的稳定和持续发展。

其次，律师参与政治是由律师自身的发展规律决定的。律师的产生以国家和法律的产生为前提，这就决定了律师对国家政治的参与不可能是一开始就会发生的，而必须是当民主政治发展到一定阶段，政治对法律的需求达到一定的程度时，律师参与政治才成为可能。因此，从律师及律师制度发生发展的过程来看，只有当其在社会政治生活中的作用日益增强时，参与政治才会成为律师的一种选择和当然的要求。说到底，是律师的作用影响了政治，才使政治对律师的需求成了必然。

最后，律师作为政治人，其在推动社会法治化进程中有着不可或缺的重要作用。一方面，在法治国家，律师是专业人士，能够有效地防范各种法律风险，节约争端解决成本。另一方面，律师既能了解基层的民意，传递普通民众的呼声；又具有一定的参政议政能力，能够起到承上启下的作用，成为

---

[1] 习近平：《论坚持全面依法治国》，中央文献出版社2020年版，第5页。

推动法治社会建设的中坚力量，并以其自身的专业素养促进法治政府的进一步完善。

（四）律师"经济人"角色定位

律师角色并不是孤立的存在，人们通过互动来建立关系，实现角色扮演，互动是角色的核心功能，也是最基本的功能。[1]因此，作为"经济人"的律师是理性的计算者，不断地追求着利益的最大化。律师在提供法律服务时，会选择那些能够为自己带来最大收益的当事人，而排斥很少或不太可能带来收益的当事人。律师与当事人之间，既相互配合、相互支持，也不断地进行着博弈。一方面，当事人的收益取决于律师完成工作的效果，要求律师提供满意的服务，可以选择最可靠、最能满足其要求的律师，以获取最大的收益；另一方面，律师依赖为当事人提供服务来获取报酬并提高知名度，提高自身的业务能力，增强自身的吸引力和魅力，更好地完成当事人交付的任务，而获得自身收益（服务费的计取、名誉上的获得等）的最大化。但律师不是商人，律师的工作虽然是有偿服务，一般说来收入较高，但律师与商人有着根本的区别。律师并不完全以营利为最大目标，他的乐趣也不完全在于营利。律师的成就感在于利用自己的专业知识，为客户解决一个又一个法律难题，这也是基于保持律师职业荣誉感的需要。

在今天，律师事务所也以收入来衡量自身实力，鼓励律师多赚钱，这些都表明，律师具有经济人的社会角色，这也是由律师职业自身的特点所决定的。从人性的角度来看，人都是理性的经济人，只要存在谋求个人利益的地方，总会出现追求利益最大化的情形，律师职业也是如此。"理性从本质上说，是个人对自己的多种需要、利益加以比较、权衡，在此基础上选择满足自身的最重要的需要或谋取最大利益的行为能力，因此可以这样理解理性，理性仍然是一种自私的，对自身利益的算计、比较、权衡和选择的思维机制。"虽然现代律师职业是法治社会中一个受过高等文化教育、高素质的群体，但律师毕竟是作为一名普通的自然人存在于市民社会当中，也无可避免地存在追求个人利益最大化的倾向。作为律师职业来说，虽然从事的行业较其他行业具有自身的特殊性，但作为律师个体来说，其身份仍然只是一般市民，律师一般都会在追求自身利益最大化的过程中实现自身的价值，从这方

---

〔1〕　奚从清：《角色论——个人与社会的互动》，浙江大学出版社 2010 年版，第 41~45 页。

面分析，律师在社会活动中扮演着经济人的角色。

总之，在我国，律师肩负着维护法律的正确实施、维护公平正义和维护当事人合法权益的特殊历史使命。通过接受当事人委托或者依法指定为当事人提供法律服务，律师得以在诉讼或其他业务开展的过程中维护法律的正确实施，进而促使社会公正的实现和当事人合法利益的最大化。如何根据我国政治、经济、文化的发展状况，相应地完善律师制度，明确界定符合我国国情的律师性质和定位，是我国律师制度在发展过程中所必须重视的重要问题。只有这样，才能充分发挥律师制度在我国社会主义法治建设中的重要作用。

三、当前我国律师角色定位困境及解决对策

（一）权利层面

第一，强化律师的调查取证权。

首先，调查取证权，是指律师办理法律事务，有权向有关单位、个人进行调查，收集有关证据资料。《律师法》第 35 条第 2 款规定："律师自行调查取证的，凭律师执业证书和律师事务所证明，可以向有关单位或者个人调查与承办法律事务有关的情况。"它是律师执业过程中的一项重要的权利，世界各国的程序法或者律师法以及相关的国际性文件均赋予了律师自行调查取证权，并强调被调查机关和个人的积极配合之义务。

其次，《律师法》第 49 条第 4 项规定，提供虚假证据，隐瞒重要事实或者威胁、利诱他人提供虚假证据、隐瞒重要事实的可以吊销律师执业证。这对律师举证责任要求过于严格。对于证据，律师在案件调查清楚之前无法确认其真实性，因此只要律师在举证时不知道是虚假的就不应该承担这种过错责任。因为律师在执业过程中，是代表当事人一方利益的，其完全有理由寻求对当事人一方有利的证据，其真实性应当由作为中立方的人民法院在法庭调查过程中予以甄别，支持合法、真实的，对于虚假的则不予支持，不应当归结为律师的过错责任。此项规定将司法机关的责任转移到律师职业上，有所不妥。故应当对该项规定予以条件上的限制，若律师在调查取证过程中故意提供虚假证据，则有可能导致司法权的滥用，扰乱司法程序，对此，法律应当予以制止。但律师在调查取证过程中并非故意提供虚假证据，则不应该承担责任，国家在立法上不应当要求律师承担自身义务之外的义务，律师在诉讼过程中有权拿出大量的证据以证明自身的主张，这也便于法院调查案件的

事实真相并作出合理的裁决，故对此条法律规定的责任应采用举证责任倒置原则。

最后，随着我国审判方式改革的不断深入，律师调查取证权越来越重要，加强对律师调查取证的法律保障也将更加迫切。一方面，应加强法制宣传教育，有关单位和个人对律师的调查活动应当积极支持、协助，除法律另有规定外，不得无理拒绝提供调查材料或拒绝出证；另一方面，应从法律上提供有关保障，提高律师取证效果。为了解决这一难题，在立法上应当明确规定律师承办法律事务，有权向有关单位、个人调查情况、收集证据，有关单位、个人应当给予支持。明确律师调查取证的强制性，并制定相关的责任制定，明确责任人所应当承担的法律后果。另外，考虑到有关单位确有特殊情况，无法配合调查取证，法律上应当寻求第三方中立者——人民法院——帮助调查取证，因此在立法上明确律师在无法完成调查取证，申请人民法院调查取证时，人民法院在没有法律明确规定的情况下，应当调取。

第二，强化律师执业会见权。《律师法》第33条规定："律师担任辩护人的，有权持律师执业证书、律师事务所证明和委托书或者法律援助公函，依照刑事诉讼法的规定会见在押或者被监视居住的犯罪嫌疑人、被告人，辩护律师会见犯罪嫌疑人、被告人时不被监听。"律师会见权是刑事在押犯罪嫌疑人或被告人获得律师帮助的重要组成部分，律师充分行使会见权，对在押人员的基本权利保障具有重要的意义。我国已经签署加入的联合国法律文件《关于律师作用的基本原则》第8条赋予了律师充分的会见权，即遭受逮捕、拘留或者监禁的所有人应有充分机会、时间和便利条件，毫无迟延地在不被窃听、不经检查和完全保密的情况下接受律师来访和与律师联系协商。这种协商可以在执法人员看得见但听不见的地方进行。但律师在刑事诉讼案件中会见当事人在司法实践中会遇到很多的障碍，公安机关会以各种理由予以推辞，这会使得律师的会见权落空而没法救济。无法及时给犯罪嫌疑人提供法律帮助，这一方面与我国的司法观念没有及时转变有关系，另一方面也与我国当前律师法与其他法律在条文上存在冲突有关系。

第三，确立我国律师刑事辩护豁免权。律师刑事辩护豁免权是指律师在刑事辩护活动中，特别是在庭审中发表的举证、质证意见以及辩护言论不受刑事法律追究。国际上大都规定有律师的辩护豁免权，司法机关不得因律师在法庭上的辩护言论而拘留、逮捕律师或以其他方式打击、迫害律师或追究律师法律责任。我国《律师法》第 37 条、第 38 条从广义上从人身权方面提出了对律师予以保护的要求，但这些规定未能反映刑事辩护豁免权的基本含义，缺乏可操作性。在司法实践中，一般而言，律师刑事辩护做无罪辩护的难度是非常大的，一旦检察院认定犯罪嫌疑人有罪，就很难通过法庭辩护得以改变，律师在刑事辩护过程中一般只能起到罪轻辩护的作用。这既与我国的法治理念有关系，也与我国在立法上对律师的刑事辩护豁免权的立法保护有关系。律师在庭审辩护中如果有其他的意见，则有可能受到检察机关的调查，甚至被追究刑事责任，这就会导致律师在维权的过程中，自身也处于疲于维权状态，很难保证控诉平衡。因此，为确立律师刑事辩护豁免权应明确规定：[1]

（1）律师执业必须遵守宪法和法律，律师在刑事辩护活动中违反了执业纪律或职业道德，由律师主管机关对其进行相应的惩戒。

（2）律师凡依法进行刑事辩护活动，不得受到拘留、逮捕、审讯和起诉。

（3）对律师在刑事辩护中依职责发表的书面或口头言论不得追究诽谤、侮辱、伪证或包庇等刑事法律责任。

（4）律师行使辩护豁免权的例外情形及追究律师刑事责任的特殊程序。

第四，查阅案件材料和申请司法机关证据展示权。《律师法》第 34 条对律师的阅卷权作了明确规定。这一规定对辩护律师阅卷权的发展主要体现在以下两个方面：其一，阅卷权被明确定位为律师所享有的法定权利。对律师阅卷权的规定是"有权阅卷"，阅卷权被明确定位为律师所享有的法定权利，这样职权机关就有义务保障辩护律师这项权利的实现。其二，有权查阅实质性案卷材料的时间提前。受委托的律师自案件审查起诉之日起，有权查阅、摘抄和复制与案件有关的诉讼文书及案卷材料。这样辩护律师自案件审查起诉之日起就不仅有权查阅、摘抄、复制诉讼文书，还有权查阅、摘抄、复制实质性的案卷材料。查阅、摘抄、复制案卷及有关的材料，是律师全面、详细了解案情的手段，是相关法律赋予执业律师的基本诉讼权利之一，辩护律师在审查起诉阶段和审判阶段都依法享有阅卷的权利。

首先，应加强法制宣传教育，有关单位和个人对律师的调查活动应当积极支持、协助，除法律另有规定外，不得无理拒绝提供调查材料或拒绝出证。

---

〔1〕 李政主编：《法律职业道德》，法律出版社 2017 年版，第 119 页。

其次，应从法律上提供有关保障，提高律师取证效果，在立法上明确规定律师承办法律事务，有权向有关单位、个人调查情况、收集证据，有关单位、个人应当给予支持。明确律师调查取证的强制性，并制定相关的责任制定，明确责任人所应当承担的法律后果。最后，考虑到有关单位确有特殊情况，无法配合调查取证，法律上应当寻求第三方中立者——人民法院——帮助调查取证，因此在立法上明确律师在无法完成调查取证时，申请人民法院调查取证时，人民法院在没有法律明确规定的情况下，应当调取。

（二）制度层面

第一，《律师法》第4条规定："司法行政部门依照本法对律师、律师事务所和律师协会进行监督、指导。"司法行政部门对律师享有监督管理权，同时律师协会同样对律师享有管理监督权，对律师行业实行两结合的律师管理制度，司法行政部门与律师协会共同行使律师的管理权。但在我国，司法行政部门的管理权力较大，律师协会的权利相对较小，在律师管理制度方面存在一些需要改进的地方。

第二，律师行业行政管理方式不科学。由于律师行业内外及管理部门对律师传统观念不能彻底转变，导致各级律师管理部门不能针对律师行业的行业特点进行管理，不能正确认识律师的权利义务和社会责任。就目前我国律师法定义和实际情况来看，由于管理部门对律师职业没有做到准确定位，仍对其实行行政化管理模式，要求律师职业承担很多的社会责任，使得律师职业开展活动困难。

第三，公职律师、社会执业律师、企业法律顾问之间的界限不明。律师角色的定位取决于社会对律师的需求和定位的价值取向，这三者之间的权利义务和定位律师制度应一致，以避免出现权利义务失衡现象。[1]社会主义和谐社会需要律师服务多元化和服务水平高端化。所以，对律师权利义务的制度设计应考虑清楚律师角色的定位，制度设计应符合律师细分角色的不同权利义务关系，以免造成角色不清或律师服务市场的混乱和遗漏。

为解决上述问题，我国需要从以下几个方面入手：

（1）加强律师协会的自律性。要明确责任人职责，把各项职责落到实处，

---

[1] 罗岸伟、左泉："论法治政府视角下公职律师制度的构建"，载《中国律师》2016年第3期。

健全建立各项制度，带好队伍、抓好业务、重视惩戒、夯实维权。在律师业务纪律管理权限上，要加强律师的政治方向引导，强化纪律处分职能，在对律师职业活动进行监督与管理时，除了吊销执业证外，其他行政处罚权可考虑由律师协会行使，真正实现行业内部管理模式。律师协会在自觉接受党的领导和政府部门监督的前提下实行律师团体自治。这里的"自治"不仅指律师在管理上自我独立、自我管理，而且指律师在价值、人格上的独立以及在行为方面的自我调适、自我约束和自我发展。没有律师自治，真正的法律职业共同体就无法完全形成。政府应当统筹律师行业的发展规划，制定行业规范与行业发展计划，保障律师职业的健康发展。

（2）完善律师管理制度。坚持以"知识为基础、尊重为前提、关切为核心、责任为准绳"[1]的律师职业伦理观，推动法律职业共同体建设。第一，在管理观念上要结合律师的社会角色定位的现状。律师管理部门在管理观念上也要有所转变，要改变以往的行政化管理理念，调整为服务管理模式，在管理模式上尽可能考虑律师职业的性质。这就要求律师职业管理部门在管理上具备更多的服务意识，为律师职业的发展保驾护航。因此，结合律师职业的本质，应当将行政管理观念转变为行政服务的管理观念，这样才能使律师在社会角色的扮演中没有额外的负担，能够全身心地投入自己的本职工作，使自身的社会角色能够完整地得到发挥，发挥更大的社会作用。

（三）政治层面

由于历史的原因，以及权力本位、国家本位等传统观念一时难以消除，中国律师仍处于国家制度体系甚至法律制度体系的边缘。这种"边缘化"的现象又反过来制约着中国律师职业的发展，加重了整个律师制度的"边缘化"。虽然，律师队伍本身发展尚有严重不足，但律师职业发展的种种错位现象不能不说与中国律师的"边缘化"密切相关。[2]

从我国律师制度的现状来看，律师在整个社会政治生活中的定位并未完全确立。无论是律师的行业管理组织还是律师个体，在参与国家政治事务方面，其并不具有比一般社会公众更优越的制度条件。为此，应从以下几个方

---

〔1〕 赵浚："关怀伦理：儒家德性伦理的有效生长点"，载《宜宾学院学报》2015年第5期。

〔2〕 参见吴清旺："中国律师'边缘化'之思考"，载《第二届中国律师论坛论文集》2002年版。

面入手：

（1）从律师自身来说，应当积极参政议政，提高律师社会影响力。在全过程人民民主的制度框架内，律师积极参与政治的空间巨大，可以通过律师职业群体的力量推动国家法治发展和政治文明进步。在律师制度成熟发达的国家，对律师群体的更高层面上的责任要求就是律师应当通过自己的努力，对于国家的政治变革起到重要的作用。尽管律师的出现是为了顺应人们在具体的案件中对法律服务的需求，但是在整个律师行业的发展过程中，律师渐渐扮演着更为重要的角色，律师在法治国家的制度创建、政治改革、文明的演绎等各个领域做出了不可磨灭的贡献。律师在这些国家的社会政治结构中占据着重要的地位，直接参与并实际影响着国家的民主制度的运作和社会法治意识的提高。因此，在此基础上，应当形成一种超脱观念，即积极地反映主流政治力量的社会治理要求，同时又应以高度的责任感反映其他社会阶层，特别是弱势群体向主流政治力量提出的要求，而不再为自身职业利益所扰，形成为民主而努力的责任感和使命感。[1]

（2）从国家制度建构层面来看，应当以法律性、制度化的建构方式，为律师参与政治提供多元路径。如此使得律师不仅是法律事务的积极参与人，而且成为影响政治运作或者政治决策的重要力量。在社会维度上，律师应通过参与社会公益等方式为社会进步和发展奉献力量，获得参与政治的民意支持，从而为参与政治生活积聚广泛、稳固的社会支持力量。律师欲获得参与政治的民意支持，就需要通过社会公益等方式对社会做出一定的奉献。在职业维度上，律师参政需要获得律师协会的支持。我国的律师协会在律师参与政治方面应加大支持力度，真正发挥律师职业共同体的集体力量。在具体操作层面，我国律师参与政治的制度应从以下几个方面进行设定：第一，吸收优秀律师进入人大、政协，使律师成为法律和政策制定的直接参与者；第二，高度重视律师这一重要的法治资源，不断吸收德才兼备的律师进入各级党政领导机构，使其成为法律和政策的执行者；第三，逐步建立法律职业共同体，使人大代表、律师、法官、检察官和司法行政官员之间实现良性互动。

（四）个人层面

（1）律师遵守诚实信用原则。不仅有利于维护当事人的合法权益，有利

---

〔1〕　苏婷婷："律师职业：忠诚与公益的统一——从'代理人'的内涵谈律师的职业定位及其使命"，载《江南大学学报（人文社会科学版）》2004年第5期。

于促进整个律师行业的健康发展，也有利于创造一个公平公正的社会秩序，律师的职业特征决定了律师必须讲诚信，律师是有特殊职业要求的公民，律师是否诚信会直接影响到人们对律师职业甚或是对法律秩序所采取的态度。因此，律师应模范地遵守诚信原则，律师与当事人的关系要求律师必须讲诚信。律师与当事人之间引起法律关系的基础是相互信任，律师如果丧失诚实信用，就会失去当事人，也就失去了提供法律服务的前提，这必定会损害律师自身的长期利益。律师与有关部门的关系也客观地要求律师必须讲诚信。律师在执业中要与法院、检察院等相关部门产生法律关系。在这些法律关系中，律师必须以事实、法律为依据，提供代理、辩护意见。如果律师违反诚信原则，必然会妨害诉讼、非诉讼活动的进行，进而损害律师的整体形象，不利于律师业的发展。另外，法治社会本质上是一种诚信秩序，律师应是依法治国进程中的重要实践者。掌握丰富法律知识的律师，通过自己的执业活动，诚实地运用法律服务社会的行为，正是在实现良好法律秩序、创建诚信秩序。

（2）提高律师的自身素质。律师的素质可以分为两个方面，首先是律师的业务素质，其次是律师的道德素质。有一些民众会因为法律人无法有效满足自己的利益诉求而对其缺乏信任。所以，律师的业务素质主要是律师能熟练地掌握法律知识以及办案技巧，能为当事人提供满意的法律服务，这就要求律师能做到与时俱进，不断地学习、掌握最新的法律知识，成为综合性人才，能够为当事人提供良好的法律服务。[1]如此才能给社会留下好的口碑，消除人们对律师执业的误解，认识到律师职业的价值、认识到法律的至高无上性，才能引导人们走上法治的轨道，提高律师在社会活动中的地位以及社会作用。同样，一个没有良好道德的律师会给整个律师行业带来不良的影响，因为律师在社会活动中不仅仅代表的是个人，更多的是代表整个行业的形象，这就要求律师在社会活动中要注意自身的形象，洁身自爱、精神自律。因此，律师在执业过程中要不断强化自身的政治工作和教育培训工作，从世界观、人生观、价值观上不断地提高认识。[2]

---

〔1〕 刘思达："中国法律的形状"，载《中外法学》2014 年第 4 期。
〔2〕 郭琦："'熟人社会'和'陌生人社会'的信任秩序——由西方社会信任的模式反观中国之信任现状"，载《思想政治工作研究》2010 年第 5 期。

（3）提高律师自身的社会责任感。律师通过接受他人的委托，参与具体的个案的办理。而在案件办理过程中，律师必然要与自己的委托人保持密切的联系，倾听委托人的意见和心声。同时，律师也会为充分表达当事人的意见、维护当事人的合法权益而与有关国家机关进行必要的接触。通过这种方式，律师充当了市民社会与政治国家之间的纽带。因此，律师在办理具体案件的过程中，要运用自己的专业法律知识说服当事人不合理、不合法的要求与做法，运用法律规定的权利监督国家机关、国家机关工作人员的各种行为，从而促进公民遵纪守法，促进行政程序、司法程序的规范、合法运行和公民基本人权价值的实现，使国家权力与民间社会得以有效沟通和交流，确保国家统治秩序和市民社会秩序的有序与稳定。

（4）律师还可以通过参加和组织各种社会活动的形式来实现充当政治国家与市民社会桥梁的责任。从理论上说，律师作为一个职业群体，其最大的优势就在于作为一个高智力、高素质的群体，他们可以通过自己的专业性组织向公众宣传法律常识、传播法治理念，提高公众维护权利、履行义务的意识，以自身专业上的权威抑制市民社会可能出现的过激情绪与行为。另外，律师又可以通过自身专业上的权威来联合、吸引市民的支持，同时通过自身的专业性组织形成一个群体性压力集团，促使国家权力的合法运作和国家机关及其工作人员对民权的尊重。正如《联合国关于律师作用的基本原则》所指出的，律师专业组织有一个重要的作用就是"向一切需要他们的人提供法律服务以及政府和其他机构合作进一步推进正义和公共利益的目标"，"律师专业组织应促进有关方案，使公众了解法律赋予他们的权利和义务以及了解律师在保护他们基本自由方面所起的重要作用。应特别注意对穷人和其他处境不利的人给予帮助，使他们得以维护自己的权利并在必要时请求律师协助"。在这一职责中，律师与国家政治与权力保持着一定的距离，其民间化的社会身份占突出地位，要为民众的权益向权力机构发出呼声，成为公民权益的坚定维护者。

四、新时代我国律师职业的发展及其功能强化与拓展

（一）新时代我国律师职业的发展概况

我国律师职业的发展是和社会发展、国家进步紧密联系在一起的。改革开放以来，我国社会经历了一个高速发展的时期，法律制度不断健全，作为

提供专业法律服务的律师行业，也随之得到了长足的发展，走完了发达国家律师职业几百年的发展历程。其主要表现如下：

1. 律师制度体系不断完善，律师管理体制改革取得明显成效

随着律师职业的不断发展，律师管理体制改革也不断推进。目前，律师行业自律组织体系已基本形成，由司法行政机关的宏观管理与律师协会的行业管理相结合的"两结合"律师管理体制正在不断健全和完善。全国 30 个省（自治区、直辖市）律师协会均由执业律师选举产生，其组成人员绝大多数为执业律师；中华全国律师协会则全部由执业律师组成，并完全按照自律机制运行，律师行业的自治和自律作用正逐步得到发挥。律师事务所由司法行政管理机关所属的事业单位，变为自负盈亏的法律服务机构。律师事务所的组织形式由单一的国办所，变为合伙、合作和国资所三种形式并存；律师事务所由单一的行政管理，变为司法行政机关的行政管理和律师协会自律管理"两结合"的管理体制。

截至 2020 年底，全国共有律师事务所 3.4 万多家。其中，合伙所 2.06 万多家，占 60.59%；国资所 870 多家，占 2.56%；个人所 9400 多家，占 27.65%。[1]（详见图 1）从律师事务所规模来看，律师 10 人（含）以下的律师事务所 2.27 万多家，占 66.02%；律师 11 人至 20 人的律师事务所 7100 多家，占 20.83%；律师 21 人至 50 人的律师事务所 3400 多家，占 10.08%；律师 51 人至 100 人的律师事务所 680 多家，占 1.99%；律师 100 人（含）以上的律师事务所 360 多家，占 1.08%。10 人以下律所形态不仅仍然是行业主要构成（65%以上），并且近 4 年来增长最多主要也是 10 人以下的律所——从 2017 年 1.7 万家到 2020 年 2.27 万家，仅仅 4 年 10 人以下律所增长了 5700 家。在不同规模律所发展中，100 人以上大所在这 4 年里增幅比是最大的——从 2017 年的 200 家到 2020 年的 360 家，增幅高达 180%。或许因为规模化合并发展以及 10 人以下小所分裂，10 人至 50 人规模的律所在近四年来有 3%下降。这表明了我国律师行业的规模化、专业化程度不断加深，律师制度体系不断完善，律师管理体制改革等都取得了显著成效。（详见表 1）

---

　〔1〕 "2020 年度律师、基层法律服务工作统计分析"，载中国政府法制信息网：http://www.moj.gov.cn/pub/sfbgw/zwxxgk/fdzdgknr/fdzdgknrtjxx/202106/t20210611_ 427394.html，访问时间：2020 年 6 月 12 日。

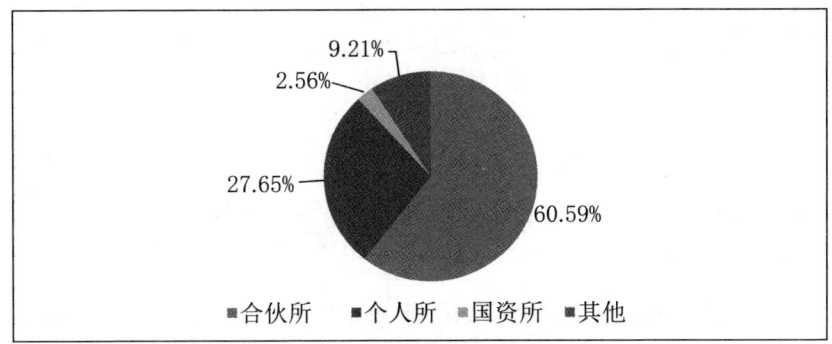

图 1　2020 年全国律师事务所分类占比情况

表 1　2017 年至 2020 年不同规模律所变化情况

律所规模	2017年（28004家）		2018年（30330家）		2019年（32230家）		2020年（34000家）	
	数量	占比	数量	占比	数量	占比	数量	占比
10人以下	17 000+	61.80%	19 000+	62.37%	21 000+	65.57%	22 700+	66.02%
10人（含）-50人	10 000+	35.60%	10 500+	34.89%	10 280+	31.54%	10 500+	31.66%
50人（含）-100人	500+	1.80%	570+	1.87%	620+	1.90%	680+	1.99%
100人（含）以上	200+	0.80%	260+	0.88%	320+	0.99%	360+	1.08%

2. 律师队伍日益壮大，素质稳步提升

我国已经初步形成了具有较高素质的律师职业群体，律师执业机构发展很快，其科学化、专业化程度不断提高。截至 2020 年底，全国共有执业律师52.2 万多人。律师人数超过 1 万人的省（区、市）有 21 个，其中超过 3 万人的省（市）有 5 个（分别是北京、上海、江苏、山东、广东）。2.93 万多家党政机关、人民团体和 6400 多家企业开展了公职律师、公司律师工作。从律师类别看，专职律师 42.44 万多人，占 81.23%；兼职律师 1.35 万多人，占2.59%；公职律师 5.91 万多人，占 11.32%；公司律师 1.61 万多人，占3.09%；军队律师 1500 人，占 0.29%。[1]（详见图 2）

---

〔1〕 "2020 年度律师、基层法律服务工作统计分析"，载中国政府法制信息网：http://www. moj. gov. cn/pub/sfbgw/zwxxgk/fdzdgknr/fdzdgknrtjxx/202106/t20210611_ 427394. html，访问时间：2020 年 6 月 12 日。

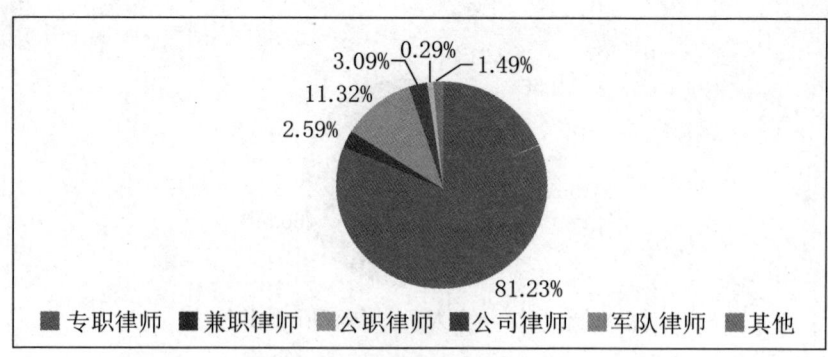

图2　2020年各类律师统计占比

从文化程度看，执业律师的学历水平不断提高，有利于提高律师行业整体业务能力。本科学历的律师38.59万多人，占74.07%；硕士研究生学历的律师10.49万多人，占20.15%；博士研究生学历的律师7000多人，占1.35%；本科学历以下的律师2.3万多人，占4.43%。在境外接受过教育并获得学位的律师8588人，占1.65%。[1]（详见图3）

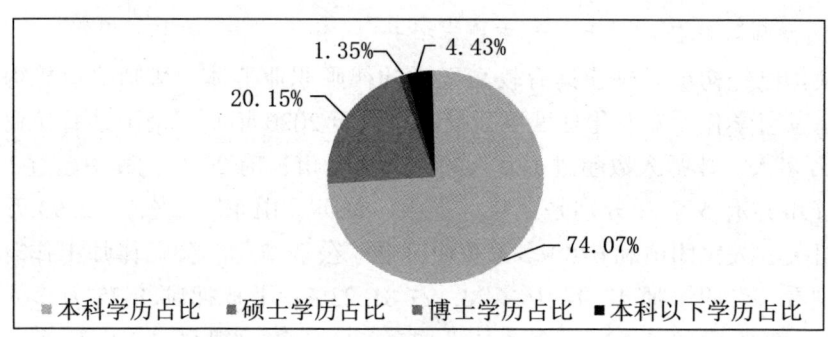

图3　2020年全国律师教育程度占比统计

从年龄构成来看，律师年龄结构逐步趋于合理。中年律师和青年律师的占比不断增多，有利于我国律师行业不断引入新生力量，提高律师行业整体活力。30岁（含）以下的律师9.98万多人，占19.16%；30岁至50岁（含）的律师32.61万多人，占62.61%；50岁至65岁（含）的律师8.44万多人，

---

〔1〕 "2020年度律师、基层法律服务工作统计分析"，载中国政府法制信息网：http://www.moj.gov.cn/pub/sfbgw/zwxxgk/fdzdgknr/fdzdgknrtjxx/202106/t20210611_ 427394.html，访问时间：2020年6月12日。

占 16.20%；65 岁以上的律师 1.06 万多人，占 2.03%。[1]（详见图 4、表 2）

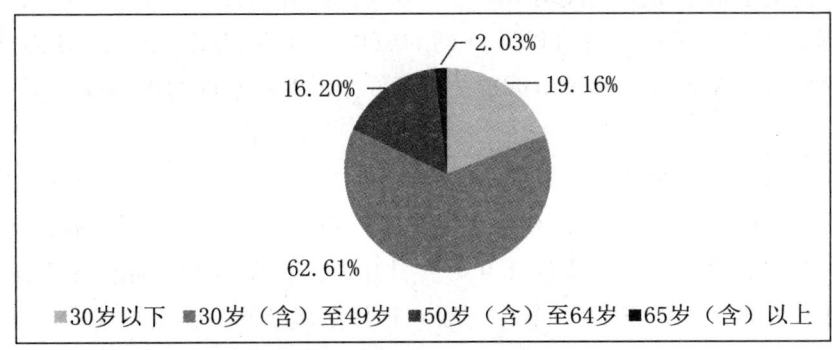

图 4　2020 年全国律师年龄结构占比统计

表 2　2017 年至 2020 年律师从业人员年龄占比变化情况

律所规模	2017年 (36.5万人)		2018年 (42.3万人)		2019年 (47.3万)		2020年 (52.2万人)	
	数量	占比	数量	占比	数量	占比	数量	占比
30岁以下	6.6万	18.20%	7.7万	18.43%	8.05万	17.03%	9.98万	19.16%
30岁 (含) -50岁	23.3万	63.90%	26.7万	63.65%	30.27万	64%	32.61万	62.61%
50岁 (含) 以上	6.1万	16.70%	7.4万	17.92%	8.9万	18.97%	9.5万	18.23%

3. 法律服务领域拓展，律师职能作用凸显

改革开放以来，广大律师积极投身国家的经济建设和民主法治建设，不断拓展业务领域，通过提供各类法律服务，有效地发挥了职能作用。律师职业从仅仅作为刑事辩护律师这样一群"专门为坏人说话的人"向民商、行政多个诉讼领域和多层次的非诉讼领域拓展。目前，我国的律师从作为基本法律工作者，提供法律咨询、受聘担任诉讼代理人，到为个人和企业提供广泛的法律服务；从中立性的服务者，到成为公司改制、上市、并购的重要决策者，很多律师还担任了大公司的独立董事；律师服务范围从传统的民法刑法代理服务，发展到为技术贸易、环境保护、跨国贸易和融资等高端产业提供专业服务。

2020 年，全国律师办理各类法律事务 1114.5 万多件。其中，办理诉讼案件 660.9 万多件，办理非诉讼法律事务 401.5 万多件，为 77.9 万多家党政机

---

〔1〕 "2020 年度律师、基层法律服务工作统计分析"，载中国政府法制信息网：http://www.moj.gov.cn/pub/sfbgw/zwxxgk/fdzdgknr/fdzdgknrtjxx/202106/t20210611_427394.html，访问时间：2020 年 6 月 12 日。

关、人民团体和企事业单位担任法律顾问。在律师办理的 660.9 万多件诉讼案件中，刑事诉讼辩护及代理 104.9 万多件，占诉讼案件的 15.87%；民事诉讼代理 532.7 万多件，占诉讼案件的 80.60%；行政诉讼代理 20.8 万多件，占诉讼案件的 3.15%；代理申诉近 2.5 万件，占诉讼案件的 0.38%。[1]（详见图 5）

2020 年，律师共提供各类公益法律服务 146.2 万多件，其中办理法律援助案件 94 万多件，参与接待和处理信访案件 26.9 万多件，律师调解 22.2 万多件，参与处置城管执法事件 2.9 万多件。律师为弱势群体提供免费法律服务 112.9 万多件，为 60 多万个村（居）担任法律顾问，建立村（居）法律顾问微信群 24 万多个。[2]

此外，一些律师还积极参加国家法律和地方性法规的起草和修改工作，竭诚为各级人大和政府部门提供法律服务，为促进立法的民主化和科学化、推进政府依法决策和依法行政做出了重要贡献。截至 2020 年底，律师担任"两代表一委员"共 9059 人，其中担任各级人大代表 2956 人，担任各级政协委员 5603 人，担任各级党代会代表 500 人。[3]可见，律师的社会角色也从单一的诉讼代理人到参政议政等不断多元化，从办理具体而细微的事务走向了宏观管理层面，越来越多的律师进入到行政、立法和监督机关，担任国家机关的法律顾问或直接参与立法工作。因此，律师的社会作用和社会地位日益提高。

---

〔1〕 "2020 年度律师、基层法律服务工作统计分析"，载中国政府法制信息网：http://www. moj. gov. cn/pub/sfbgw/ zwxxgk/ fdzdgknr/ fdzdgknrtjxx/202106/t20210611_ 427394. html，访问时间：2020 年 6 月 12 日。

〔2〕 "2020 年度律师、基层法律服务工作统计分析"，载中国政府法制信息网：http://www. moj. gov. cn/pub/sfbgw/ zwxxgk/ fdzdgknr/ fdzdgknrtjxx/202106/t20210611_ 427394. html，访问时间：2020 年 6 月 12 日。

〔3〕 "2020 年度律师、基层法律服务工作统计分析"，载中国政府法制信息网：http://www. moj. gov. cn/pub/sfbgw/ zwxxgk/ fdzdgknr/ fdzdgknrtjxx/202106/t20210611_ 427394. html，访问时间：2020 年 6 月 12 日。

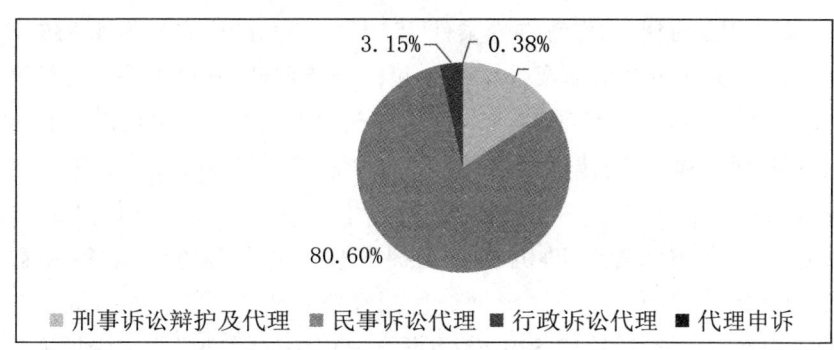

图5　2020年全国诉讼案件辩护及代理情况

4. 法律服务市场逐步国际化，对外开放不断扩大

早在1992年，中国就开始了外国和香港律师事务所在华（内地）设立办事处的试点，拉开了法律服务业对外开放的序幕。加入WTO之后，中国法律服务市场对外开放的步伐进一步加快。中国政府认真履行入世承诺，取消了外国律师事务所驻华代表机构设立的数量限制、开办城市的限制以及一所只能设立一个代表处的限制；放宽了代表机构及其代表的业务活动范围；降低了其首席代表的资历要求。与之相对应，国内一些大型律师事务所也纷纷向海外拓展，与国际同行开展各种形式的国际交流合作，在美国、德国、日本、加拿大、荷兰等国家和地区设立境外分支机构。

5. 广泛参与公益事业和公益活动，积极开展基础法律援助工作

我国律师还积极参加普法宣传、依法治理等活动，积极宣传国家法律和政策，传播法治精神和法律知识，广泛参与公益事业和公益活动，积极开展法律援助。近几年，律师参与公益诉讼越来越多，表现在帮农民工维权、质疑火车票涨价和高速公路收费等。在这些公益诉讼中，律师用一种不求回报的行为，填补了我国公益诉讼的空白，促进了社会管理制度的完善。从某种角度而言，政府的法治步伐与这些公益诉讼密不可分。

以广东市为例，截至2019年底，受理法律援助案件54 981起。广州现有市区法律援助机构12家，法律援助工作站372个。2019年1月至12月受理的54 981起法律援助案件，较2018年的24 056起增加了30 925起，同比增长128.55%。其中民事案件16 375起，占比为29.78%；刑事案件38 312起，占比为69.68%；行政案件294起，占0.53%。法律援助机构人员办理案件

181 起，基层法律服务工作者办理案件 553 件，二者占比之和为 4.83%。2019 年，广州全市法律援助已结案件 15192 起，未结案件 20 003 件，总结案率为 43.17%。社会律师承办案件 14 458 起，高达 95.17%；法律援助机构人员办理案件 181 起，基层法律服务工作者办理案件 553 件，二者占比之和为 4.83%。[1]

2019 年，全市法律援助机构为受援人挽回经济损失或取得利益共计 30 652.01万元。其中，市法律援助处挽回经济损失 13 121.46 万元，各区法律援助机构挽回经济损失 17 530.55 万元。全市法律援助机构为受援人挽回经济损失或取得利益全部来自民事案件，其中为农民工讨薪 11 498.92 万元。2019 年，全市共有 55 070 人次获得法律援助，较 2018 年的 24 888 人次增加了 30 182 人次，刑事案件受援人 38 312 人，民事案件受援人 16 463 人，行政案件受援人 295 人。刑事案件受援人的人数远远多于民事案件受援人和行政案件受援人的人数，刑事案件受援人人数约为民事案件受援人人数的 2.33 倍，约为行政案件受援人人数的 129.87 倍。农民工是 2019 年广州市法律援助对象最多的群体，共援助农民工 11 959 人，超过了其他群体人数的总和，占比达到 52.85%，其中市法律援助处共援助 4799 人，各区法律援助机构援助 7160 人。[2]这些都表明了我国律师广泛参与公益事业和公益活动、积极开展基础法律援助工作取得的成果显著。

（二）新时代律师的功能强化与拓展

1. 新时代律师的功能强化

中国特色社会主义新时代是中国发展新的历史方位。习近平总书记在党的十九大报告中指出"中国特色社会主义进入了新时代"。在社会主义新时代的中国，全面依法治国作为国家战略布局的重要构成，成为党领导人民治国理政的基本方略和基本方式，对于国家治理体系和治理能力现代化的提升意义重大。律师在全面依法治国的战略布局中，应当通过职业功能的强化，在

---

〔1〕 "2019 年广州法律援助数据简析"，载中国政府法制信息网：http://www.moj.gov.cn/pub/sfbgw/jgsz/jgszzsdw/zsdwflyzzx/flyzzxzcxx/zcxxllyj/202102/t20210225_ 189054.html，访问时间：2020 年 6 月 15 日。

〔2〕 "2019 年广州法律援助数据简析"，载中国政府法制信息网：http://www.moj.gov.cn/pub/sfbgw/jgsz/jgszzsdw/zsdwflyzzx/flyzzxzcxx/zcxxllyj/202102/t20210225_ 189054.html，访问时间：2020 年 6 月 15 日。

习近平法治思想的指导下，根据法治中国建设规划，进一步贯彻落实《律师法》第 2 条关于"律师应当维护当事人合法权益，维护法律正确实施，维护社会公平和正义"的规定，为法治中国建设做出更大的贡献。

首先，协助公民在现代诉讼和非讼活动中正确行使法律权利，实现法律价值，构建中国特色社会主义法治秩序。

建立符合利益需要的法治秩序，是立法者稳固统治地位和维持社会存续发展的理想方式和必然选择。作为国家意志的体现者和人民根本利益的承载者，包含特定价值的法治秩序本质上是一种互动的、充满生机活力的权利义务关系构成体，是社会全体成员在法律范围内行使权利、履行义务的结果。公民能否正确地行使权利和履行义务，与法治秩序的建构及其稳定有密切关系。律师及律师职业的产生以及法律服务业，能够协助公民在诉讼和非讼活动中正确行使法律权利并履行法定义务，从而为中国特色社会主义法治秩序的建构发挥积极作用。

其次，维护公民私权利，通过在私权利与公权力之间构筑制衡机制，以制约和防范公权的滥用。

一方面，法律主体的差异性和利益的不平衡性，不可避免地会导致权益冲突。社会主体在行使权利的过程中，由于对权利内容的不了解或者行使方法的不当，也会造成他人权利的损害。"自古罗马开始，解答法律，向公民阐释法律的内容，协助公民了解法律权利的内容，仍是律师业务的主要构成。"[1]罗马的保护人有权对当事人在诉讼上给予帮助，在法庭上为当事人进行辩护或代理，实质上就是充当辩护人或代理人。罗马的《十二铜表法》中有多个规定出庭辩护和依法进行辩护的条文。[2]在现代诉讼中，律师在诉讼中的影响更为广泛和深远，成为救济法律权利的诉讼中不可或缺的重要成员。司法实践表明，我国律师在维护社会主体的法律权利，从而为创设法治实施的良性环境方面，发挥着十分重要的作用。

另一方面，把权力关进制度的笼子是法治国家的一个基本内涵特征。在法治国家，法律的实施并非是一个由国家到个人的单向过程，它是国家及相关个人的共同参与、多向度、复杂的利益博弈过程。律师在这一过程中往往

---

〔1〕　［罗马］查士丁尼：《法学总论——法学阶梯》，张企泰译，商务印书馆 1996 年版，第 11 页。
〔2〕　茅彭年、李必达主编：《中国律师制度研究》，法律出版社 1992 年版，第 14 页。

代表着权利主体的利益，其执业行为产生的效用有助于博弈各方的力量对比更加均衡，最终实现既有利于法律的公正性，又有利于对执法权力进行监督与约束的作用。在政治国家与市民社会二元化社会格局发展的今天，律师职业可以通过执业活动监督公共权力，保障基本人权，保护公民合法权益。因此，在政治国家与市民社会的二元博弈之中，律师作为一支相对独立的力量存在，将在很大程度上制衡国家权力，并且最大限度地减少和防止权力对社会主体的侵害。

再次，律师通过执业行为，实施社会关怀。

关注社会弱势群体、维护弱势群体的权益是社会主义的内涵要求之一。《联合国关于律师作用的基本原则》指出，律师制度的一个重要作用就是"向一切需要他们的人提供法律服务以及政府和其他机构合作进一步推进正义和公共利益的目标"，"应特别注意对穷人和其他处境不利的人给予帮助，使他们得以维护自己的权利并在必要时请求律师协助"。尽管"法律面前人人平等"是法治国家的一项基本原则，但社会主体权利的真正实现受到诸多社会条件的制约。律师的部分执业行为（如法律援助行为等）可以帮助那些因经济困难而无力支付各项诉讼费用和法律服务费用的公民，无偿获得由国家提供的法律帮助，使之能够同其他社会成员一起平等地进入司法程序，平等地行使诉权，助推公民权利保护的法治化。

最后，助推法治宣传教育，增强公民的法治意识。

现代法理学认为，公民认知法律，是公民遵守法律的前提，是法治实施的基础条件。同时，"法律的权威源自人民的内心拥护和真诚信仰"。[1]律师在执业过程中，通过为当事人解释法律含义，阐明法律精神，客观上发挥着推动法治宣传教育的功能。更重要的是，其有助于提升公民的法治意识和法治思维，使公民成为法治中国建设的积极力量。

2. 我国律师功能创新路径探析

（1）建立政府及企事业单位律师制度。

第一，政府律师要在行政立法的环节上平衡权利与义务。在行政立法环节，政府律师可通过参与规范性文件的起草、审核和修改，在保证行政目的有效实现的前提下，有意识地在立法过程中平衡分配行政机关与相对人一方

---

〔1〕《中国共产党第十八届中央委员会第四次全体会议公报》，人民出版社 2014 年版，第 11 页。

的权利义务。根据行政平衡的要求，在授予行政机关权力、增加公民义务的同时，也为行政机关设定相应的义务，并对公民的权利采取严格的保障措施，以尽量减少或避免日后执法中行政机关与相对一方的法律性冲突和纠纷，为事前的限制和事后的补救提供依据。因此，政府律师要在行政执法环节上平衡法律地位反差。

第二，企业配备的具有执业资格专门从事法律事务工作的人员就是企业法律顾问，企业法律顾问是企业"内部法律工作者"。企业法律顾问制度是市场经济条件下促进企业依法经营管理，有效参与市场竞争和维护自身合法权益的一项重要管理制度，是现代企业制度的有机组成部分，也是维护市场经济秩序的一项基本保障措施。随着社会主义市场经济的发展和完善，企业对外经济联系日趋广泛。在激烈的竞争中建立和完善现代企业法律顾问制度、增强企业的法制观念、实行科学决策、推动依法治企、强化内部管理、运用法律手段、化解经营风险是企业法治化的重要内容。

首先，明确并清晰企业法律顾问的权责、职能。对于企业法律顾问的职责，可以通过部门规章或发布企业内部法律顾问制度示范文本等具体方式来对企业法律顾问行使职权的方式、内容、程序加以规范。

其次，建立完善的行业组织，从而协调、管理、监督各成员的活动，完成与企业法律顾问制度相关的配套工作。在条件具备的情况下，建立全国性的企业法律顾问协会，扩大企业法律顾问制度的影响，为企业法律顾问提供活动的空间，加强企业领导对企业法律顾问工作的认识，从而使企业法律顾问真正成为企业在运营过程中不可或缺的重要职能部门。

最后，提高企业负责人对企业法制工作重要性的认识，强化法律意识和依法经营管理的能力。此外，根据《管理办法》的相关规定，明确国有企业负责人在企业国有资产管理的各个环节上的权利、义务和责任，其余类型的企业也可以将以上规定作为参照，从而进一步提高企业负责人对法律顾问制度的重视。

（2）发展农民法律援助制度，建立国家财政支持与慈善捐助相结合的法律援助模式。

纵观发达资本主义国家，法律援助机构的组织形式大体有两种模式：一是以英美为代表的，主要靠政府资助的独立的私人团体进行的法律援助，具体由律师协会、各种私人基金会、律师个人等进行，国家对法律援助局限于原则指导和财政支持，受援对象是社会地位低下的特定阶层。二是以瑞典和丹麦等国为代表的，将法律援助纳入国家的福利制度体系，由国家设立专门的组织机构，雇佣专门的人员进行法律援助工作，其法律援助面向全社会。在这种体制之下，法律援助作为国家的一种责任得以充分体现，但给国家财政造成的压力相对较大。

作为社会主义国家，我们的国家性质决定了我们不应当长期将法律援助局限于特定社会阶层的少数人，而是应当逐步扩大法律援助的受援对象，以更大范围地保障人权，特别是更好地保障占中国绝大多数的农民的权益。国家应提供必要的财政支持，同时辅之以动员社会力量，取得社会各界人士的慈善捐助。这样既可以体现法律援助的国家责任原则，又有助于解决在国家财力有限的情况下制约法律援助事业发展的问题，使中国的法律援助事业健康发展，也使我国的法律援助事业变得有效和温暖。

（3）律师积极参与 ADR 程序。

世界各国对非诉讼纠纷解决程序（ADR）的定义与形式千差万别，但大多认为最主要的有调解、仲裁、谈判及其派生形式。[1]派生形式主要有早期中立评价、中立专家事实发现、简易陪审团审判、小型审判、聘请法官、调解—仲裁等。[2]程序法越来越受到重视，各国逐渐意识到程序的正义比实质的正义更重要。现在的法律已经发展成一门复杂的学科，普通人没有接受专业教育训练是不可能了解并熟练运用程序法的，而律师在这方面恰恰具备优势。他们有着良好的法律素质、精湛的专业技能，程序法对于他们来说是非常轻车熟路的。律师在面对纠纷时，可以从法律的角度，运用法律思维分析问题，每一步都是沿着程序法前进，这样对于纠纷律师的评价意见更可能"接近正义"。另外，律师具有丰富的纠纷解决经验，这同样也是解决纠纷的必备条件。他们可以第一时间运用职业练就的思维巧妙地将法律、道德、事实等糅合在一起，选择有利于当事人利益的纠纷解决机制，达成有利于当事人利益的解决纠纷和解协议，使纠纷在早期即得到解决，避免进入司法程序。

《迷失的律师》的作者认为："不管是作为私人利益的代理人，还是作为国家事务的顾问，律师政治家所做工作的一个重要部分，就是为目标的选择提供建议。正如他以及其他所知道的那样，其工作的一个基本方面就是审慎

---

〔1〕 范愉主编：《ADR 原理与实务》，厦门大学出版社 2002 年版，第 111 页。

〔2〕 范愉：《非诉讼纠纷解决机制研究》，中国人民大学出版社 2000 年版，第 201 页。

地帮助他的代理人更好地理解他们自己的利益和理想抱负，指导他们在可选择的目标中作出抉择。"[1]因此，律师参与 ADR 最直接的结果就是减少了对司法资源的占有。通过律师的深层介入，通过方式解决纠纷，还可避免因当事人社会地位不同造成的隐性司法不公正。随着社会的发展，专业知识和经验开始在法律职业 ADR 中推广。在现代纠纷解决过程中，当事人习惯于借重律师的作用，律师在其中的态度和作用往往与纠纷解决成败攸关，因此，各国在推行时，通常也大力鼓励律师参与。

党的十八届四中全会提出："健全依法维权和化解纠纷机制，建立健全社会矛盾预警机制、利益表达机制、协商沟通机制、救济救助机制，畅通群众利益协调、权益保障法律渠道。"[2]因此，律师积极参与 ADR 程序，将是律师在现代社会纠纷解决过程中发挥不可替代功能的重要模式。

参考文献

[1] 李政主编：《法律职业道德》，法律出版社 2017 年版。

[2] 陶髦、宋英辉、肖胜喜：《律师制度比较研究》，中国政法大学出版社 1995 年版。

[3] 马长山：《国家、市民社会与法治》，商务印书馆 2002 年版。

[4] 奚从清：《角色论——个人与社会的互动》，浙江大学出版社 2010 年版。

[5] 张恒山：《法理要论》，北京大学出版社 2002 年版。

[6] 张耕主编：《中国律师制度研究》，法律出版社 1998 年版。

[7] 王思斌：《社会学教程》（第 2 版），北京大学出版社 2003 年版。

[8] 张文显主编：《法理学》，法律出版社 1997 年版。

[9] 茅彭年、李必达主编：《中国律师制度研究》，法律出版社 1992 年版。

[10] 张文显：《法学基本范畴研究》，中国政法大学出版社 1993 年版。

[11] 黄松有、梁玉霞主编：《司法相关职务责任研究》，法律出版社 2001 年版。

[12] 季卫东：《法治秩序的构建》，中国政法大学出版社 1999 年版。

[13] 张文显、信春鹰、孙谦主编：《司法改革报告：法律职业共同体研究》，法律出版社 2002 年版。

[14] 谭世贵主编：《律师法学》（第 3 版），法律出版社 2008 年版。

[15] 何悦主编：《律师法学》，法律出版社 2011 年版。

─────────────

〔1〕 ［美］安索尼·T. 克罗曼：《迷失的律师：法律职业理想的衰落》，周战超、石新中译，法律出版社 2002 年版，第 78 页。

〔2〕《中国共产党第十八届中央委员会第四次全体会议公报》，人民出版社 2014 年版，第 12 页。

［16］范愉主编:《ADR 原理与实务》,厦门大学出版社 2002 年版。

［17］范愉:《非诉讼纠纷解决机制研究》,中国人民大学出版社 2000 年版。

［18］［美］艾伦·德肖维茨:《致年轻律师的信》,单波译,法律出版社 2009 年版。

［19］［美］肯尼思·吉普尼斯:《职责与公义——美国的司法制度与律师职业道德》,徐文俊译,东南大学出版社 2000 年版。

［20］［美］理查德·A. 波斯纳:《超越法律》,苏力译,中国政法大学出版社 2001 年版。

［21］［美］伯尔曼:《法律与革命》,贺卫方等译,中国大百科全书出版社 1993 年版。

［22］［美］约瑟夫·阿莱格雷迪:《律师的天职:信仰与法律工作》,王军译,当代中国出版社 2014 年版。

［23］［美］约翰·罗尔斯:《正义论》,何怀宏、何包钢、廖申白译,上海译文出版社 1991 年版。

［24］［美］安索尼·T. 克罗曼:《迷失的律师:法律职业理想的衰落》,周战超、石新中译,法律出版社 2002 年版。

主题一：法律风险论证

一、何为法律风险论证

风险在各个领域中均有表现，通俗来讲即产生我们不追求后果的一种可能性。法律风险引入中国时间不长却在实务界与理论界都得到了广泛的关注，但是目前理论界对于法律风险尚无一个准确、统一的概念。有学者认为，法律风险是指相关行为主体在进行相关活动过程中，由于行为人做出的具体法律行为不规范而导致的、与其所期望达到的目标相违背的法律不利后果发生的可能性。[1]政府在行使职权、履行职责、进行公共事务管理之时就不间断发生各种各样的法律行为，与此同时伴随着无处不在的法律风险。随着社会发展与政府职能的转变，人们对法治政府的要求越来越高、风险意识越来越强，法律风险逐渐被政府所重视且政府所面临的法律风险愈加多样化、复杂化。其主要类型有：规章、规范性文件制定不当的法律风险、重大决策中的法律风险、行政执法中的法律风险、招商引资等民商事行为不规范而导致的法律风险等。[2]总而言之，政府所面临的法律风险都是在行政决策之中对某一事项的合法性审查。这使得政府在对某一事项进行决策之时进行合法性审查成为必要性工作，以维护社会秩序稳定与避免不良后果产生。只有对政府所面对的法律风险进行预防，才可以将政府的相关行为纳入规范化、法律化和制度化的轨道。

---

〔1〕 王正志、王怀编著：《公司法律风险防范与管理》，法律出版社 2007 年版。

〔2〕 文川："新型工业化新型城镇化进程中地方政府面临的法律风险及对策"，载《西华大学学报（哲学社会科学版）》2014 年第 4 期。

二、政府法律风险表现形式及其成因分析

谈及政府面临的法律风险就必须论证行政决策中的政府风险，就必须找出政府在进行行政决策时面临哪些法律风险，其表现形式以及出现的原因是什么。由于我国社会与法治环境的因素，外加法治政府建设推进速度相对缓慢和行政决策法治化进程相对滞后、政府缺失法律风险防控理念，使得政府在决策某一事项的过程中遭遇了各式各样的风险。通过发掘政府在进行行政决策时的风险因素及其成因，从而找到一套科学化、民主化、法治化的决策机制力图保障行政决策有效实施，促进法治政府早日建成。

（一）政府法律风险表现形式

1. 政府决策中主体错位

政府对某一事项作出决策的过程同时是个表现政治诉求的过程，这不仅仅是个技术理性问题，它背后的政府作为决策主体错位的关键诱因是各方利益的相互交织与裹挟。政府之中的决策者们通过将有效的政治需求或者各种部门利益需求转换到权威性的决策过程之中，最终实现本部门利益最大化。持有此错误思路的决策主体必将会以决策者错位的方式引发法治化错位和决策内容的无效问题。

2. 政府决策中事项模糊

我国政府向来坚持贯彻落实依宪执政、依法执政，在《中华人民共和国宪法》《中华人民共和国地方各级人民代表大会和地方各级人民政府组织法》等法律之中明文规定了各级政府的职权行使范围。由于规定的职权行使范围相对宽泛与原则化，后各地方政府通过二次立法的方式细化相关规定以明确职权行使范围，但是依然未明确政府就哪些事项享有自身的决策权，仅依据"重大行政决策"来开展工作，这使得何为"重大"成了一个未明确的含义，从而导致了政府对于相关事项的决策权边界的模糊性与事项本身的迷糊性、导致政府就什么事项可以进行决策的裁量幅度过于宽泛、导致政府的权力过大，最终导致不少关乎人民群众切身利益的"重大决策事项"匆匆开始、匆匆结束。

3. 政府决策的法治化机制保障缺位

2010 年颁布的《国务院关于加强法治政府建设的意见》第 11 项对建立科学民主的行政决策机制进行了描述：涵盖有效的民众参与机制，科学的专

家冲权模式，健全的事前、事中、事后风险评估机制，法律化审查，协商民治论证机制五大程序功能区的决策程序才是完善的，五大功能区相互运转、缺一不可。但之前的地方各级人民政府在制定行政决策程序规则时对上述完善的决策程序不够重视，使得行政决策程序在相对封闭的状态过程中进行，缺乏与公众和外界的沟通。

4. 政府决策追责机制乏力

《国务院关于加强法治政府建设的意见》规定，自觉接受监督、加强政府内部层级监督和专门监督、严格行政问责。作为行政法的基本原则之一的"权责统一"原本是控制行政权力及其扩张的利剑，但现实面临的问题是政府内部责任追究不到位以及如何对政府作出的"失误的行政决策"进行界定的困境直接使得政府作出的决策追责机制沦为摆设。当行使行政权力的机关或者组织的决策失误从而产生经济损失、社会不稳定等不良后果之时，作出决策机关的职能部门却往往以各种原因推脱责任，而对相关责任追究置若罔闻。

（二）法律风险成因分析

1. 理论滞后、立法缺位

首先，行政法学界对于政府作出决策时匮乏的理论支持、行使行政权的机关或者组织的决策是否属于行政法学的研究范围等具体事项没有给出有力的回答，从而使得政府的决策定性及其性质缺少专门的道德理论支持。其次，立法上的缺位同样造成了行政决策混乱的局面。无论是《中华人民共和国宪法》《中华人民共和国地方各级人民代表大会和地方各级人民政府组织法》还是《国务院关于依法行政的决定》等相关的法律法规均没有规定行使行政权的行政决策机制。与此同时，地方立法由于技术理性不足等因素，导致颁布的相关法律性文件过于粗糙，给予相关主体过大的裁量幅度亦是造成决策法律风险的原因。

2. 政府决策机制和决策机构不健全

行使行政权力的机关或者组织的行政决策机制应当是咨询、决断、执行、监督等各自独立的分支系统的有机构成部分。首先，体制内尚未完全建立决策机制，且内部决策部门没有明确的职责分工，各自职权不明造成几乎所有的程序都由决策者一人完成。这大大增强了法律风险出现的可能性。其次，以五大程序功能区为核心的决策程序运转机制至今尚未建立，从而使得行使行政权的机关或者组织作出的决策缺乏科学性与民主性。

3. 监督机制及其事后追责程序运行乏力

行使权利与承担责任如同一个硬币的两面，一面是所拥有的权利，另一面则意味着承担责任，二者犹如孪生兄弟般形影不离。尽管不断加强责任问责制，但关于加强责任问责的规范性文件却散落在各个部门法中，尚未形成一套完整的职责机制。追责制度不完善、追责程序不够清晰、追责乏力使得当下我国部分决策制定者的责任意识还有待提升。

4. 行政决策信息公开不足

无论是法律法规的规定，还是地方政府的规定，均没有提及如何就行使行政权力的机关或者组织的决策信息进行公开等内容。相关的决策信息应当及时、真实地向社会公示公开，并且在作出决策的不同阶段应当公示公开相对应阶段的决策信息。不被公示公开、没有放在"阳光之下"的决策信息很有可能致使行政决策过程处于"暗箱"之中而不为外界所知，更为重要的是，这可能是"权利寻租"的实现路径之一。[1]

三、政府法律风险的防范与化解

（一）培育政府及其工作人员的法律风险意识思想

政府法律风险防范体系的构建，政府及其工作人员具有良好的法律风险意识是根本前提。当前，我国法治国家、法治政府和法治社会的建设正在推进当中，影响治安秩序和社会稳定的突出问题之一即是由各种社会矛盾所引发的行政纠纷及案件。因此，在思想意识层面上高度重视防范政府法律风险是十分必要的。首先，强化行使行政职权的工作人员的"权力取之于民、用之于民""为人民服务""人民至上"等民本意识；其次，行使行政职权的工作人员应当摒弃权力本位、重政策轻法律等不良思想，坚持依宪行政、依法行政，牢固树立法治意识；再次，行使行政职权的工作人员应当纠正"熟人好办事""程序不重要"等错误观念，规范权力行使规程，牢固树立程序意识；最后，政府及各部门要深入推进对行使行政职权的工作人员的法律风险的宣传和培训工作，培育和强化政府工作人员"为人民服务"的职业态度和工作习惯，培养其敏锐地感知风险、分析风险、防范风险的能力，创造和形成有利于法治国家、法治政府和法治社会建设的法律风险文化氛围。

---

〔1〕 参见张立军："行政决策中政府法律风险防控机制构建"，西南政法大学 2014 年硕士学位论文。

（二）构建政府法律风险评估体系

基于法律对行政行为的相关要求，判断在特定情况下政府应当采取什么样的合理预防性措施的行为即是政府法律风险评估。它具有很强的综合性、细致性和深入性，并且可能涉及诸多法律关系。建立政府法律风险评估体系需要地方政府在广泛调研的基础上制定法律风险预警测评指标体系。大致而言主要包括以下几个方面的指标：①行政行为目的合法性风险指标；②行政主体权力边界的合法性风险指标；③行政行为程序合法性风险指标；④行政手段强制力风险指标；⑤行政法律依据风险指标；⑥行政自由裁量权合理性风险指标；⑦行政人员法律职责风险指标；⑧行政行为法律事实形成风险指标。[1]

（三）构建政府法律风险防范管理体制

有不少地方政府对于"法律风险防范工作是政府一项不可或缺的工作"有了一定的认识，但仍旧有相当多的地方政府还不够重视法律风险防范工作。当前，要将法律顾问体系作为防范、预警、控制和消除政府法律风险的重要组织保障。体做法如下：首先，政府法制机构改革的加强。一是提高政府法制机构在政府管理体系内部的层级，使其成为直属机构；二是相应扩大和提高政府法制机构的能够参与到政府的决策层面；三是政府法制机构人员队伍建设的加强，在人力、物力等方面给予充分保障。其次，外聘政府法律顾问的评聘和管理工作的加强。由于政府机构法制工作人员在处理问题、解决纠纷等方面有一定的局限性，因此法律专家（律师）担当政府法律顾问十分有必要。同时通过一系列政府法制机构改革，从体制上控制法律风险。

（四）构建政府法律风险防范机制

首先，地方规章和规范性文件的法律审查机制的建立与完善，建立与完善该制度的目的是将由政府职能部门起草与讨论制定出的、缺乏合法性论证的地方政府规章和规范性文件引入法律审查机制，由政府法制机构组织法律顾问（专家）对相关法律性文件进行合法性、合理性与冲突性审查，以保证上述文件的合法、合规。未经相关人员或机构合法性审查的，不得将其提交政府常务会议或部门办公会议讨论。对于直接关涉群众切身利益的法律性文

---

〔1〕　文川："新型工业化新型城镇化进程中地方政府面临的法律风险及对策"，载《西华大学学报（哲学社会科学版）》2014年第4期。

件，还应采取听证会、论证会、座谈会或者向社会公布草案等方式，广泛听取社会各界的意见。[1]其次，积极且广泛地吸收法律专家和公众的参与，建立科学决策机制。再次，对政府行政行为加以规范，建立严格执法、接纳社会监督的机制。复次，建立法律风险分担的责任机制。为加快地方政府法律风险防范机制建设，地方政府应当将各单位及人员的法律风险防范工作情况纳入考核。最后，对政府合同管理加以强化以防范合同法律风险。

四、律师在政府法律风险管控中的作用

律师作为经受专业训练的法律工作者，具备法律知识和团队合作的智慧，在为行使行政权的政府提供法律顾问或专项法律服务的过程中具有自身不可忽视的优势，在提供法律顾问服务过程中要为政府树立法律风险管理的理念，通过对法律的把握和对政府行使行政权的风险分析，帮助政府制定相关规范制度、提出法律意见并采取补救措施化解风险造成的后果等，从而达到帮助政府防范法律风险的目的。

第一，律师可以协助政府对治理结构进行进一步完善。政府治理结构是整个国家治理中最重要的组织架构，合法规范的国家治理结构，有助于政府机关或者组织内部的管理和权力分配。

第二，律师可以帮助政府建立系统的合同风险防范体系，有效防范合同纠纷，防范出现坏账或索赔风险，实现人民利益最大化。合同是政府与社会群体、组织之间开展合作的主要途径，也是最容易出现纠纷的环节。

第三，制定规范的合同管理制度，包括合同签订前调查、签约管理、履行管理、预警管理、评审管理制度等，将具体工作职责安排至相应的管理部门。另外，在外部法律风险环境发生变化后，律师应该向相关部门及时传达最新的法律法规规定，通报法律环境的变化，重新评估法律风险，提醒政府共同应对新的风险并及时调整防范体系，保证风险防范体系不断更新并得到完善。

第四，为政府制定、完善各项规章制度，并通过制度的规范保障使得制度能够得到有效遵守和执行。对制度进行合法性审查，使其合法、合理并能够被遵照执行。

---

〔1〕 刘一纯："改进地方政府规范性文件备案审查制度的思考"，载《江汉论坛》2009年第5期。

附件一：

陕西明萌津师事务所

关于【Z公司申请区政府执行一案】

法津意见书

陕明律书第146129号

致：【X市B区人民政府】

陕西明萌律师事务所接受【X市B区人民政府】（以下简称"B区人民政府"）的委托，就申请执行人Z公司申请执行被执行人H金属工艺厂联建合同纠纷一案出具法律意见书，本所特指派贾海明律师团队负责办理该委托事项。现经办理律师审阅相关材料，根据民事诉讼法执行程序及有关司法解释的规定，按照律师行业公认的业务标准、道德规范和勤勉尽责精神，为【B区人民政府】做出关于Z公司申请执行H金属工艺厂联建合同纠纷一案决策时有所参考，出具本法律意见书。

第一部分　声明

为出具本法律意见书，本所声明如下：

（一）本所律师系依据本法律意见书出具日以前已经发生或存在的事实，并基于对有关事实的了解和对我国现行、公开的法律、法规、规章、司法解释及政府部门相关规定之理解发表法律意见；

（二）对于无法得到独立证据支持的事实，本所律师依赖于有关政府部门和机构（简称"资料提供方"）出具的确认函、说明、意见书或证明文件出具本法律意见书；

（三）在阅读本法律意见书时所有章节应作为一个整体，不应单独使用。本所律师未授权任何单位或个人对本法律意见书作任何解释或说明；各项标题只为方便参考而设，法律意见书的内容以正文为准；

（四）本法律意见书是本所律师截至出具日对题述事项的最终、完整和唯一的法律意见。

第二部分 假设

本所出具本法律意见书基于以下假设：

（一）资料提供方提供了为出具本法律意见书所必需的及时、真实、完整、准确的原始书面材料、副本材料或者口头证言，递交给本所的文件上的签名、印章真实，所有副本材料和复印件与原件一致，且除非另有说明，自资料、信息提供之日至本法律意见书出具之日未发生任何事件、变化或情势导致本所无法依赖该等资料、信息出具本法律意见书；

（二）资料提供方不存在任何未向本所披露的事实情况或其他安排，导致影响前述文件的法律效力或影响本所发表的法律意见。

第三部分 正文

一、案件基本情况

Z公司依据X市中级人民法院二〇一四年十二月十一日以［1995］×中执民字第00025-×号执行裁定书，申请扣划（提取）X市B区人民政府应付H金属工艺厂新建住宅楼3、4号楼购房款170万元。

二、案件存在的困难和问题

（一）B区政府是否尚欠H金属工艺厂170万元购房款问题

本案纠纷源于1992年H金属工艺厂分别与Z公司、S省扶贫公司（以下简称"省扶贫公司"）签订联建房屋合同，在该过程中，省扶贫公司又与B区城建综合开发公司第一分公司（以下简称"城建一公司"，已注销）签订房屋买卖合同，城建一公司以580万元购房以安置拆迁户，该580万元即为应履行的合同义务。后在省高院执行省扶贫公司与H金属工艺厂纠纷案中，经省高院主持城建一公司与省扶贫公司签订《房屋买卖补充协议》，根据该协议城建一公司向省扶贫公司支付300万元，向省高院支付110万元，剩余170万元购房款则以城建一公司垫付已完成的部分水、电、路等配套和后期工程以及锅炉房配套征地等费用的方式履行，相关支付手续均已完成，从权利义务角度而言，城建一公司的履行是严格按照省高院确定的措施和程序进行的，在购房款问题上已经不存在支付义务。因为：其一，城建一公司作为购房一方，其总体债务就是580万元，只需履行完毕即可；其二，如果认为城建一公司仍尚欠 170 万元未付，则本应由卖房一方承担的建设费用就应返还城建一公司。

（二）［1995］×中执民字第 00025-×号执行裁定书违反法定程序

纵观本案，在 Z 公司与 H 金属工艺厂联建合同纠纷中，城建一公司不是案件当事人，在 1995 年也仅仅是作为法律上有配合义务的一方，按照 X 市中院的协助执行书的要求履行。因此，［1995］×中执民字第 00025-×号执行裁定书存在着两点错误：

1. 该裁定书依据的法条依据与裁定内容无关。所依据的是 1991 年《中华人民共和国民事诉讼法》第 222 条的规定："被执行人未按执行通知履行法律文书确定的义务，人民法院有权扣留、提取被执行人应当履行义务部分的收入，但应当保留被执行人及其所扶养家属的生活必需费用。人民法院扣留、提取收入时，应当作出裁定，并发出协助执行通知书，被执行人所在单位、银行、信用合作社和其他有储蓄业务的单位必须办理。"该规定是执行行为的内容规定，执行 B 区政府缺乏生效的裁判文书根据，即使既往城建一公司负有履行义务，也只是合同的约定义务，而没有成为被生效的裁判文书所判定的法定义务；所依据的 1998 年《最高人民法院关于人民法院执行工作若干问题的规定（试行）》第 132 条规定的是上级法院对下级法院的督促行为。上述两条款均只是本案执行中的程序规范要求，不能成为要求 B 区政府履行义务的依据。

2. 该裁定将 B 区政府列为执行程序中的第三人，因此即使 B 区政府负有过去城建一公司的债务，也是针对 Z 公司与 H 金属工艺厂联建合同其中的一方，B 区政府并不是 Z 公司与 H 金属工艺厂纠纷的当事人，这也就是省高院、X 市中院当初要求城建一公司协助执行而不是直接执行的原因。根据法律规定，如果 H 金属工艺厂对第三人 B 区政府享有到期债权，法院根据申请执行人或者被执行人的申请，向第三人发出履行债务的通知，法律规定的是以履行通知的形式要求第三人配合，因此市中院以裁定形式直接裁定 B 区政府履行义务违反法定程序，该裁定内容的错误在于未经审判程序直接认定 B 区政府尚有 170 万元购房款未付没有任何法律依据，也违反了执行程序中案外第三人提出异议后，人民法院不得审查并执行异议的规定。

省市两级法院要求 B 区政府在注销城建一公司之后承担 170 万元购房款是缺乏足够的事实依据的，实质上是要求政府重复履行债务。［1995］×中执民字第 00025-×号执行裁定书违反法定程序，不具有合法性。

3. 法律建议及对策。

（1）关于 B 区是否尚欠 H 金属工艺厂 170 万元购房款问题：省市两级法院要求 B 区政府在注销城建一公司之后承担 170 万元购房款是缺乏足够的事实依据的，实质上是要求政府重复履行债务。但有两点仍尚需澄清：①因年代久远，需核实城建一公司 170 万元的全部履行的事实依据；②省高院在执行本案中前后的执行行为存在着矛盾之处，对相关事实的认定为何出现不同的原因建议 B 区政府派员与省高院商谈。

（2）关于〔1995〕×中执民字第 00025-×号执行裁定书违反法定程序：我们建议针对这一程序错误，B 区政府应当提出异议积极采取司法救济途径，同时与省高院积极联系，搞清省高院执行前后不一致的原因。积极核实 170 万元已经全部履行的事实依据。

陕西明萌律师事务所

2014 年 12 月 14 日

注：12 月 13 日在政府同阮区长和建设局局长共同商议此案件的下一步工作方案；12 月 14 日下午，同政府办贾主任去中院查卷。

附件二：

陕西明萌津师事务所

关于【B 区博物馆改扩建工程项目房屋征收】

法津意见书

致：X 市 B 区人民政府

关于 B 区博物馆改扩建工程项目房屋征收前期准备工作合规事宜，本所依据现行有效的《国有土地上房屋征收与补偿条例》《X 市国有土地上房屋征收与补偿办法》等法律法规及其他规范性文件，查阅《X 市 B 区博物馆改扩建工程项目〈征收资料〉》及《X 市 B 区博物馆改扩建工程项目房屋征收〈社会稳定风险评估报告〉》后，经审慎研究并与相关负责人确定基本事实，提供如下意见：

陕西明萌律师事务所接受【X市B区人民政府】（以下简称"B区人民政府"）的委托，就X市B区博物馆改扩建工程项目房屋征收前期准备工作是否合规一事出具法律意见书。现经办理律师审阅查阅《X市B区博物馆改扩建工程项目〈征收资料〉》及《X市B区博物馆改扩建工程项目房屋征收〈社会稳定风险评估报告〉》等相关材料，根据现行有效的《国有土地上房屋征收与补偿条例》《X市国有土地上房屋征收与补偿办法》等法律法规及其他规范性文件，按照律师行业公认的业务标准、道德规范和勤勉尽责精神，为【B区人民政府】做出X市B区博物馆改扩建工程项目房屋征收前期准备工作是否合规事宜决策时有所参考，出具本法律意见书。

第一部分　声明

为出具本法律意见书，本所声明如下：

（一）本所律师系依据本法律意见书出具日以前已经发生或存在的事实，并基于对有关事实的了解和对我国现行、公开的法律、法规、规章、司法解释及政府部门相关规定之理解发表法律意见；

（二）对于无法得到独立证据支持的事实，本所律师依赖于有关政府部门和机构（简称"资料提供方"）出具的确认函、说明、意见书或证明文件出具本法律意见书；

（三）在阅读本法律意见书时所有章节应作为一个整体，不应单独使用。本所律师未授权任何单位或个人对本法律意见书作任何解释或说明；各项标题只为方便参考而设，法律意见书的内容以正文为准；

（四）本法律意见书是本所律师截至出具日对题述事项的最终、完整和唯一的法律意见。

第二部分　假设

本所出具本法律意见书基于以下假设：

（一）资料提供方提供了为出具本法律意见书所必需的及时、真实、完整、准确的原始书面材料、副本材料或者口头证言，递交给本所的文件上的签名、印章真实，所有副本材料和复印件与原件一致，且除非另有说明，自资料、信息提供之日至本法律意见书出具之日未发生任何事件、变化或情势导致本所无法依赖该等资料、信息出具本法律意见书；

（二）资料提供方不存在任何未向本所披露的事实情况或其他安排，导致影响前述文件的法律效力或影响本所发表的法律意见。

第三部分　正文

一、征收前期准备工作基本符合法律、行政法规的要求

根据《国有土地上房屋征收与补偿条例》第8条至第16条、《X市国有土地上房屋征收与补偿办法》第8条至第18条之规定，X市B区博物馆改扩建工程项目系省市政府组织实施的文化公共事业，符合促进和发展公共利益的法定要求，符合各级国民经济和社会发展规划、《X市城市总体规划（2008-2020年）》《X市主城区土地利用总体规划（2006-2020年）》，符合处在审批阶段的《X市历史文化名城保护规划》《S街历史文化街区保护规划》及《S街历史文化街区控制性详细规划》专项规划，拥有合法有效的陕发改社会〔2019〕47×号立项文件，在充分调研被征收房屋情况的基础上，依法编制有风险评估结果为低风险的风险评估报告，征收补偿方案依法进行了公示并修改，并于2019年7月23日获得了X市住房建设局出具的《X市B区博物馆改扩建工程项目备案意见函》。

二、提请注意的风险点

（1）应严格区分文化项目与棚户区项目的不同性质，避免法律关系混同风险的诉讼风险。不应在同一征收范围内重复立项，在尽可能避免重复工作的同时，应避免使用S街周边棚户区改造项目的前期手续，给予被征收人正确的政策指导，为积极配合文化形象提升工作创造心理条件。

（2）基于社会发展的历史局限性，使用审批阶段的专项规划具有客观上的合理性，但面临较大的规划调整风险，面临征收决定违法的诉讼风险。根据《国有土地上房屋征收与补偿条例》第9条及《X市国有土地上房屋征收与补偿办法》第9条之规定，作出征收决定需要符合专项规划，需要规划部门核发的建设用地规划许可证或确认的规划设计条件，X市自然资源和规划局作出的《关于X市B区博物馆改扩建工程项目有关规划条件的函》并非法定文件，但其内容实质表明规划条件符合专项规划，为最大限度避免诉讼风险，建议与省市司法部门就规划的客观情况沟通协调，确保征收工作不受实质影响。

（3）立项文件确定的征收范围面积超出项目规划用地面积，实际征收面积多于施工方案占地面积，面临征收成本增加及被征收人界定不清风险。立项文件确定的项目规划用地为 32 100 平方米（48.15 亩），立项文件确定的征收范围征收面积超出了 48.15 亩，差异部分需合理解决。

（4）应协调确保项目资金充足，避免资金不足的诉讼风险。根据《国有土地上房屋征收与补偿条例》第 12 条之规定，作出征收决定前，征收补偿费用应当足额到位、专户存储、专款专用，在现实无法足额到位的情况下，至少应提供确保足额到位的有关证明或担保，保证后续征收实施过程中资金充足。

（5）风险评估论证会议及补偿方案论证会议等签到表均未体现被征收人代表的参与过程，应完善前期工作资料，确保体现被征收人的知情权与参与权，避免诉讼过程中对有关风险论证、补偿方案讨论等会议组成人员及文件决议的效力质疑风险。

（6）社会稳定风险评估报告结果虽为低风险，但在风险防范、化解措施采取之前综合风险指数评价为中风险，且部分群众对建设实施反应强烈，建议建立系统的风险防控措施，切实落实风险防范及化解措施，做好宣传及维稳工作，不合理诉求及时疏导，和谐推进项目进行。

三、相关注意事项

（1）建议就群众重点关注的公房安置、房屋认定争议、文物保护等方面，积极制定有关细则，依法依规推进阳光征收工作。

（2）X 市 B 区博物馆改扩建工程项目属于省市重点建设项目，是提升文化形象和惠及民生的重大项目，本着依法行政的理念，应严格依法履行征收程序，充分保障被拆迁人知情权、参与权与救济权利。因专项规划的客观情况，会在一定程度上影响对征收决定合法性的判断，建议积极协调有关部门，并确保宣传口径一致，共同促成 X 市文化新形象的塑成。

陕西明萌律师事务所

2019 年 7 月 25 日

附件三：

陕西明萌律师事务所

关于【Y 历史文化片区房屋征收补偿事宜】

法律意见书

致：【X 市 B 区 Y 历史文化片区综合改造房屋征收补偿工作指挥部】

陕西明萌律师事务所接受【X 市 B 区 Y 历史文化片区综合改造房屋征收补偿工作指挥部】（以下简称"贵单位"）的委托，就责任片区内征收被抵押房产之相关事宜出具法律意见书。现经办理律师审阅相关材料，依据现行有效的《中华人民共和国行政强制法》《中华人民共和国物权法》《中华人民共和国担保法》《国有土地上房屋征收与补偿条例》等法律法规及其他规范性文件，按照律师行业公认的业务标准、道德规范和勤勉尽责精神，为贵单位处理责任片区内征收被抵押房产之相关事宜时有所参考，出具本法律意见书。

第一部分　声明

为出具本法律意见书，本所声明如下：

（一）本所律师系依据本法律意见书出具日以前已经发生或存在的事实，并基于对有关事实的了解和对我国现行、公开的法律、法规、规章、司法解释及政府部门相关规定之理解发表法律意见；

（二）对于无法得到独立证据支持的事实，本所律师依赖于有关政府部门和机构（简称"资料提供方"）出具的确认函、说明、意见书或证明文件出具本法律意见书；

（三）在阅读本法律意见书时所有章节应作为一个整体，不应单独使用。本所律师未授权任何单位或个人对本法律意见书作任何解释或说明；各项标题只为方便参考而设，法律意见书的内容以正文为准；

（四）本法律意见书是本所律师截至出具日对题述事项的最终、完整和唯一的法律意见。

第二部分　假设

本所出具本法律意见书基于以下假设：

（一）资料提供方提供了为出具本法律意见书所必需的及时、真实、完整、准确的原始书面材料、副本材料或者口头证言，递交给本所的文件上的签名、印章真实，所有副本材料和复印件与原件一致，且除非另有说明，自资料、信息提供之日至本法律意见书出具之日未发生任何事件、变化或情势导致本所无法依赖该等资料、信息出具本法律意见书；

（二）资料提供方不存在任何未向本所披露的事实情况或其他安排，导致影响前述文件的法律效力或影响本所发表的法律意见。

第三部分　正文

一、将被抵押房产列入征收范围的，抵押人应书面通知抵押权人协商解决

根据《城市房地产抵押管理办法》第38条、第51条之规定，因国家建设需要，将已设定抵押权的房地产列入拆迁范围的，抵押人应当及时书面通知抵押权人；抵押双方可以重新设定抵押房地产，也可以依法清理债权债务，解除抵押合同。抵押人违反规定，不依法清理债务，也不重新设定抵押房地产的，抵押权人可以向人民法院提起诉讼。

贵单位责任片区内征收被抵押房产的，应由被抵押房产抵押人书面通知抵押权人，就解除抵押事宜达成一致意见。

二、被抵押房产的抵押权人就置换房产或补偿的货币款项具有优先受偿权，受法律保护

根据《中华人民共和国物权法》第174条之规定："担保期间，担保财产毁损、灭失或者被征收等，担保物权人可以就获得的保险金、赔偿金或者补偿金等优先受偿。被担保债权的履行期未届满的，也可以提存该保险金、赔偿金或者补偿金等。"

被抵押房产的抵押人与抵押权人达成一致处理意见的，贵单位可按照抵押人与抵押权人的约定内容参照执行。抵押人选择产权调换的，配合办理置换房产的抵押手续；抵押人选择货币补偿的，就相关货币补偿款项按约定支付；抵押人无法与被抵押人达成一致意见的，贵单位应提存相应补偿款项，不应直接支付给抵押人。

三、为确保征收工作正常推进，避免风险及争议发生，应要求被抵押房产抵押人提供其与抵押权人的书面一致意见

根据《最高人民法院关于适用〈中华人民共和国担保法〉若干问题的解释》第 80 条第 2 款之规定："抵押物灭失、毁损或者被征用的情况下，抵押权所担保的债权未届清偿期的，抵押权人可以请求人民法院对保险金、赔偿金或补偿金等采取保全措施。"

为充分保护被抵押房产抵押权人的优先受偿权，避免涉诉事宜，贵单位应根据被抵押房产抵押人与抵押权人的书面一致意见处理征收补偿事宜。

被征收房产抵押人仅提供其分额度支付征收补偿款的授权委托书的，需贵单位与抵押权人确认如下事宜：

（一）被抵押房产抵押权人与抵押人提前解除抵押关系的意思表示真实有效；

（二）抵押解除的相关履行方式及内容系抵押权人的真实意思表示，履行方式数额、期限等约定与抵押人提供的分额度支付征收补偿款的授权委托书内容相一致；

（三）贵单位需特别询问，抵押权人自抵押关系解除后出具抵押权消灭证明及办理注销抵押登记的时间，妥善安排相关征收工作。

四、主债权消灭的，担保物权消灭，未经办理抵押登记涂销手续的，不实质上影响征收工作进行

根据《中华人民共和国物权法》第 177 条之规定，主债权消灭的，担保物权消灭。

被抵押房产抵押人完全履行主债权义务的，主债权随即消灭，抵押权作为主债权之附属亦随即消灭。抵押登记未涂销并不影响债权债务的实质性消灭。在贵单位无法获得被抵押房产抵押权已涂销的相关证明情况下，贵单位至少应取得抵押权人就抵押权已消灭的相关证明。

综上所述，为避免发生法律纠纷，建议贵单位结合征收工作实际，完善法律程序，妥善安抚群众，积极促使被抵押房产抵押人与抵押权人达成相关协议并参照执行。

陕西明萌律师事务所

2019 年 1 月 25 日

主题二：合法性审查

一、何为合法性审查

合法性审查系行政法之中的一项重要原则，《中华人民共和国行政诉讼法》（以下简称《行政诉讼法》）规定：人民法院审理行政案件，对行政行为是否合法进行审查。其主要包含两层含义：一是审查具体行政行为，二是审查其合法性而不涉及合理性。在整个行政法学体系之中，需要合法性审查的不仅仅是在行政诉讼之中，更是在整个行政行为、行政决策的作出过程中；不仅仅是针对具体行政行为，更包含着对抽象行政行为的审查；不仅仅是审查其合法性，更是要审查其合理性。党的十八届四中全会通过的《中共中央关于全面推进依法治国若干重大问题的决定》（以下简称《决定》）有三处涉及了"合法性审查"，足见这一问题受到了高度关注。《决定》对其进行了如下表述：把公众参与、专家论证、风险评估、合法性审查、集体讨论决定确定为重大行政决策法定程序，确保决策制度科学、程序正当、过程公开、责任明确。建立行政机关内部重大决策合法性审查机制，未经合法性审查或经审查不合法的，不得提交讨论。可见，这一问题已经引起了中央的足够重视，更需要对其进行探讨。合法性审查作为一个整体概念，适用于规范性文件和重大决策等规范或行为，也适用于宪法之下的一切法律规范。相对于公民守法和政府执法的规范理论，合法性审查的研究对象是立法者的行动边界以及对立法者违法行为的预防和纠正规范。[1]实际中还将其分为合法性审查与合规性审查两种。

二、合法性审查的属性

《决定》提出了行政决策合法性审查的概念，同时要求行政决策的合法性审查要成为一种机制，但《决定》并未对行政决策合法性审查的制度作出清晰且准确的定位，这成了该制度在行政法领域具有模糊性的根源。一方面，

---

[1] 贺海仁："我国合法性审查制度的规范研究"，载《新疆师范大学学报（哲学社会科学版）》2015 年第 3 期。

难以在概念上厘清行政决策究竟是抽象行政行为还是具体行政行为，有一部分行政决策属于具体行政行为，有一部分则属于抽象行政行为。另外需要明晰的是对行政行为的调整，不仅仅有法律，还有大量的部门行政法亦对其进行规范和调整。[1]除此之外，我国《行政诉讼法》以及相关的行政诉讼制度对合法性审查的概念已经予以认可。由此可见，《决定》指出的行政决策的合法性审查制度是非常特别的，它既区别于一般具体行政行为和抽象行政行为的合法性审查问题，更区别于《行政诉讼法》所确立的合法性审查制度。就其特点与性质如何进行界定成了一个值得研究的问题，它作为一种相对独立和超越的制度，呈现出如下属性：

第一，正式性。我们必须明确《决定》中的行政决策合法性审查究竟是正式的法律制度还是非正式的法律制度。《决定》在制度设计时用了"内部重大决策合法性审查机制"这样一个概念，由此看来，"内部"性似乎是对该制度的一个定性，而在行政法视域下谈"内部性"就会天然地将其与行政法上的事实行为联系在一起，而这样的事实行为在通常情况下并不属于行政法规范的调整范围。[2]按照如此路径思考则很容易将行政决策合法性审查制度认定为非正式的制度。然而，行使公权力的表现方式之一即是依职权作出行政决策、选择公共政策、处理公共事务等，涉及公权力行使的制度绝对不能被轻易视为非正式的制度。亦即该制度应当是正式的、基本的公法制度。除此之外，它的正式性还表现在它应当由有权国家机关予以设计，以正式法律文件加以确立。

第二，行政性。合法性审查的概念天然、有机地与司法权联系在一起，它是由司法制度之正当程序制度演绎而来的。在法治发达国家，对合法性审查制度的演绎主要有两个范畴：一是司法对相关立法的审查，即司法机关对国会制定的相关法案进行合宪性审查；二是司法对行政的审查，即司法机关对行政机关行政行为的审查，由此可见，法治发达国家都是由司法权来主导合法性审查的。而我国《决定》所提及的行政决策合法性审查则具有明显的行政性而不具有司法性，主要是因为其由特定的行政主体在行政法治的范畴

---

〔1〕 参见关保英：《行政法学》，法律出版社 2013 年版，第 401 页。

〔2〕 参见 [英] 戴维·米勒、韦农·波格丹诺：《布莱克维尔政治学百科全书》，邓正来等译，中国政法大学出版社 2002 年版。

内进行。

第三，程序性。行政系统内部进行行政决策合法性审查，审查与被审查之间可能是上下级之间或者平行机构之间的关系，如果审查与被审查之间是平行机构的审查，这样的平行关系必然具有法律上的关系属性。而上级行政机关对下级行政机关或者高层行政机构对低层行政机构有关行政决策的合法性审查才是现实中行政决策审查中的大部分。我国长期"上命下从"的观念使得上级对下级的制约并不一定受严格程序规则的限制，实际上它应当具有严格的程序规则。无论在何种情况之下都不能以简单的行政命令来解决合法性审查。

第四，实效性。我们深知，一个简单的行政决策通常会带来一定的后果，重大行政决策更是关乎成千上万、数以亿计的群众的切身利益，不特定的社会事件、不特定的社会人群可能会与此发生关联。《决定》指出我国要建立行政决策的合法性审查制度，这绝不是个简单的摆设，更不是简单的行政期望，更重要的要能够确保行政决策与公共利益、法律原则、社会控制过程相契合。[1]

三、合法性审查制度的构建

《决定》提出把公众参与、专家论证、风险评估、合法性审查、集体讨论决定确定为重大行政决策法定程序，确保决策制度科学、程序正当、过程公开、责任明确，建立行政机关内部重大决策合法性审查机制。而构建合法性审查制度主要应从以下几个方面入手：

1. 审查立法建设的专门化

行政机关内部审查制度的规范化合法性审查机制建设的需求。目前，我国行政机关合法性审查制度缺少一套专门性的法律或行政法规，无专门化的规范性文件对其进行明确规定。现有的行政合法性审查制度多是作为法治政府建设的组成部分而存在的。因此，在建设行政机关合法性审查制度的过程中，要首先推进审查立法的专门化建设。这主要从以下两个方面着力：一是形式上要强调合法性审查立法在整体和部分中的相统一，保证行政机关合法性审查法规的统一性和规范性；二是内容上要注重合法性审查立法在立法过

---

〔1〕　参见张淑芳："论行政决策合法性审查的制度构建"，载《政法论丛》2016年第1期。

程中的可操作性，通过对合法性审查的范围、主体、标准、程序、责任机制等各方面的明确界定，细化出系统的可操作性说明，以发挥对其实践建构的指导作用和规范作用。

2. 审查主体模式设置的科学化

当下的行政机关合法性审查的制度设计多是关于"在作出重大行政决策前要交由法制机构或者组织有关专家进行合法性审查"的规定，而对于合法性审查机构地位如何、行政机关为核心的多元审查主体间关系如何以及作用方式等内容的规定不足。对此，行政机关合法性审查的主体模式应通过建立多元化审查主体的模式来建设，大致表现为以行政机关内部法制机构为核心的专家、社会组织、律师事务所和公众等多元社会主体参与的合法性审查模式。如若需要该审查主体模式发挥主体作用，则需要其满足以下两方面的要求：一是在行政机关合法性审查中，明确行政机关内部法制机构的核心性地位以及其余审查主体的地位与作用方式；二是在不同决策类型中选取相适应的有效主体模式并明确有所不同与侧重的各审查主体间的嵌合方式。

3. 审查标准划分的明晰化

行政机关合法性审查的核心要素之一即是审查标准，其是确定性决策与不确定性决策需共同明晰的关键性问题。行政机关合法性审查标准应当根据程序合法性与实质合法性的要求，细致地划分出职权标准、程序标准、内容标准和依据标准四种类型，并根据具体维度对具体事项的合法性进行综合考量。首先，要在观念上对行政决策合法性的科学、民主内涵有充分的认识，从而提升对重大行政决策的重视。其次，要在具体操作层面加强关于行政决策合法性审查标准的指标体系建设，从不同的维度对行政行为、行政决策的实质合法性与形式合法性进行界定。[1]

四、律师在合法性审查中的作用

政府应充分利用社会力量，由向社会购买的法律顾问或法律顾问团作为政府法律顾问对重大行政决策进行合法性审查，对行政机关的重大行政决策提出审查的法律意见，对其合法与否进行把关。实践中，在重大行政决策被上交集体讨论决定之前，政府会通过召开会议或采取咨询的方式，向作为政

---

〔1〕 参见陈擎："论重大行政决策的行政机关内部合法性审查"，吉林大学 2015 年硕士学位论文。

府法律顾问的律师或者律师事务所征求重大行政决策是否合法的意见。然而，政府法律顾问并没有在重大行政决策合法性审查工作中发挥足够的顾问作用，主要原因有以下两个方面：一方面，政府缺乏对政府法律顾问的正确认识。虽然目前省、市、县及大部分乡镇政府都聘请了法律顾问，但大部分法律顾问的职能并未发挥出来，不少法律顾问认为自己是负责打官司的、被动地提供一些法律服务，其工作停留在为聘请单位解决纠纷、代理诉讼等"消防型"水平上，而真正更需要道德"预防型"和"决策咨询型"的法律服务相对少，因此作为政府参谋助手、智能团的政府法律顾问的作用并未充分发挥出来。另一方面，政府法律顾问参与政府决策的程度不够。其参与政府重大行政决策活动过少，没有全程介入政府的日常工作，法律服务重在事后救济和纠纷的解决。

实际上，律师可以在行政合法性审查中发挥更加充分、有效的作用。政府通过充分保障其知情权和参与权、发表意见权、咨询权与督促整改权等权利，使得律师可以发挥决策承办部门及其政策法规处（科）的合法性审查的作用。如审查决策事项的相关材料是否齐全真实、重大行政决策方案及说明、决策事项所参考的法律依据、公众参与环节产生的公开征求意见的书面记录、听证会的听证报告、专家论证的论证意见、风险评估报告、合法性审查初审意见等。

附件一：

陕西明萌律师事务所

关于【《B区环大学创新产业带企业集群注册登记管理

办法（试行）》】法律意见书

致：【X市B区环大学创新产业带管理委员会】

陕西明萌律师事务所接受【X市B区环大学创新产业带管理委员会】（以下简称"管委会"）的委托，就《B区环大学创新产业带企业集群注册登记管理办法（试行）》（以下简称《办法》）合规性审查出具法律意见书，本所特指派贾海明律师团队负责办理该委托事项。现经办理律师审阅相关材料，根据现行法律法规的相关规定，按照律师行业公认的业务标准、道德规范和勤勉尽责精神，为【管委会】做出决策时有所参考，出具本法律意见书。

第一部分　声明

为出具本法律意见书，本所声明如下：

（一）本所律师系依据本法律意见书出具日以前已经发生或存在的事实，并基于对有关事实的了解和对我国现行、公开的法律、法规、规章、司法解释及政府部门相关规定之理解发表法律意见；

（二）对于无法得到独立证据支持的事实，本所律师依赖于有关政府部门和机构（简称"资料提供方"）出具的确认函、说明、意见书或证明文件出具本法律意见书；

（三）在阅读本法律意见书时所有章节应作为一个整体，不应单独使用。本所律师未授权任何单位或个人对本法律意见书作任何解释或说明；各项标题只为方便参考而设，法律意见书的内容以正文为准；

（四）本法律意见书是本所律师截至出具日对题述事项的最终、完整和唯一的法律意见。

第二部分　假设

本所出具本法律意见书基于以下假设：

（一）资料提供方提供了为出具本法律意见书所必需的及时、真实、完整、准确的原始书面材料、副本材料或者口头证言，递交给本所的文件上的签名、印章真实，所有副本材料和复印件与原件一致，且除非另有说明，自资料、信息提供之日至本法律意见书出具之日未发生任何事件、变化或情势导致本所无法依赖该等资料、信息出具本法律意见书；

（二）资料提供方不存在任何未向本所披露的事实情况或其他安排，导致影响前述文件的法律效力或影响本所发表的法律意见。

第三部分　正文

一、合法性审核评价意见

（一）《办法》是由 B 区环大学创新产业带管理委员会依据授权制定的，涉及运营管理机构、集群企业等市场主体权利义务，具有普遍约束力的规范性行政管理文件。本《办法》的制定依据是国务院《注册资本登记制度改革方案》及省市的实施意见，没有与法律、法规规定相抵触的内容，体现了政策法规的统一性。

（二）规范性文件的制定主体应依照法定职权和程序范围履行法定权力和义务，不得超越职权范围，不得违反法定程序，本《办法》的内容涉及市场主体的工商注册登记，归口行政管理部门为工商部门，建议在文本尾部增加工商部门作为制定和解释主体。

二、文本审核修改建议

（一）建议对第一条的制定"依据"内容进行明确，将"根据省市推进大众创业、万众创新的相关政策、省市关于改革工商登记制度促进市场主体发展的意见"修改为"根据国务院《注册资本登记制度改革方案》、陕西省人民政府《关于改革工商登记制度促进市场主体发展的意见》、X市工商局《关于改革工商登记制度促进市场主体发展的实施意见》等政策意见"。

（二）为明确集群注册登记住所地址，建议将第二条"以环大学创业带特定区域作为多个企业的住所登记"修改为"以环大学创业带管理委员会认定的运营管理机构经营场所地址作为多个企业的住所登记"。

（三）建议将第五章的题目名称"企业集群的义务"修改为"集群企业的义务"。

陕西明萌律师事务所

2016 年 2 月 18 日

附件二：

陕西明萌律师事务所

关于【M 社区居民申请政府信息公开一案】

法律意见书

致：【X 市 B 区人民政府】

陕西明萌律师事务所接受【X 市 B 区人民政府】（以下简称"B 区人民政府"）的委托，就 M 社区 Y 先生等 600 户居民申请政府信息公开一案出具法律意见书，本所特指派贾海明律师团队负责办理该委托事项。现经办理律师审阅相关材料，根据《中华人民共和国政府信息公开条例》等相关法律法规，按照律师行业公认的业务标准、道德规范和勤勉尽责精神，为【B区人民政府】做出决策时有所参考，出具本法律意见书。

第一部分　声明

为出具本法律意见书，本所声明如下：

（一）本所律师系依据本法律意见书出具日以前已经发生或存在的事实，并基于对有关事实的了解和对我国现行、公开的法律、法规、规章、司法解释及政府部门相关规定之理解发表法律意见；

（二）对于无法得到独立证据支持的事实，本所律师依赖于有关政府部门和机构（简称"资料提供方"）出具的确认函、说明、意见书或证明文件出具本法律意见书；

（三）在阅读本法律意见书时所有章节应作为一个整体，不应单独使用。本所律师未授权任何单位或个人对本法律意见书作任何解释或说明；各项标题只为方便参考而设，法律意见书的内容以正文为准；

（四）本法律意见书是本所律师截至出具日对题述事项的最终、完整和唯一的法律意见。

第二部分　假设

本所出具本法律意见书基于以下假设：

（一）资料提供方提供了为出具本法律意见书所必需的及时、真实、完整、准确的原始书面材料、副本材料或者口头证言，递交给本所的文件上的签名、印章真实，所有副本材料和复印件与原件一致，且除非另有说明，自资料、信息提供之日至本法律意见书出具之日未发生任何事件、变化或情势导致本所无法依赖该等资料、信息出具本法律意见书；

（二）资料提供方不存在任何未向本所披露的事实情况或其他安排，导致影响前述文件的法律效力或影响本所发表的法律意见。

第三部分　正文

一、申请政府信息公开主体的合法性

根据《中华人民共和国政府信息公开条例》第20条：公民、法人或者其

他组织依照本条例第十三条规定（即因生产、科研、生活等特殊需要）向行政机关申请获取政府信息的，应当采用书面形式；采用书面形式确有困难的，申请人可以口头提出，由受理该申请的行政机关代为填写政府信息公开申请。

可知：B区辖区M社区Y先生等600户具有作为申请主体，可申请公开相关信息，因多人申请同一事项，故推选代表未违反法律对于公民申请公开政府信息的强制性规定，故申请主体合法。

二、申请政府信息公开内容的合法性

就其申请公开的政府信息各项内容的合法性问题，分析如下：

（一）B区M社区"城中村"改造片区所涉及的集体土地征收公告及其相关审批文件

经查阅相关文件可知，M社区城中村综合改造项目拆迁工作的通告已于2009年11月25日由市政告字［2009］34号文件（详见附件一）发布，故B区政府并非该信息的制作机关，应告知申请人向制作该信息的行政机关申请。或者为了便民原则，可告知申请人获取该信息的方式和途径，即登录X市人民政府网站，在搜索栏点击搜索"M社区"即可出现该通告。

根据通告内容，"M社区城中村综合改造项目拆迁安置工作由B区城中村改造工作领导小组办公室（以下简称"B区城改办"）具体负责，对拆迁范围内的单位和住宅户要妥善安置，具体实施以批准的拆迁安置方案为准"。根据《X市人民政府办公厅关于印发X市城中村改造办公室（X市棚户区改造办公室）主要职责内设机构和人员编制规定的通知》（见附件三），城中村和棚户区土地管理处负责城中村、棚户区改造范围内农用地转用和征用的审核、报批工作，故从该通告内容以及市政府的通知，B区城中村改造领导小组办公室具体负责该项目拆迁安置工作，项目土地的征用、审批由市政府内设机构城中村和棚户区土地管理处负责。

可知：

1. M社区"城中村"改造片区所涉及的集体土地征收公告已由市政府公告，可出于便民原则，直接告知申请人获得该信息的方式和途径。

2. 对于征收土地的审批文件

2.1 若作为改造项目具体负责单位的B区城改办，曾制作并上报该文件（且现无证据证明该文件以前已经公开的情况下），则该事项应向申请人公开，若涉及保密事项的，应该将保密的部分隐去。若 B 区城改办为政府职能部门，且该部门现仍存续，应告知申请人该部门的联系方式和电话，由申请人向其提出公开申请。若该部门已经撤销且无承继该部门的职能部门，则由作出撤销决定的部门负责该信息公开。

2.2 根据附件三的规定可知，城中村和棚户区土地管理处负责城中村、棚户区改造范围内农用地转用和征用的审核、报批工作。因 B 区城改办负责辖区具体拆迁工作，故可能存在制作并上报文件的可能性。若为 B 区城改办制作或报告该信息，则应予以公开。应予公开的行政机关的认定同 2.1 所分析的情况。

若有证据证明该文件不属于 B 区城改办制作或获取且无法得知该文件由本行政机关之外的哪一机关负责公开的，则可告知申请人该项信息不属于本行政机关公开范围。

（二）B 区 M 社区集体土地的征收公告集体土地转用审批手续及其相关审批文件

关于对申请公开集体土地转用审批手续及其相关审批文件，根据附件三的规定可知，市政府内设机构"城中村和棚户区土地管理处负责城中村、棚户区改造范围内农用地转用和征用的审核、报批工作"，故该项申请存在不属于本行政机关公开范围的情况，能够确定该信息公开机关的，应当告知申请人该行政机关的名称、联系方式。

（三）B 区 M 社区"城中村"改造集体土地补偿标准、数额以及支付对象和方式

若经核查，该事项属于区城改办负责编制，则公开主体根据第一项中的 2.2 所述情况处理。

若经核查，该事项属于上级部门制作或者按照上级部门规定的统一标准落实的，则告知申请人该信息不属于本行政机关公开范围。

（四）B 区白庙村"城中村"改造集体土地安置补偿标准、数额以及支付对象和方式

同上述第三项意见处理。

（五）B 区 M 社区"城中村"改造涉及的范围、土地总面积、建筑物总面积，拆迁总数

该项申请公开内容应该在城中村改造方案中有所显示，结合第七项申请事项处理。

（六）B 区白庙村"城中村"改造工程建设用地、规划许可证

根据附件（三），回迁安置工作处负责城中村、棚户区专项规划编制工作；负责城中村、棚户区改造建设项目的选址定点，核发《建设项目选址意见书》《建设用地规划许可证》和《建设工程规划许可证》。

可知：若 B 区城改办作为具体负责单位，若制作并报批该文件，且该文件尚未公开，则应予公开。若经核实，该文件属于市政府内设机构回迁安置工作处负责编制并核发，则应依法告知申请人该项不属于本行政机关信息公开范围，若能够确定该政府信息的公开机关的，应当告知申请人该行政机关的名称、联系方式。

（七）B 区白庙村"城中村"改造房屋拆迁安置和补偿方案，以及其他全部方案、落实细则、协议、合同等法律文件

根据《中华人民共和国政府信息公开条例》第 11 条：设区的市级人民政府、县级人民政府及其部门重点公开的政府信息还应当包括下列内容：①征收或者征用土地、房屋拆迁及其补偿、补助费用的发放、使用情况。根据《X 市人民政府关于印发 X 市城中村改造管理办法的通知市政发》〔2007〕129 号（见附件二）第 6 条、第 12 条，区政府负责辖区城中村改造工作，改造方案由区城中村改造办公室组织编制。

可知：首先应核查资料，确定 M 社区的拆迁安置和补偿方案是否属于城中村改造方案中的应有内容。因为该改造方案是应经村民会议讨论通过后，由区城中村改造办公室报市城中村改造办公室批准的，故若安置方案属于改造方案内容，则应当向被拆迁改造村民公开。若该信息之前一直尚未公示，则现在应依法向申请人公开。

关于每户村民所签订的拆迁安置协议、合同因涉及个人隐私，经取得签订合同的当事人同意后方可予以公开。

（八）B 区白庙村"城中村"改造房屋拆迁安置和补偿方案的落实情况信息，不动产权登记情况信息，产权移交占用情况信息等不动产登记信息

根据《中华人民共和国政府信息公开条例》第 17 条：行政机关制作的政府信息，由制作该政府信息的行政机关负责公开；行政机关从公民、法人或者其他组织获取的政府信息，由保存该政府信息的行政机关负责公开。根据

《中华人民共和国政府信息公开条例》第 21 条第 1 款第 3 项：依法不属于本行政机关公开或者该政府信息不存在的，应当告知申请人，对能够确定该政府信息的公开机关的，应当告知申请人该行政机关的名称、联系方式。

可知：结合附件四第二项第六款的规定，市住房保障和房屋管理局负责办理安置房产权初始登记（大证），若区政及职能部门不具有不动产权登记权限（通过核查当时区城改办拆迁安置的具体办证程序或者文件确定），则该信息不属于区政府在履行行政职责中制作的信息，则应告知申请人。

（九）B 区 M 社区"城中村"原村民整体变更为居民后，居民养老、医疗等社会保险信息

根据《X 市人民政府关于印发 X 市城中村改造管理办法的通知市政发》[2007] 129 号（见附件二）第 22 条："城中村改制后，原村民应当依法参加社会保险。社会保险费由政府、改制后的新经济组织和原村民个人按照比例承担，具体办法由市劳动和社会保障部门制定。前款规定的政府承担的费用，以城中村土地依法收益中支付。"

根据《中华人民共和国政府信息公开条例》第 17 条：行政机关制作的政府信息，由制作该政府信息的行政机关负责公开；行政机关从公民、法人或者其他组织获取的政府信息，由保存该政府信息的行政机关负责公开。根据《中华人民共和国政府信息公开条例》第 21 条第 1 款第 3 项：依法不属于本行政机关公开或者该政府信息不存在的，应当告知申请人，对能够确定该政府信息的公开机关的，应当告知申请人该行政机关的名称、联系方式。

可知：申请人公开的为居民养老、医疗等社会保险信息，应由制作或者保存该信息的行政机关负责公开，从申请信息的内容来看，所申请的信息可能属于劳动保障行政机关制作或保存的信息，贵单位对职能进行核实，核实之后告知申请人负责社会保险信息的行政机关的名称、联系方式。

若申请人需知晓村民改制居民之后，社会保险费的分担比例问题，应依法向市劳动和社会保障部门询问制定的相关规定。

（十）其他与 B 区 M 社区"城中村"工程有关的信息

根据《中华人民共和国政府信息公开条例》第 2 款第 2 项：申请公开政府信息应包括对申请公开的政府信息的内容描述，申请内容不明确的，应当告知申请人作出更改、补充。

可知：该项申请属于申请公开的内容不明确，故对该项申请可告知申请

人明确该有关信息的内容。而且工程施工事宜不属于行政机关在履行行政职能过程中制作或者获取的信息，多数情况下属于工程建设单位依法履行与开发单位的平等民事主体之间的建设工程施工合同，故不属于行政机关信息公开范围。

三、申请公开政府信息的处理

（一）程序方面

根据《中华人民共和国政府信息公开条例》第24条：行政机关收到政府信息公开申请，能够当场答复的，应当当场予以答复。行政机关不能当场答复的，应当自收到申请之日起15个工作日内予以答复；如需延长答复期限的，应当经政府信息公开工作机构负责人同意，并告知申请人，延长答复的期限最长不得超过15个工作日。

申请公开的政府信息涉及第三方权益的，行政机关征求第三方意见所需时间不计算在本条第2款规定的期限内。

根据《中华人民共和国政府信息公开条例》第27条：行政机关依申请提供政府信息，除可以收取检索、复制、邮寄等成本费用外，不得收取其他费用。行政机关不得通过其他组织、个人以有偿服务方式提供政府信息。

根据《中华人民共和国政府信息公开条例》第26条：行政机关依申请公开政府信息，应当按照申请人要求的形式予以提供；无法按照申请人要求的形式提供的，可以通过安排申请人查阅相关资料、提供复制件或者其他适当形式提供。

可知：

1. 最长答复期限为：正常15个工作日+延长答复期限15个工作日（不包含涉及第三方权益时，征求意见的时间）；

2. 可收取成本费用；

3. 提供形式：按要求形式；无法按要求可安排申请人查阅相关资料、提供复印件。

（二）实体方面

根据《中华人民共和国政府信息公开条例》第17条：行政机关制作的政府信息，由制作该政府信息的行政机关负责公开；行政机关从公民、法人或者其他组织获取的政府信息，由保存该政府信息的行政机关负责公开。法律、法规对政府信息公开的权限另有规定的，从其规定。

根据《中华人民共和国政府信息公开条例》第 20 条："公民、法人或者其他组织依照本条例第十三条规定向行政机关申请获取政府信息的……政府信息公开申请应当包括下列内容：（一）申请人的姓名或者名称、联系方式；（二）申请公开的政府信息的内容描述；（三）申请公开的政府信息的形式要求。"

根据《中华人民共和国政府信息公开条例》第 21 条："对申请公开的政府信息，行政机关根据下列情况分别作出答复：（一）属于公开范围的，应当告知申请人获取该政府信息的方式和途径；（二）属于不予公开范围的，应当告知申请人并说明理由；（三）依法不属于本行政机关公开或者该政府信息不存在的，应当告知申请人，对能够确定该政府信息的公开机关的，应当告知申请人该行政机关的名称、联系方式；（四）申请内容不明确的，应当告知申请人作出更改、补充。"

可知：

1. 行政机关有义务公开的只是原始信息。若申请的几项信息属于同一文件，行政机关只需整体公布即可，无需进行再加工、再制作；

2. 公开的主体应该是制作或保管该信息的行政机关，而非管理该机关的行政机关；

3. 如果申请人所申请的信息已经移送档案管理部门的，应当告知申请人向档案管理机关咨询；

4. 申请人此次申请的被申请人是 B 区政府，关于房屋拆迁、安置、补偿款发放中若不属于区政府在履行职责的过程中产生或与履行法定职责无关的，则不由区政府进行公开；

5. 对于信息公开的答复不等于要做信息公开。应注意在法定期限内予以答复。若不属于本行政机关公开范围的，应当说明理由。

陕西明萌律师事务所

2017 年 8 月 15 日

附件（一）：

首页 (/ptl/index.html)　/　第二期　/　文件发布

西安市人民政府关于白庙村地区城中村综合改造项目拆迁工作的通告

信息来源：市政府办公厅　　发布日期：2010-03-31　　分享
　　　　　　　　　　　　　　　　　　　　　　到：

市政告字〔2009〕34号 2009年11月25日

　　白庙村地区城中村综合改造项目是我市2009年城中村综合改造重点项目。该项目的实施对于进一步改善城市环境，提升城市品位，缓解交通拥堵，消除安全隐患，促进区域经济和社会发展将起到十分重要的促进作用。为确保该项目的顺利实施，现就项目拆迁有关事项通告如下：

　　一、白庙村地区城中村综合改造项目拆迁范围为：白庙村村域集体土地，占地面积约78.64亩。具体范围以规划定点图和测量成果表为准。

　　二、白庙村地区城中村综合改造项目拆迁安置工作由碑林区城中村改造工作领导小组办公室具体负责，对拆迁范围内的单位和住宅户要妥善安置，具体实施以批准的拆迁安置方案为准。

　　三、改造范围内的单位和住宅户要顾全大局，服从城市建设发展的需要，在规定的期限内达成安置协议，搬离拆迁现场。

　　四、拆迁工作要坚持依法拆迁、文明拆迁、公正拆迁。拆迁工作人员违反拆迁法规、政策造成严重后果的，依照相关法律及规定追究当事人和有关领导的责任。

　　五、市市政、建设、规划、国土、工商、城中村改造等部门和碑林区政府相关部门以及所在地街道办事处要积极配合，认真履行职

西安市人民政府关于白庙村地区城中村综合改造项目拆迁工作的通告 　　　　页码，2/2

责，做好白庙村地区城中村综合改造项目的拆迁安置等相关工作。

六、改造范围内的拆迁单位和个人，要积极支持城市建设。对扰乱拆迁正常秩序，煽动群众闹事，打骂拆迁工作人员，违反《中华人民共和国治安管理处罚法》的，由公安机关依法给予处罚。构成犯罪的由司法机关依法追究刑事责任。

七、在拆迁改造过程中，暂停办理房屋及其附属物的新建、改建、扩建及改变房屋的使用性质等手续并停止新建、改建、扩建行为；暂停核发营业执照。

国家部委网站		各省政府网站	
主要城市网站		本市区县网站	
市级部门网站		其他网站	

西安市人民政府主办　西安市人民政府办公厅承办　关于我们
(http://www.xa.gov.cn/ptl/def/def/index_1121_6930_ci_num_1.html) ｜ 联系我们
(http://www.xa.gov.cn/ptl/def/def/index_1121_6930_ci_num_4.html) ｜ 网站声明
(http://www.xa.gov.cn/ptl/def/def/index_1121_6930_ci_num_2.html) ｜ 站点地图
(http://www.xa.gov.cn/ptl/def/def/index_1121_6930_ci_num_3.html)
 (index.html)　　(http://www.12377.cn/)　互联网 举报中心 (http://www.12377.cn/)　(index.html)　陕ICP备
05011550号　(http://www.cnzz.com/stat/website.php?web_id=4591279)

http://www.xa.gov.cn/ptl/def/def/index_1121_6774_ci_trid_54776.html 　　　　2017/8/15

附件（二）：

西安市城中村改造管理办法　　　　　　　　　　　　页码，1/4

人合作成立的企业法人。

第十一条 设立城中村改造专项资金。城中村改造专项资金的归集、使用、管理，按照有关规定执行。

第二章 方案制定

第十二条 城中村改造方案，应当根据城中村改造专项规划和区域城市功能的要求，以及城中村改造综合用地专项规划指标、综合考虑村民安置、环境风貌和经济发展等因素，充分听取村民意见，由区城中村改造办公室组织编制。

高新技术产业开发区、经济技术开发区、曲江新区、浐灞生态区区域内的城中村改造方案，由其管委会组织编制，其中涉及改制的内容应当与所在区城中村改造办公室协商一致。

城中村改造方案应当包括村庄现状、社区居民委员会设立方案、清产核资方案、拆迁安置方案、用地规划和建设设计方案以及经济效益分析等。

第十三条 城中村改造方案经村民会议讨论通过后，由区城中村改造办公室报市城中村改造办公室批准。

高新技术产业开发区、经济技术开发区、曲江新区、浐灞生态区区域内城中村改造方案经村民会议通过后，由管委会报市城中村改造办公室批准。

城中村改造方案未经批准的，不得实施。

第十四条 经批准的城中村改造方案，不得擅自变更。实施改造过程中，确需变更用地规划和建设设计方案以及拆迁安置方案时，须按原程序报批。

第三章 改制

第十五条 城中村改制，应当坚持户籍制度、管理体制、经济组织形式和土地性质同步转变的原则。

第十六条 实施改造的城中村，其人员依法定程序转为城镇居民户口。

第十七条 实施改造的城中村，其集体土地依照法定程序转为国有土地。

第十八条 城中村集体经济组织的资产应当依法进行清产核资。清产核资结果应当公示并经村民会议确认。

农业、财政、审计等部门应当加强对清产核资工作的指导、监督。

第十九条 城中村集体经济组织应当根据清产核资结果，自行制定资产处置方案和组建新经济组织方案，经村民会议讨论通过后实施。

原集体经济组织的资产应当承担原村民的社会保障费用。

第二十条 新经济组织组建后，依法撤销村民委员会，设立社区居民委员会。一个行政村可以独立设立一个社区居民委员会或成就近并入现有社区居民委员会，也可多个行政村合并设立一个社区居民委员会。

新设立的社区居民委员会人员组成和工作程序，按照现行的居民委员会有关规定标准执行。

第二十一条 城中村村民转为城市居民后，统一纳入城市就业管理范围。因城中村改造而增加的就业岗位，应当优先用于安排原村民。

第二十二条 城中村改制后，原村民应当依法参加社会保险。社会保险费由政府、改制后的经济组织和原村民个人按照比例承担，具体办法由市劳动和社会保障部门制定。

前款规定的政府承担的费用，由城中村土地收益金中支付。

城中村改制后，符合享受城市居民最低生活保障条件的原村民，享受最低生活保障待遇。

第二十三条 城中村改制后，其原有的基础设施纳入市政统一管理范围，环境卫生由区环卫部门按照城区环卫管理方式和标准管理。

第四章 土地利用

第二十四条 城中村改造综合用地应当纳入年度用地计划。

城中村改造综合用地应当严格按照市人民政府规定的城中村改造综合用地专项规划指标执行。

改造综合用地之外该城中村的其他土地，由政府土地储备机构依法给予补偿后纳入有关政府储备。

第二十五条 城中村改造综合用地以划拨方式供给。除用于安置村民生活及建设公共设施用地外，其余的改造综合用地，可以变更为经营性用地，进行开发建设。

第二十六条 实施改造城中村范围内的少量国有土地，可以根据城中村改造需要，由政府土地储备机构依法收购或置换，用于城中村改造。

第二十七条 在市政建设、重大基础设施建设以及其他开发建设中涉及到村庄整体拆迁的，应当按照本办法规定进行整体改造，避免出现新的城中村。

第五章 规划建设

第二十八条 城中村改造应当依据城中村改造专项规划制定规划设计方案，并经批准后实施。

主要街区、文物景点周边城中村的改造规划设计方案，应当广泛征求各界意见。也可以公开征集方案。

第二十九条 城中村改造涉及城市规划确定的城市基础设施建设项目的，应当优先列入城市建设年度计划，与城中村改造同步进行。

第三十条 城中村改造建设项目，在施工前应当依法办理《建设项目选址意见书》《建设用地规划许可证》《建设工程规划许可证》、《建筑工程施工许可证》。

第三十一条 城中村改造所有建设项目免缴工程定额测定费、散装水泥专项基金。安置村民的住宅建设项目免缴城市基础设施配套费(不含代收资金)，其他用于原集体经济组织发展经济的建设项目减半收取城市基础设施配套费(不含代收资金)。

第六章　拆迁安置

第三十二条 实施城中村改造，应当按照旧村整体拆除，优先建设安置住宅的原则进行，确保被拆迁人及早入住。旧村拆除后当存在区域城中村改造办公室批准、监督下实施，旧村未拆除的，其他安置项目不得开工建设。

第三十三条 城中村改造主体应当按照本章规定制定补偿安置方案，进行拆迁安置。

被拆迁人需要自行过渡的，城中村改造主体应当参照《西安市城市房屋拆迁管理实施细则》补偿标准，给被拆迁人发放搬家补助费和过渡补助费。

第三十四条 城中村改造主体实施拆迁前应当依法领取房屋拆迁许可证。

城中村改造主体在动迁之前，应当先在指定银行设立拆迁补偿安置资金专用账户，足额存入拆迁安置资金，并与开发拆迁补偿安置资金专用账户的银行和城中村改造办公室签订拆迁补偿安置资金使用监管协议。该监管资金未经市城中村管理办公室同意，银行不得拨付。

补偿安置资金应当全部用于房屋拆迁的补偿安置，不得挪作他用。

第三十五条 实施房屋拆迁，城中村改造主体可以自行拆迁，也可以委托具有拆迁资格的单位拆迁，接受委托单位不得再次转让。

第三十六条 城中村改造主体在动迁前应当委托其有房地产估价资质的机构对被拆迁房屋进行估价，估价参照《西安市城市房屋拆迁估价暂行规定》执行。

第三十七条 城中村改造拆迁补偿安置以房屋产权登记载明的面积和性质作为补偿安置依据。

《西安市城中村村民房屋建设管理办法(试行)》施行前，城中村已建成房屋二层(不含二层)以上部分的面积按残值(即重置成新价)给予补偿。

第三十八条 城中村房屋拆迁实行产权调换和货币补偿两种补偿安置方式。被拆迁人可以自主选择安置补偿方式。

实行货币补偿的，根据被拆迁房屋的区位、使用性质、产权建筑面积、房屋结构等因素，以房屋市场价估价确定补偿数额。

实行房屋产权调换的，以转户篱城中村在册户籍人口为依据，人均建筑安置面积原则上不少于65平方米，并结合原房屋产权建筑面积进行安置。

第三十九条 房屋产权调换的价格结算按下列规定执行：

(一)安置房屋建筑面积与被拆迁房屋产权建筑面积相等部分按新建房屋的综合造价(不含配套费和楼面地价)与被拆迁房屋市场评估价折找差价结算；

(二)限房屋产权建筑面积人均不足65平方米的按人均65平方米建筑面积补差安置。补差的面积部分按新建房屋重置价结算；

(三)对就近上靠户型增出应安置面积的部分按新建房屋综合造价结算。

第四十条 城中村改造主体安排被拆迁人在外自行过渡的过渡期限不得超过30个月。超过拆迁安置补偿协议约定过渡期限的，从逾期之月起由城中村改造实施主体按不低于原过渡补偿标准的二倍向被拆迁人支付过渡补助费，超过6个月的，从第7个月起每月按不低于原过渡补偿费标准的3倍支付过渡补助费。

过渡期限自被拆迁人腾空房屋之日起计算。

第四十一条 城中村改造主体应当在领取房屋拆迁许可证后与被拆迁人签订拆迁补偿安置协议。拆迁补偿安置协议应当载明下列内容：

(一)被拆迁房屋的权属、地址、面积、使用性质、结构等；

(二)补偿方式、安置补偿标准和结算方式；

(三)安置房屋的权属、地址、面积、使用性质、结构和过渡方式、过渡期限；

(四)违约责任和解决争议的方式。

第四十二条 城中村改造主体与被拆迁人达不成补偿安置协议的，由当事人申请市城市房屋拆迁安置管理办公室依法对予以协调、裁决。

第四十三条 改制后的新经济组织作为改造主体实施改造的，可以按照批准的改造方案结合本村土地资源和实际情况，自行制定具体的拆迁安置补偿方案和过渡补助费标准，拆迁安置补偿方案及过渡补助费标准应当予以公示，并经村民会议讨论通过。

第四十四条 城市居民在农村购置宅基地，属1987年1月1日以前购买的，按照国家和地方有关文件规定执行；属1987年1月1日以后购买的，严格按照《中华人民共和国土地法》和《国务院关于深化改革严格土地管理的决定》的有关规定执行。

第七章　监督管理

第四十五条 城中村改造主体在实施改造过程中应当文明守法、弄虚作假，侵占、私分和破坏农村集体资产的，依

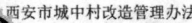

西安市城中村改造管理办法

法承担相应的法律责任。

第四十六条 城中村改造主体应当严格按照批准的改造方案实施改造，未按照改造方案进行城中村改造，或者擅自改变改造方案的，由有关部门依据相关法规进行处理。

第四十七条 城中村改造管理工作人员应当认真履行职责。滥用职权、玩忽职守、徇私舞弊的，由其所在单位或上级主管机关给予行政处分；构成犯罪的，由司法机关依法追究刑事责任；给当事人造成损失的，依法予以赔偿。

第四十八条 在实施城中村改造过程中，违反土地、建设、规划、财税、城市拆迁等法律、法规规定的，由有关行政管理部门予以处罚。

第八章 附则

第四十九条 本办法自2007年10月20日起施行。西安市人民政府2003年4月4日发布的《西安市城中村改造建设管理暂行办法》及西安市人民政府办公厅2004年3月5日下发的《关于城中村改造建设管理有关问题的通知》同时废止。

附件（三）：

西安市城中村改造办公室（西安市棚户区改造办公室）主要职责内设机构和人...　页码，1/2

作：负责城中村、棚户区改造专项资金的归集、划拨及管理工作；负责城中村、棚户区有关项目资金的成本核定工作；负责机关财务及资产管理工作；负责有关统计工作。

（四）城中村工作处

负责组织城中村改造工作方案初审和投资计划管理工作；指导城中村改造项目的组织实施工作；协调落实城中村改造涉及的社区建设、集体经济体制改革、户籍转变、社会保障等相关工作；负责全市城中村改造工作目标任务的督查考评工作。

（五）棚户区工作处

负责棚户区改造项目的组织实施及工程项目管理工作；组织棚户区改造建筑设计方案的论证工作；负责棚户区改造拆迁及安置楼建设工程预决算审核工作；负责棚户区改造项目实施中有关业务的协调工作；负责全市棚户区改造工作目标任务的督查考评工作。

（六）建设房产管理处

负责城中村、棚户区改造项目城建费用的交纳审核工作；负责城中村、棚户区项目的施工图审查管理；负责城中村、棚户区改造项目建设档案的管理、移交工作；负责城中村、棚户区改造建筑工程施工许可管理及建设监理备案管理工作，核发《建筑工程施工许可证》；负责城中村、棚户区改造项目拆迁安置方案审核管理，核发《拆迁许可证》；负责城中村、棚户区改造项目商品房预售审查管理，核发《商品房预售许可证》。

（七）回迁安置工作处

根据拆迁安置方案，组织实施回迁安置工作；负责市管棚户区安置小区的验收、运行和剩余资产的管理工作；负责协调监督棚户区安置小区房屋的分配、处置工作；组织指导棚户区安置小区物业服务企业招标和监督管理；指导城中村改造项目回迁安置工作。城中村和棚户区规划管理处

负责城中村、棚户区专项规划编制工作；负责城中村、棚户区改造建设项目的选址立项，核发《建设项目选址意见书》、《建设用地规划许可证》和《建设工程规划许可证》；负责城中村、棚户区改造建设工程勘测、验线、跟踪管理和建设工程规划验收工作；负责对城中村、棚户区改造区域内建设项目的强制执法监察及行政复议、应诉工作。

城中村和棚户区土地管理处

负责城中村、棚户区改造范围内农用地转用和征用的审核、报批工作；负责城中村、棚户区改造土地收购及出让工作；负责城中村、棚户区改造土地登记发证工作；负责对城中村、棚户区改造项目的土地执法监察及行政复议、应诉工作。

四、机构编制

市城中村改造办公室（市棚户区改造办公室）事业编制42名。其中：主任1名，副主任3名，纪检组长1名；处级领导职数16名（含机关党总支专职副书记、监察室主任各1名）。

五、其他事项

（一）城中村和棚户区规划管理处、城中村和棚户区土地管理处分别为市规划局、市国土资源局派驻到市城中村改造办公室（市棚户区改造办公室）的派出机构，业务上分别受市规划局、市国土资源局和市城中村改造办公室（市棚户区改造办公室）双重领导，日常工作由市城中村改造办公室（市棚户区改造办公室）负责。主要负责有关规划、土地管理和执法工作。市规划局、市国土资源局任免市城中村和棚户区规划管理处、市城中村和棚户区土地管理处处长、副处长时，书面征求市城中村改造办公室（市棚户区改造办公室）意见后按干部管理权限任免。市城中村改造办公室（市棚户区改造办公室）负责以上两个处人员进行日常考核，并对考核不称职人员提出调整意见。

（二）2011年12月31日前，市城乡建设委员会将涉及城中村和棚户区改造项目的建筑工程施工许可等建设管理职责，由市住房保障和房屋管理局转移交城中村和棚户区改造项目的房屋拆迁和预售许可等管理职责交由市城中村改造办公室（市棚户区改造办公室）承担。市城中村改造办公室（市棚户区改造办公室）有关事项审批后，向市城乡建设委员会、市住房保障和房屋管理局备案，并接受监督指导。

六、附则

本规定由市机构编制委员会办公室负责解释，其调整由市机构编制委员会办公室按规定程序办理。

附件（四）：

西安市人民政府关于进一步规范城中村改造回迁安置工作有关问题的通知　　　　　页码，1/2

西安市人民政府关于进一步规范城中村改造回迁安置工作有关问题的通知　　

济组织）的房屋按其约定执行。

五、改造项目物业管理问题

（十三）改造项目安置房前期物业服务企业的选聘工作，由项目所在区物业行政管理部门监督、项目改造主体负责。物业管理前期收费标准报物价部门备案。项目改造主体应当按照有关法律、法规的规定选聘具有相应资质的物业服务机构进行前期管理。

（十四）改造项目安置用房、配套开发的商品房共用主要配套设施、设备的，应当将整个改造项目小区作为一个物业管理区域，聘用一个物业服务企业进行物业管理。

西安市人民政府

二〇一〇年十一月五日

http://law1.law-star.com/law?fn=lar683s804.txt&truetag=194&titles=%E8%A5%BF%... 2017/8/15

主题三：合同

一、关于合同

商品经济的不断发展，使得合同的出现成为一种客观要求，其存在是商品交换在法律上的表现形式。从法律发展的历史上看，随着私有制的逐渐确立和国家的产生，为了维护私有制和正常的经济秩序，统治阶级把有利于自身的商品交换习惯和规则用法律形式加以规定，并以国家强制力保障实行。自此，商品交换的合同法律形式便应运而生。实际上早在古罗马时期人们就十分重视合同，与此同时的中国古代亦有着关于合同的悠久历史。《周礼》就较为详细地规定了早期合同的形式，比如书契、判书、质剂、傅别等都是古代合同的书面形式。后经过唐、宋、元、明、清各代的演变与发展，合同的规定在法律之中越来越系统。

《中华人民共和国民法典》第464条第1款规定："合同是民事主体之间设立、变更、终止民事法律关系的协议。"在现实生活中，有大量行政机关为提升政府管理效能、实现行政任务而与其他主体之间签署具有行政性色彩的合同，其具有行政合同的性质。但在实务中，并无明确法律法规对行政合同予以界定。有学者将行政合同定义如下：行政合同是指行政主体以实施行政管理、完成行政任务为目的，与行政相对人就有关事项通过协商一致而形成的双方行政行为。[1]

二、行政合同的特点

行政合同既属于合同调整的范畴，又属于行政法学领域的一个内容，它集合同性与行政性于一身，既具有一般合同的法律特征，又具备民事合同或者经济合同所不具有的国家行政的属性与色彩，其特点主要表现如下：[2]

---

〔1〕 杨锦华："中国行政合同概念规范问题研究"，载《哈尔滨工业大学学报（社会科学版）》2021年第3期。

〔2〕 参见宋梁凤："从行政合同的特点谈行政合同案件的受理"，载《中央政法管理干部学院学报》1994年第2期。

（1）订立主体特殊性。行政合同的订立要求至少有一方的主体是可以行使国家行政权力的国家机关或组织，所对应的另一方主体可以是具有权利能力和行为能力的法人或自然人。对合同主体的不同资格要求，实质上反映出了行政合同自身所具有的特殊性——实现国家行政目标。判断一个合同是否属于行政合同，关键是要看订立合同的行政机关订立该合同是否是为了行使国家行政权，如果是为了达到某种民事或者其他目的而订立合同，如买卖产品、提供劳务、购买土地等，即使订立合同的一方是行政机关，所订立的合同亦不属于行政合同范围。但是，如果某政府为了本地区经济、社会发展的需要而征用土地，为此与农村乡镇或村民订立土地征购合同，这样的合同便属于行政合同范畴。除此之外，订立行政合同的主体并不局限于国家行政机关，可以是授权的非行政机关或组织，他们订立行政合同的目的同样是通过行政合同的订立实现行政目的、行使国家行政权力。

（2）双方地位不对等性。一般的订立经济合同或民事合同的双方当事人的法律地位是平等的，双方之间不存在领导或服从的关系，他们基于协商后共同一致的意思表示签订民事合同或经济合同。但是，行政合同的订立双方若是同级别或有相同法律地位的行政机关则合同双方的法律地位是平等的。然而，有相当部分行政合同的订立双方，一方是行使国家行政权力的国家机关或组织，另一方是该机关组织的下级机关或普通公民、法人或组织，在此情况下，订立合同双方主体地位是不平等的。在订立行政合同时，缔约双方之间明显地存在一种领导与服从的关系。

（3）意思表示局限性。行政合同是一种双方或多方参与的行政行为，是国家行政机关以协商方式同有关当事人达成的协议，它不同于双方意思表示一致的民事合同或经济合同，在行政合同之中双方当事人的意思表示都受到一定的限制。首先，行使国家行政权的一方必须严格依据有关法律法规选择当事人并就某些特定领域的事项订立行政合同，而不能凭意志随意决定行政合同的订立与否，以此杜绝行政主体凭借行政权力达到某种不正当目的这一行为。其次，另一方当事人意思表示因"保证实现国家行政目标，满足公众的利益和需要"而受到行政方当事人意思表示的制约。

（4）订立目的独特性。双方当事人订立民事合同是为了实现某种民事权益，订立经济合同是为了达到某种经济目的。而行政合同的订立目的则与此不同，其主要是为了国家行政活动的目标能够更有效地实现。当行政合同的双方当事人都是行政机关时，双方通过订立行政合同所要达到的目标是一致的、所追求的目的是相同的。而在一方当事人是自然人、法人或组织，另一方是行使国家行政权的国家机关或组织的情况下，国家行政权行使的国家机关或者组织订立行政合同主要是为了实现国家行政活动的目标，而另一方则是在保证实现国家行政活动目标的前提下，依照有关法律法规或约定达到或获得自己的经济目的或民事权益，这两种不同的目的在行政合同这一特殊的合同形式下统一起来了。

（5）合同执行差异性。按照现行有效的相关法律法规，民事合同或经济合同具有法律所规定的缺陷或错误时双方当事人均有权撤销或中止合同。而在行政合同中，出现此种现象时行政方当事人可以单方撤销该合同，相对人则不具有与之对抗的撤销权。另外，在行政合同执行时出现双方事先约定的解除合同的情形，行政方可立即解除合同，而其相对人只能请求且在行政机关同意后才可解除原定的行政合同。在这里，当事人双方的合同撤销或解除权是不对等的。

三、行政合同的功能

（1）拓展了行政管理手段。行政合同的出现与行政主体行政职能的扩展、行政权力的扩张密切相关。从世界范围来看，第二次世界大战之前各国政府的对内职能主要是维持社会秩序和治安，对外职能主要是抵御侵略，快速反应的能力和强有力的处置手段成了政府的必然要求。第二次世界大战后，西方国家开始进入现代国家阶段，行政模式从原来的秩序行政发展到给付行政阶段，政府不仅要维持社会秩序，还要采取各种有效措施满足公民不断增长的福利和服务需求。明显可知，传统的行政命令方式已无法适应给付行政的需要，需要调整、变革政府的管理手段和方式，行政合同应运而生。"在这种给付行政中，有时，通过作为权力强制手段的行政行为，并不一定可以有效地实现行政目的，毋宁说采取契约方式更加有利于圆满地实现行政目的。"[1]

（2）有助于保护行政相对人的权利。传统命令式的行政行为模式主导使得行政主体权力表现为显性的、主动的，与之相对的行政相对人权利则是隐性的、被动的，行政相对人处于弱势地位且权利诉求难以得到行政主体的支

---

〔1〕　杨建顺：《日本行政法通论》，中国法制出版社 1998 年版，第 517 页。

持与维护。行政合同一方面使得行政相对人与行政主体的地位保持相对的平衡，另一方面以要式合同的方式将行政相对人的权利明确固定了下来，这种相对平等的地位和明确的权利对于行政相对人实现权利十分有帮助。另外，行政合同本身的有偿性使行政相对人在履行义务的同时能够获得相应的收益，而行政相对人最终所获得收益的大小与行政相对人履行义务的质量紧密关联，行政相对人必然尽力、全面、诚实地去履行自己的义务以获得更多的收益，此种循环有助于激发相对人的创造性和积极性。

（3）控制行政权力。从现代国家权力控制视角来看，对国家公共权力的控制主要包括权力对权力的控制和权利对权力的控制两种，第一种比如监督权与行政权之间，第二种如公民的选举权与政治参与权。[1]此种权力控制框架之下，行政权一方面受到国家公权力之立法权和司法权的监督与控制；另一方面受到权利主体行政相对人的监督与控制。从权力控制的视角来看，行政合同的独特功能之一在于成功地通过行政合同把国家"权力"转变为行政相对人的"权利"，这实际上是国家权力本质的一种回归。权力在本质上的回归将有利于提升国家公权力机关尊重和保护行政相对人权利的自觉性，同时给予行政相对人以其权利直接控制行政权力的手段。

四、行政合同的根本问题与困境

现行有效的《行政诉讼法》第12条第11项规定：公民、法人或者其他组织认为行政机关不依法履行、未按照约定履行或者违法变更、解除政府特许经营协议、土地房屋征收补偿协议等协议的可以向人民法院提起行政诉讼。该规定是我国行政法上的一大进步，是关于行政合同的官方态度。这一规定使得行政合同的理论研究、现实实践与制度建构都将得以进一步推动与发展。然而，其并不意味着我们的行政合同走上了高速发展的快车道，反而会受到以下相关问题的困扰：

（1）行政协议的范围。行政协议的范围从根本上关系着行政之诉的受案范围。上述法律规定并未解决该问题，其既没有明确列举其他可诉的行政协议类型，也没有通过概念界定的方式"一揽子"解决行政协议的范围问题，而是仅仅规定了一个范围不明的兜底条款。目前已有大量专家学者、法律实

---

〔1〕 参见潘爱国："论行政合同之功能与救济"，载《行政与法》2014 年第 10 期。

务工作者基于各种理由，认为行政合同同样属于新《行政诉讼法》所规定的行政协议。但是，这些观点并不具备立法解释与司法解释的权威性与效力性，故无法排除其他学者或法官基于民法学说将行政合同继续作为民事合同来对待的情形。

（2）法院如何审查进入诉讼的行政合同。之所以出现这样的疑问，一个重要原因就是目前关于什么是行政合同、行政合同与民事合同的区别到底是什么，以及为什么要将之作为行政协议而展开行政诉讼而不是民事诉讼的审理等问题存在。[1]这些问题无法得到解决则相关审判行为可能会进一步强化行政合同的民法色彩，从而使得行政合同走向歧途，丧失最初的立法目的。上述两个问题看似互不相干，实则具有内在的关联性，因为它们都根源于我国行政合同独立于民事合同的正当性问题。[2]

五、律师在订立行政合同中的作用

行政合同是行使国家行政权的国家机关或者组织为实现行政目的、完成行政任务而与另一方相对人在协商一致基础上签订协议的一种行政行为。在整个过程之中，律师作为接受专业法律训练、具有法律思维的群体，成了沟通具备行政属性的当事人与相对人之间的桥梁，其为合同的订立进行法律分析、为行政机关作出决策建言献策；为维护良好的合作关系直接促成行政目的的成就与达成；通过建构合理合法的行政法律关系促进合同目的的成就、行政任务的完成。

附件一：

陕西明萌律师事务所

关于【G 地周边棚户区改造项目融资协议审查】

法律意见书

致：【X 市 B 区人民政府】

陕西明萌律师事务所接受【X 市 B 区人民政府】（以下简称"贵单位"）的委托，就贵单位签署 G 地周边棚户区改造项目融资协议相关事宜出具法律

---

〔1〕 崔建远："行政合同之我见"，载《河南省政法管理干部学院学报》2004 年第 1 期。
〔2〕 陈国栋："作为公共资源配置方式的行政合同"，载《中外法学》2018 年第 3 期。

意见书，本所特指派贾海明律师团队负责办理该委托事项。现经办理律师审阅相关材料，在本拆迁项目的各项手续完备合法的前提下，结合我国现行有关法律法规之规定，按照律师行业公认的业务标准、道德规范和勤勉尽责精神，就本合同文本出具本法律意见书，谨供贵单位签署时予以参考。

第一部分　声明

为出具本法律意见书，本所声明如下：

（一）本所律师系依据本法律意见书出具日以前已经发生或存在的事实，并基于对有关事实的了解和对我国现行、公开的法律、法规、规章、司法解释及政府部门相关规定之理解发表法律意见；

（二）对于无法得到独立证据支持的事实，本所律师依赖于有关政府部门和机构（简称"资料提供方"）出具的确认函、说明、意见书或证明文件出具本法律意见书；

（三）在阅读本法律意见书时所有章节应作为一个整体，不应单独使用。本所律师未授权任何单位或个人对本法律意见书作任何解释或说明；各项标题只为方便参考而设，法律意见书的内容以正文为准；

（四）本法律意见书是本所律师截至出具日对题述事项的最终、完整和唯一的法律意见。

第二部分　假设

本所出具本法律意见书基于以下假设：

（一）资料提供方提供了为出具本法律意见书所必需的及时、真实、完整、准确的原始书面材料、副本材料或者口头证言，递交给本所的文件上的签名、印章真实，所有副本材料和复印件与原件一致，且除非另有说明，自资料、信息提供之日至本法律意见书出具之日未发生任何事件、变化或情势导致本所无法依赖该等资料、信息出具本法律意见书；

（二）资料提供方不存在任何未向本所披露的事实情况或其他安排，导致影响前述文件的法律效力或影响本所发表的法律意见。

第三部分　正文

一、协议各方当事人的主体资格审核

经本律师核查，本融资协议的甲方是依法成立并有效存续的有限责任公司，如果是 X 市政府指定的棚户区改造项目融资主体，应具有相关的许可证明文件和政府批准证书，建议将相关文件或证书附于合同文本后作为附件；本融资协议的丙方（X 市 B 区基础建设投资管理有限公司）是依法成立并有效存续的国有独资有限责任公司，具有基础建设项目的开发、投资和建设资格，具备本融资协议的签署主体资质。

二、协议内容、形式审核

本合同约定的具体内容没有违反法律、法规的强制性规定，合同订立的形式也符合法律、法规的要求，但有部分条款在表述上不够规范和明确，需要修改和补充。

（1）本协议属于乙方委托甲方向国家开发银行股份有限公司借款用于棚户区拆迁改造项目，甲方从中收取一定比例的费用，甲方是融资受托人，而第一条中的"本协议为甲方委托乙方和丙方进行本协议项下的棚户区改造项目，建设内容为：拆迁面积；安置户数；新建面积等。乙方和丙方对项目工期、质量、安全承担全部责任，同时保证拆迁安置平稳"将甲方确定为本协议项目的委托人，混淆了甲乙双方的法律地位，表述不当，且与本协议的主要权利义务内容（融资）无关，建议删除。

（2）本协议确定的融资方式为借款，但第 2 条只约定了借款总金额，对借款的发放方式和期限没有明确约定，对乙方不利。虽然第 3 条约定"本协议项目借款用途、期限、利率及资金使用严格按照甲方与开行就本协议中相关项目签订的借款合同执行"，但根据合同的相对性原则，甲乙双方作为本协议的当事人应对合同的融资借款发放金额、进度、期限、利率有明确、具体的约定，以便于合同的有效执行。

（3）本协议第 3 条中"如遇付息日为法定节假日或公休日，则该付息日提前至法定节假日或公休日前一个工作日"的约定与常理不符，且在实务中难以操作，合同中关于履行时间遇到法定节假日的常规约定是"顺延至节后的第一个工作日"，建议修改为"如遇付息日为法定节假日或公休日，则该付息日顺延至法定节假日或公休日后的第一个工作日"。

（4）同上，将第4条第4项中"如遇本协议约定还本日为法定节假日或公休日，借款人应在节假日、公休日前最后一个营业日偿还借款"修改为"如遇本协议约定还本日为法定节假日或公休日，借款人应在节假日、公休日后第一个营业日偿还借款"。

（5）本协议作为融资借款协议，应明确各方当事人的借还款银行账户信息，建议对借还款账户信息进行专项约定。

三、协议生效条款审核

本合同属于政府棚户区拆迁改造的融资项目，是否要经过相关政府机关和部门的批准，如果是，建议将第16条的"本协议在市财政局见证下，自甲方与开行签订借款合同，以及市财政局、甲方、乙方、丙方签字、盖章后生效"修改为"自上级政府批准后生效"。

以上意见，谨供参考！

陕西明萌律师事务所

2015 年 1 月 9 日

附件二：

陕西明萌律师事务所

关于【公厕建筑工程施工合同纠纷一案】

法律意见书

致：【X 市 B 区城市管理局】

陕西明萌律师事务所接受【X 市 B 区城市管理局】（以下简称"区城管局"）的委托，就相关公厕建筑工程施工合同纠纷出具法律意见书，本所特指派贾海明律师团队负责办理该委托事项。现经办理律师审阅贵单位提供的相关材料，根据《中华人民共和国招标投标法》等相关法律法规及其他规范性文件的相关规定，按照律师行业公认的业务标准、道德规范和勤勉尽责精神，为【区城管局】做出决策时有所参考，出具本法律意见书。

第一部分　声明

为出具本法律意见书，本所声明如下：

（一）本所律师系依据本法律意见书出具日以前已经发生或存在的事实，并基于对有关事实的了解和对我国现行、公开的法律、法规、规章、司法解释及政府部门相关规定之理解发表法律意见；

（二）对于无法得到独立证据支持的事实，本所律师依赖于有关政府部门和机构（简称"资料提供方"）出具的确认函、说明、意见书或证明文件出具本法律意见书；

（三）在阅读本法律意见书时所有章节应作为一个整体，不应单独使用。本所律师未授权任何单位或个人对本法律意见书作任何解释或说明；各项标题只为方便参考而设，法律意见书的内容以正文为准；

（四）本法律意见书是本所律师截至出具日对题述事项的最终、完整和唯一的法律意见。

第二部分　假设

本所出具本法律意见书基于以下假设：

（一）资料提供方提供了为出具本法律意见书所必需的及时、真实、完整、准确的原始书面材料、副本材料或者口头证言，递交给本所的文件上的签名、印章真实，所有副本材料和复印件与原件一致，且除非另有说明，自资料、信息提供之日至本法律意见书出具之日未发生任何事件、变化或情势导致本所无法依赖该等资料、信息出具本法律意见书；

（二）资料提供方不存在任何未向本所披露的事实情况或其他安排，导致影响前述文件的法律效力或影响本所发表的法律意见。

第三部分　正文

本意见书仅基于委托人提供的如下材料：

1. 陕西省采购招标有限责任公司-《成交通知书》：

（1）2014年1月7日，X市Y区第二建筑工程公司（以下简称"Y区二建公司"）：

i. 经九路、太乙路立交桥下公厕新建。

（2）2014 年 1 月 23 日，陕西 HJ 建设工程有限公司（以下简称"HJ 公司"）：

i. 安西街新建公厕、仁厚庄西新建公厕；

ii. 大车家巷、红旗楼、围墙巷公测改造。

（3）2015 年 10 月 19 日，陕西 ZH 建设工程有限公司（以下简称"ZH 公司"）：

i. 大学南路东、建国路、建国四巷顺城巷口、盐店街公厕改造。

（4）2015 年 11 月 19 日，陕西 JL 建设工程有限公司（以下简称"JL 公司"）：

i. 水文巷南、兴庆村、东太白路曼城国际公厕新建公厕。

2.《建设工程施工合同》：

2014 年 1 月 7 日，与 Y 区二建公司，经九路及太乙路桥下；

2014 年 1 月 7 日，与 Y 区二建公司，文艺路布匹市场；

2014 年 1 月 23 日，与 HJ 公司，安西街、仁厚庄西；

2014 年 1 月 23 日，与 HJ 公司，大车家、红旗楼、围墙巷；

2015 年 10 月 20 日，与 ZH 公司，大学南路、建国路、建国四巷、盐店街；

2015 年 11 月 19 日，与 JL 公司，水文巷、兴庆村、曼城国际。

3.《税务机关代开统一发票》：

（5）向 Y 区二建公司：

i. 2014 年 7 月 8 日，经九路-144 000 元（壹拾肆万肆仟元整）；

ii. 2014 年 7 月 8 日，太乙路-66 000 元（陆万陆仟元整）；

iii. 2014 年 7 月 8 日，文艺路-30 000 元（叁万元整）；

iiii. 2014 年 11 月 27 日，工程款-120 000 元（壹拾贰万元整）。

（6）向 HJ 公司：

i. 2013 年 1 月 28 日，工程款-150 000 元（壹拾伍万元整）；

ii. 2013 年 3 月 1 日，大车家-50 000 元（伍万元整）；

iii. 2014 年 7 月 18 日，红旗楼-65 000 元（陆万伍仟元整）；

iiii. 2014 年 7 月 18 日，安西街-20 000 元（贰万元整）；

iiiii. 2014 年 7 月 18 日，仁厚庄西-150 000 元（壹拾伍万元整）；

iiiiii. 2014 年 11 月 20 日，仁厚庄西-200 000 元（贰拾万元整）。

（7）向 ZH 公司：

i. 2015 年 12 月 1 日，《建筑业统一发票》，公厕改造-209 000 元（贰拾万零玖仟元整）。

（8）向 JL 公司：

i. 2014 年 12 月 1 日，《建筑业统一发票》，公厕新建-350 000 元（叁拾伍万整）。

4. 陕西 CC 工程造价事务所出具的《工程结算审计认证单》：

文艺路布匹市场、经九路及太乙路桥下、安西街、仁厚庄西、大车家巷、红旗楼、围墙巷东、振兴社区。

5.《工程（收款）明细》：

（9）HJ 公司：

i. 安西街、仁厚庄西；

ii. 大车家巷、红旗楼、围墙巷；

iii 振兴社区。

（10）ZH 公司：

i. 大学南路、建国路、建国四巷、盐店街。

（11）JL 公司：

i. 水文巷、兴庆村、曼城国际。

6.《情况说明》：

Y 区二建公司、HJ 公司、ZH 公司、JL 公司。

7.《工程签单》或工程量证明：

（12）Y 区二建公司

i. 太乙路；

ii. 经九路；

iii. 文艺路。

（13）ZH 公司

i. 建国四巷。

（14）JL 公司

i. 水文巷；

ii. 兴庆村。

一、承建的基本情况

根据陕西省采购招标有限责任公司出具的成交通知书可以确定：

Y区二建公司负责承建经九路及太乙路立交桥下项目，文艺路项目未见成交通知书；

HJ公司负责承建安西街、仁厚庄、大车家巷、红旗楼、围墙巷的项目，振兴社区项目未见成交通知书；

ZH公司负责承建大学南路、建国路、建国四巷、盐店街的项目；

JL公司负责承建水文巷、兴庆村、曼城国际的项目。

二、费用基本情况（"×"表示无原件支持，应支付以审计为准）

说明：各公司与项目对应关系——Y区二建公司（经九路、太白路、文艺路）；HJ公司（安西街、仁厚庄、大车家、红旗楼、围墙巷、振兴社区）；ZH公司（大学南路、建国路、盐店街、建国四巷）；JL公司（水文巷、兴庆村、曼城国际）。

费用＼项目	经九路	太白路	文艺路	安西街	仁厚庄	大车家	红旗楼	围墙巷	振兴社区	大学南路	建国路	盐店街	建国四巷	水文巷	兴庆村	曼城国际
中标	70万元	×		85.4万元			59.59万元		×	41.9万元				70万元		
合同	70万元	9.4万元		85.4万元			59.59万元		×	41.9万元				70万元		
审计	121万元		2万元	约79万元			约67万元		0	×				×		
超出	约51万元	约3万元		无			约7万元		×	无			12.3万元	2.6万元	2.8万元	无
超出理由	签证单			无			大车家巷加盖		无	建国四巷水电				水文、兴庆水电		
支付	36万元			37万元			7万元	20万元	×	×	20.9万元			35万元		
欠款	约97万元	约42万元		约40万元					×	×				×		

三、法律分析

（一）未经过招投标的公厕项目对费用支付的影响

根据《中华人民共和国招标投标法》第 3 条第 1 款："在中华人民共和国境内进行下列工程建设项目……必须进行招标：（一）大型基础设施、公用事业等关系社会公共利益、公众安全的项目；（二）全部或者部分使用国有资金投资或者国家融资的项目；……"

《陕西省实施〈中华人民共和国招标投标法〉办法》第 6 条规定："在本省行政区域内进行下列工程建设项目……达到本办法第十二条、第十三条、第十四条规定的规模标准的，必须进行招标：（一）关系社会公共利益、公众安全的基础建设项目和公共事业项目；（二）使用国有资金投资或者国家融资的项目；……"第 7 条规定："关系社会公共利益、公众安全的基础设施项目的范围包括：……（五）道路、桥梁、地铁和轻轨交通、污水排放及处理、垃圾处理、地下管道、公共停车场等城市设施项目；……"第 8 条规定："关系社会公共利益、公众安全的公用事业项目的范围包括：……（四）卫生、社会、福利等项目……"

可知，公厕施工属于关系社会公共利益的基础设施项目，在满足《陕西省实施〈中华人民共和国招标投标法〉办法》规定的条件下，施工活动必须进行招投标活动。

根据《陕西省实施〈中华人民共和国招标投标法〉办法》第 13 条："房屋建筑和市政基础设施等项目进行招标的标准为：（一）施工单项合同估算价在一百万元以上的；（二）设备、材料等货物的采购，单项合同估算价在五十万元以上的；（三）勘察、设计、监理等服务的采购，单项合同估算价在三十万元以上的；（四）单项合同估算价低于本条第（一）、（二）、（三）项规定标准，但项目总投资额在五百万元以上的。"

第 14 条规定："室内装饰装修项目进行招标的标准为：（一）施工、设备、材料、设计、监理单项合同估算价在三十万元以上的；（二）单项合同估算价低于三十万元，但项目总投资在一百万元以上的。"

可知，由 Y 区二建公司负责的文艺路公厕项目，因建设工程施工合同标的额（9.4 万元）不满足上述范围的规定，不属于强制招投标的项目。由 HJ 公司负责的振兴社区公厕项目，在审计结果（约 10 万元）与《建设施工合同

（振兴路）》（未提供）无巨大差异的假设下，亦不满足上述范围规定，不属于强制招投标项目。

故，在与 Y 区二建公司签订的《建设工程施工合同（文艺路）》合法有效、无效力瑕疵的情况下，若 HJ 公司亦可以依法提供建设工程施工合同，则未经过招投标活动对费用支付不产生影响，你方应按照合同约定履行费用的给付义务。

（二）未签署建设工程施工合同的项目对费用支付的影响

根据《中华人民共和国招标投标法》第 46 条第 1 款的规定："招标人和中标人应当自中标通知书发出之日起三十日内，按照招标文件和中标人的投标文件订立书面合同。招标人和中标人不得再行订立背离合同实质性内容的其他协议。"

《中华人民共和国合同法》第 36 条规定："法律、行政法规规定或者当事人约定采用书面形式订立合同，当事人未采用书面形式但一方已经履行主要义务，对方接受的，该合同成立。"第 61 条规定："合同生效后，当事人就质量、价款或者报酬、履行地点等内容没有约定或者约定不明确的，可以协议补充；不能达成补充协议的，按照合同有关条款或者交易习惯确定。"第 62 条规定："当事人就有关合同内容约定不明确，依照本法第六十一条的规定仍不能确定的，适用下列规定：……（二）价款或者报酬不明确的，按照订立合同时履行地的市场价格履行；依法应当执行政府定价或者政府指导价的，按照规定履行。……"

可知，若《建设施工合同（振兴路）》（未提供）项目施工方无法提供或已不存在，但是项目施工方可提供其他证据证明存在事实的建设工程施工合同关系，则我方需按照合同的补充规则承担相应的费用支付义务。

（三）工程量超出的认定标准

根据《最高人民法院关于审理建设工程施工合同纠纷案件适用法律问题的解释》第 19 条的规定："当事人对工程量有争议的，按照施工过程中形成的签证等书面文件确认。承包人能够证明发包人同意其施工，但未能提供签证文件证明工程量发生的，可以按照当事人提供的其他证据确认实际发生的工程量。"

可知，Y 区二建公司负责的经九路、太白路、文艺路项目因建设原因超出工程量，但因拥有工程签证单，可视为工程量在原有建设工程施工合同上所做的变更，实际工程量以工程签证单为准；

HJ 公司负责的大车家巷项目因加盖而超出工程量，若其能够提供工程签证单或其他证据证明你方要求加盖的事实，则超出部分的工程量可被依法确认；

ZH 公司负责的建国四巷项目，嘉力公司负责的水文巷、兴庆村项目因额外支付占道费、接水、接电费用而超出工程量，但此三个项目超出部分的工程量均有你方盖章的工程量证明一份，若该证据被采信，则超出的工程量可被依法确认。

（四）审计活动对费用支付的影响

《中华人民共和国合同法》第284条规定："因发包人的原因致使工程中途停建、缓建的，发包人应当采取措施弥补或者减少损失，赔偿承包人因此造成的停工、窝工、倒运、机械设备调迁、材料和构件积压等损失和实际费用。"第285条规定："因发包人变更计划，提供的资料不准确，或者未按照期限提供必需的勘察、设计工作条件而造成勘察、设计的返工、停工或者修改设计，发包人应当按照勘察人、设计人实际消耗的工作量增付费用。"

《中华人民共和国审计法》第2条规定："……国务院各部门和地方各级人民政府及其各部门的财政收支，国有的金融机构和企业事业组织的财务收支，以及其他依照本法规定应当接受审计的财政收支、财务收支，依照本法规定接受审计监督。审计机关对前款所列财政收支或者财务收支的真实、合法和效益，依法进行审计监督。"

可知，虽然原建设工程施工合同约定了费用，但并不是施工完成后实际发生的费用。因发包人发生的缓建、变更计划、未创建工作条件等原因发生工程量变化的，费用的支付应以实际发生的费用为准。实际发生的费用并不由施工方随意主张，使用财政支出的工程款项符合审计法的要求，应是经审计后排除不合理支出而确定的费用。

（五）费用的支付方式

《中华人民共和国合同法》第286条规定："发包人未按照约定支付价款的，承包人可以催告发包人在合理期限内支付价款。发包人逾期不支付的，除按照建设工程的性质不宜折价、拍卖的以外，承包人可以与发包人协议将该工程折价，也可以申请人民法院将该工程依法拍卖。建设工程的价款就该工程折价或者拍卖的价款优先受偿。"

《最高人民法院关于审理建设工程施工合同纠纷案件适用法律问题的解释》第6条规定："…当事人对垫资没有约定的，按照工程欠款处理。……"

可知，若原建设工程施工合同未约定垫资施工，但因各种现实因素发生各施工方已经垫资施工完毕，且你方已经转移使用的情况下，经审计后确认的费用可依法被认定为工程欠款，施工方有权向你方主张。若你方经催告后合理期限内仍不支付，则施工方可采取协商折价或申请法院拍卖的方式获得受偿。

若通过协商调解解决，虽然可能少付部分费用，但调解协议并不具有强制效力，施工方若不接受调解，或对调解协议反悔，则仍可随时向法院对你方提起诉讼。

若通过诉讼解决，虽然程序比较复杂，证据收集整理工作量大，但判决具有强制效力，对方可获得费用通过证据经判决而认定。在庭审过程中，可针对对方提供的相关证据进行质证，排除部分不合理证据（例如，签证单中只有工程量，无工程价的问题，可要求对方出具施工时的工程计价详单），达到最大限度保护自身权益的目的。

四、结论

建议你方告知施工方通过诉讼解决，并积极准备相关证据材料，做好应诉准备。

本法律意见书正本一式【壹】份，无副本。

（以下无正文）

（法律意见书签署页）

陕西明萌律师事务所

2017 年 7 月 10 日

附件三：

陕西明萌津师事务所

关于【G 地片区政府购买服务有关事宜】

法津意见书

致：【X 市 B 区政府办公室】

陕西明萌律师事务所接受【X 市 B 区政府办公室】，就政府购买服务协议及附件《项目实施主体说明关于 G 地片区棚户区改造项目（二期）政府购买服务有关事宜的决定》（以下简称《协议》《附件》）出具法律意见书，本所特指派贾海明律师团队负责办理该委托事项。现经办理律师审阅相关材料，根据现行有效的相关法律法规的规定，按照律师行业公认的业务标准、道德规范和勤勉尽责精神，为【X 市 B 区政府办公室】做出决策时有所参考，出具本法律意见书。

第一部分　声明

为出具本法律意见书，本所声明如下：

（一）本所律师系依据本法律意见书出具日以前已经发生或存在的事实，并基于对有关事实的了解和对我国现行、公开的法律、法规、规章、司法解释及政府部门相关规定之理解发表法律意见；

（二）对于无法得到独立证据支持的事实，本所律师依赖于有关政府部门和机构（简称"资料提供方"）出具的确认函、说明、意见书或证明文件出具本法律意见书；

（三）在阅读本法律意见书时所有章节应作为一个整体，不应单独使用。本所律师未授权任何单位或个人对本法律意见书作任何解释或说明；各项标题只为方便参考而设，法律意见书的内容以正文为准；

（四）本法律意见书是本所律师截至出具日对题述事项的最终、完整和唯一的法律意见。

第二部分　假设

本所出具本法律意见书基于以下假设：

（一）资料提供方提供了为出具本法律意见书所必需的及时、真实、完整、准确的原始书面材料、副本材料或者口头证言，递交给本所的文件上的签名、印章真实，所有副本材料和复印件与原件一致，且除非另有说明，自资料、信息提供之日至本法律意见书出具之日未发生任何事件、变化或情势导致本所无法依赖该等资料、信息出具本法律意见书；

（二）资料提供方不存在任何未向本所披露的事实情况或其他安排，导致影响前述文件的法律效力或影响本所发表的法律意见。

第三部分　正文（合法性审核评价意见）

一、协议签订主体评价

《协议》是 B 区政府作为 X 市 B 区 G 地片区棚户区改造二期项目这一市政管理服务的购买主体，向 X 市 B 区基础建设投资管理有限公司购买各项服务的合意。B 区政府作为协议甲方，购买服务项目的资金来源于 X 市 B 区政府财政性资金，实行财政预算统筹安排，在协议期内采用逐年纳入未来年度本级财政预算支出管理的模式展开。《协议》乙方为 X 市 B 区基础建设投资管理有限公司，是 X 市 B 区人民政府出资设立的国有独资有限责任公司，具有较强的资本实力，利于保证协议的有效履行以及目的的实现。

二、协议内容的评价

1. 协议存在违反财预［2017］87 号文件的风险

就《协议》内容而言，其名称为"政府购买服务协议"，但是协议中所提供的服务包含拆迁等建设工程的相关内容。根据 2017 年 5 月 28 日发布施行的《关于坚决制止地方以政府购买服务名义违法违规融资的通知》财预［2017］87 号，明确提出"不得将建筑物和构筑物的新建、改建、扩建及其相关的装修、拆除、修缮等建设工程作为政府购买服务项目。严禁将建设工程与服务打包作为政府购买服务项目"。而《协议》中的内容为 X 市 B 区 G 地片区棚户区改造二期项目，存在建设工程的相关内容，故根据文件要求"政府建设工程项目确需使用财政资金，应当依照《中华人民共和国政府采购法》及其实施条例、《中华人民共和国招投标法》的规范实施"。而且省财政厅将依据该文件内容全面摸底排查本地区政府购买服务情况，发现违法违规问题的，将督促整改，并将上报排查和整改结果。

2.《协议》采用单一性来源实行政府采购的法律分析

根据《政府采购法实施条例》第 25 条的规定："政府采购工程依法不进行招标的，应当依照政府采购法和本条例规定的竞争性谈判或者单一来源采购方式采购。"另根据国务院法制办公室国法秘财函［2015］736 号，按照《招投标法实施条例》第 2 条的规定，建筑物和构筑物的新建、扩建及其相关的装修、拆除、修缮属于依法必须进行的招标项目。据此，与建筑物和构筑物的新建、改建、扩建无关的单独装修、拆除、修缮不属于依法必须进行招标的项目。政府采购此类项目时，应当按照《政府采购法实施条例》第 25 条的规定，采用竞争性谈判或者单一来源方式确定供应商的政府采购建设工程项目。

因此，对《协议》内容中所涉项目采用单一来源方式采购的，只要采购人与供应商遵循《政府采购法》规定的原则，在保证采购项目质量和双方商定的合理价格基础上进行采购，则程序合法，不违反法律、法规的强制性规定。

3.《协议》中购买服务本息一节的法律分析

在《协议》第 5 条协议价款及资金支付（三）资金支付计划初步安排表格中，根据现在的表格显示，该表格中的资金付款方式类似于银行贷款中的等额本金还款方式，最终购买服务本息合计金额超过本金合计金额的二倍以上，是否存在利息计算高于银行贷款利率的最高标准的情况，故请贵单位明确该表格中列明的购买项目本息的计算依据以及计算标准具体是什么，该项数额的来源是什么，是否要运用本息一次表述应予支付的合同款，要避免该表格被认定为政府购买服务向金融机构进行融资的风险性。

综上所述，出于协议签订方为政府出资的国有独资企业，并根据最新出台的财政部文件，该协议的签订存在上文提示的被认定违反相关规范性文件的可能性，故应严格按照法定程序进行。故建议贵单位结合本地区政府采购目录、财政局对政府财政预算的监督、管理等的相关内容，对《协议》内容、该协议是否能顺利财政预算审批及政府财政公开的监督，从而确定是否继续采用《协议》约定的方式进行 B 区 G 地片区棚户区改造二期项目。

陕西明萌律师事务所

2017 年 6 月 5 日

附件四：

陕西明萌律师事务所
关于【B区全域旅游项目】
法律意见书

致：【X市B区B区旅游局】

陕西明萌律师事务所接受【X市B区B区旅游局】（以下简称"B区旅游局"）的委托，就《B区全域旅游合作意向书》）（以下简称《意向书》）、《X市B区全域旅游总体规划项目合同书》（以下简称《合同书》）出具法律意见书，本所特指派贾海明律师团队负责办理该委托事项。现经办理律师审阅相关材料，根据现行有效的相关法律法规的规定，按照律师行业公认的业务标准、道德规范和勤勉尽责精神，为【B区旅游局】做出决策时有所参考，出具本法律意见书。

第一部分　声明

为出具本法律意见书，本所声明如下：

（1）本所律师系依据本法律意见书出具日以前已经发生或存在的事实，并基于对有关事实的了解和对我国现行、公开的法律、法规、规章、司法解释及政府部门相关规定之理解发表法律意见；

（二）对于无法得到独立证据支持的事实，本所律师依赖于有关政府部门和机构（简称"资料提供方"）出具的确认函、说明、意见书或证明文件出具本法律意见书；

（三）在阅读本法律意见书时所有章节应作为一个整体，不应单独使用。本所律师未授权任何单位或个人对本法律意见书作任何解释或说明；各项标题只为方便参考而设，法律意见书的内容以正文为准；

（四）本法律意见书是本所律师截至出具日对题述事项的最终、完整和唯一的法律意见。

第二部分　假设

本所出具本法律意见书基于以下假设：

（一）资料提供方提供了为出具本法律意见书所必需的及时、真实、完整、准确的原始书面材料、副本材料或者口头证言，递交给本所的文件上的签名、印章真实，所有副本材料和复印件与原件一致，且除非另有说明，自资料、信息提供之日至本法律意见书出具之日未发生任何事件、变化或情势导致本所无法依赖该等资料、信息出具本法律意见书；

（二）资料提供方不存在任何未向本所披露的事实情况或其他安排，导致影响前述文件的法律效力或影响本所发表的法律意见。

第三部分　正文（合法性审核评价意见）

一、《意向书》的法律作用

《意向书》是甲方 B 区人民政府与乙方 DD 旅游景观规划设计有限公司（以下简称"DD 公司"）达成的，以实现 B 区全域旅游发展为目标，具有宏观指导性的合作合意。该意向书明确了合作双方意向，合作内容并未违反法律的强制性规定。《意向书》并未对双方权利义务产生实际的法律约束力，不产生意向不予履行的责任承担问题。

二、《意向书》的具体实施

关于该《意向书》的具体实施问题，涉及拟签订的《合同书》。《合同书》是《意向书》最终合作目的的体现，由《意向书》的具体实施单位 B 区旅游局与大地公司双方协商一致后细化关于《意向书》具体目标的实现过程和双方的权利义务等事项。

三、《合同书》与《意向书》的关系

《合同书》"第二条项目内容"对《意向书》中的"第四项乙方服务内容"进行了全部的体现和落实；《合作书》的"第三条工作时间及进度安排"约定工作时间 100 个日历天与《意向书》"第五项合作周期 3-5 个月"相一致；《意向书》"第六项乙方可提供的延展服务内容（不包含以上全域内容中）"，表明乙方提供的全域旅游服务不包含延展服务，但是乙方具有提供该延展服务的能力，如需该延展服务，则需另行与乙方协商提供服务的相关事项，故延展服务内容在《合同书》中并未体现。

四、《合同书》各项内容的合法性审查

《合同书》的各项内容未违反法律、法规的强制性规定，各条款约定合法有效。对于《合同书》的具体内容，本所律师对相关细节进行了修改，请贵局予以注意。

1. 关于贵局的付款以及涉及贵局履行义务的期限，均已修改为工作日，与贵局的工作时间保持一致；

2. 另就付款期限问题，贵局可根据实际财务报账流程或者周期确定付款时间是否适宜，如果认为付款期限约定不合适，可根据实际情况进行调整；

3. 关于项目成果的交付问题，若贵局认为约定的成果文本数量较少，贵局可根据工作审核或需求与对方协商增加；

4. 关于知识产权的归属，通过贵局反映的意见，对项目成果的知识产权和所有权均修改为贵局所有。若在协商此项约定中对方出现异议，最终确实无法达成一致，则对此约定可给予一定的让步，但应由我方掌握知识产权中最具有利用价值的"复制权、改编权和信息网络传播权"这三项财产权利；

5. 合同书签订时，对方签约人员的授权委托文书应予查验的留存，签约表中的相关信息填写完整，合同书应加盖骑缝章。

6. 在合同的具体履行中，应注意做好所有资料的留存。所有合同资料的原件存档，采用复印件进行流转、使用。

陕西明萌律师事务所

2017 年 8 月 7 日

附件五：

陕西明萌律师事务所

关于【《战略合作框架协议》

《关于陕西 JG 集团与 B 区人民政府共同出资

组建属地化公司的方案》

《陕西 JGB 区建设投资有限公司章程》】

法律意见书

致：【X 市 B 区人民政府】

陕西明萌律师事务所接受【X 市 B 区人民政府】，就《战略合作框架协议》《关于陕西 JG 集团与 B 区人民政府共同出资组建属地化公司的方案》《陕西 JGB 区建设投资有限公司章程》出具法律意见书。现经办理律师审阅相关材料，根据《中华人民共和国公司法》及相关司法解释等现行法律法规之规定，按照律师行业公认的业务标准、道德规范和勤勉尽责精神，为【B 区人民政府】做出决策时有所参考，出具本法律意见书。

第一部分　声明

为出具本法律意见书，本所声明如下：

（一）本所律师系依据本法律意见书出具日以前已经发生或存在的事实，并基于对有关事实的了解和对我国现行、公开的法律、法规、规章、司法解释及政府部门相关规定之理解发表法律意见；

（二）对于无法得到独立证据支持的事实，本所律师依赖于有关政府部门和机构（简称"资料提供方"）出具的确认函、说明、意见书或证明文件出具本法律意见书；

（三）在阅读本法律意见书时所有章节应作为一个整体，不应单独使用。本所律师未授权任何单位或个人对本法律意见书作任何解释或说明；各项标题只为方便参考而设，法律意见书的内容以正文为准；

（四）本法律意见书是本所律师截至出具日对题述事项的最终、完整和唯一的法律意见。

第二部分　假设

本所出具本法律意见书基于以下假设：

（一）资料提供方提供了为出具本法律意见书所必需的及时、真实、完整、准确的原始书面材料、副本材料或者口头证言，递交给本所的文件上的签名、印章真实，所有副本材料和复印件与原件一致，且除非另有说明，自资料、信息提供之日至本法律意见书出具之日未发生任何事件、变化或情势导致本所无法依赖该等资料、信息出具本法律意见书；

（二）资料提供方不存在任何未向本所披露的事实情况或其他安排，导致影响前述文件的法律效力或影响本所发表的法律意见。

第三部分　正文

一、进一步明确发起设立有限公司过程中的双方责任

1. 《战略合作框架协议》中组建公司的责任明确问题

对于《战略合作框架协议》第一项合作领域中的第4条"乙方承诺努力使合资公司在设立后一年内完成工程总承包二级资质申请工作，力争三年内将工程总承包资质升至一级"，该约定因缺乏明确清晰的表达，法律效力模糊，建议删除"努力""力争"等词，进一步明确乙方在发起设立公司过程中的相关责任。因拟筹建公司投资额较大，而考虑很多公司在发起设立的过程中因相关职责、违约责任约定不明而导致设立公司效率低下、相对方拖延违约、责任承担难甚至导致法律纠纷的出现，故建议对于乙方在筹建公司中的职责，约定明确的执行时间和具体的违约责任，否则《战略合作框架协议》中的相关约定，只对双方有引导指引的作用，而无责任约束的功能。

2. 《战略合作框架协议》中关于B区政府的义务承担

关于《战略合作框架协议》第一项合作领域中的第2条，"在合作项目范围内，在符合相关法律法规、规范性文件的条件下，甲方优先推荐与乙方展开合作"，因合作项目范围较广，该规定给甲方，即B区政府较重的义务负担，建议增加"同等条件下"，以减轻甲方负担并保留更多选择权。

3. 可以考虑制定《发起人协议》，进一步明确双方职责

发起人协议是发起人之间就设立公司事项所达成的明确彼此之间权利义

务关系的书面文件，相比于《战略合作框架协议》对于权利义务有更为明确的规定和约束作用，在发起设立公司的过程中，会发生大量双方责任分配问题，并且拟成立公司的注册金额较大，经营范围较广，涉及 B 区的经济发展和民生福利，为防止双方因职责划分不清和责任不明等原因发生纠纷，影响公司组建的进度，可以考虑制定《发起人协议》来约束和引导组建公司的相关工作。

二、《陕西 JGB 区建设投资有限公司章程》的进一步合法合规

1. 股东出资责任的进一步明确

关于出资责任及违约责任承担，《公司章程》规定对于未按期足额缴纳的出资部分，"其它股东有权进行催缴，经三次催缴仍未足额缴纳的，未足额缴纳部分的出资权利由其他股东享有"，该规定不够严谨，并未约定未足额缴纳出资股东以何种方式失权，出资义务转移的方式和比例，因此建议修改为"经三次催缴仍未足额缴纳的，公司可要求继续履行出资义务或公告声明未足额缴纳股东丧失未缴纳出资所代表股权。未足额缴纳的出资由其他股东按照实际出资比例认缴"。

另外，对于未按期足额缴纳出资的责任承担，可以进一步明确相应股东承担逾期利息或者一定比例的违约金责任，以防止后期出现相应问题难以确定承担责任的金额。

2. 机构设置及董监高的选聘问题

《陕西 JGB 区建设投资有限公司章程》关于股东召集股东会临时会议召集权限的约定，不符合《中华人民共和国公司法》的强制性规定，限缩了股东权利，属于无效约定，故应当按照《中华人民共和国公司法》的规定进行修正并根据需要另行确定，原则为只能约定扩大召集主体。

因《中华人民共和国公司法》对董事的提名及董事长的任免未作规定，由股东自行确定，若想实现董事长由陕建集团提名的人担任，可直接规定董事长由股东会选举进行任免，无需对职工董事提名作出约定，避免选举。

因《中华人民共和国公司法》对监事会主席的选举法定为全体监事过半数选举产生，故在股东各选一名监事，职工选举一名监事的情况下，约定监事会主席由 B 区城开公司推荐的监事作为人选，与选举确定存在冲突。若需确保 B 区城开公司的监事任监事会主席，需与职工监事沟通，否则应通过增

加自身监事席位直至能够控制选举结果。如果以上途径无法实现，建议在党委中安排人选，以控制公司董事长重大决策事项。

三、关于公司解散条件

章程中关于因出现不可抗力因素使公司遭受严重损失，无法继续经营的约定过于笼统，无法具体适用。

章程中亦未明确声明公司解散适用有关公司僵局的有关规定。如有需要，建议明确。

四、其他有关意见已在章程中具体标注，此处不再赘述。

陕西明萌律师事务所

2020 年 3 月 24 日

附件六：

陕西明萌律师事务所

法律意见书

送审材料：《"B 区首届电竞嘉年华冠军赛"执行协议》（以下简称《执行协议》）

《B 区首届电竞嘉年华冠军赛活动方案》（以下简称《活动方案》）

送审人：X 市 B 区文化体育局

合法性审核评价意见：

一、合同签订主体的合法性审核

《执行协议》系 B 区文化体育局根据《中华人民共和国合同法》《中华人民共和国民法总则》等法律法规的规定，委托 JQ 电子科技有限公司（以下简称"JQ 公司"）为 X 市 B 区文化体育局提供电子竞技赛事活动的筹备、策划、组织以及实施等各项工作的合同，并未违反法律法规的强制性规定。

经本所律师公开渠道查询，JQ 公司系依法成立的有限责任公司，注册资本 800 万元人民币，实缴 200 万元人民币，具有承担合同责任的相应风险能力。但 JQ 公司注册的经营范围为：仪器仪表、实验室仪器的研发、销售、售后服务、租赁、维修；计算机软硬件、办公自动化产品的研发、销售、售后服务、维护；计算机软件开发、销售、技术咨询服务；多媒体教学系统、多功能电子会议系统、监控产品、通信产品的销售、安装、维修；楼宇网络综合布线。（以上经营范围除国家规定的专控及前置许可项目），本协议所涉及的委托事项并不在 JQ 公司的经营范围内，应严格考察 JQ 公司是否具备相应的履约能力。

二、合同主要内容的合法性审核

合同约定的主要内容为由 JQ 公司为 B 区文化体育局提供按照《活动方案》内容进行活动的筹备、策划、组织以及实施等各项工作的服务，这一委托事项及其所包含的内容、约定的工作要求、费用支付未违反《中华人民共和国合同法》《中华人民共和国民法总则》等相关法律法规的规定，其内容合法有效。

三、法律风险提示

1. 为确保 JQ 公司在工作过程中严格遵守 B 区文化体育局规章制度，避免因其违法行为导致的责任承担主体产生争议，建议在第四条第三款后增加 JQ 公司的义务，即如因其工作人员违反区文化体育局规章制度产生的一切后果均由 JQ 公司承担。

2. 为明确 JQ 公司对活动的组织实施义务，以免后续发生争议，建议在第四条第三款后明确 JQ 公司的义务，并将付款方式由一次性支付变更为分期支付，约定付款等待期，即可先支付部分款项，待活动结束等待期满后，视实施与纠纷情况再行支付剩余款项（此条仅为建议项，以双方协商为准）。

3. 为明确 JQ 公司在区文化体育局支付服务款项之前应提供发票以及财政报账所需资料的义务，避免因 JQ 公司提供资料不齐或者未开具专用增值税票据，导致区文化体育局付款迟延的违约后果，建议在合同第二条支付方式中增加 JQ 公司的义务，具体包括提供等额增值税专用票据和区文化体育局支付款项的内部财政审批过程中，所需的应由 JQ 公司提供相关资料，以及违约责任的承担主体。

4. 为平衡合同双方权利义务关系，减轻区文化体育局违约责任，应当在合同第五款审核修改不可抗拒因素出现的违约责任条款（此条仅为建议项，以双方协商为准）。

5. 为了增加合同条款的准确性，应修改合同第六条第三款，明确为"如甲方需要增加项目，以实际产生的费用为准"，从而使内容更加明确，减少不必要的争议。

6. 《执行协议》及《活动方案》缺失现场摄像及是否刻录光盘等介质留存活动内容的要求，且缺失活动前期、期中、期后的宣传推广的具体安排内容，建议协商添加。同时应明确 JQ 公司作为受托方，不意味着获得任何甲方提供的连带责任承诺，甲方仅宏观负责活动，应由 JQ 公司就具体活动造成的任何法律责任自行承担义务。

7. 《执行协议》应明确 JQ 公司组织活动时具体参与人员相应的工资、保险等费用及开销由 JQ 公司自行负责，甲方不承担任何合同约定外的额外费用。JQ 公司及其相关人员在整个活动期间遭受的任何人身及财产损害赔偿责任由具体侵权人承担相应责任，甲方不承担该等责任。

8. 《执行协议》应加强 JQ 公司的管理责任。任何因 JQ 公司管理不善或其相关人员造成的活动不合理终止、中断，JQ 公司应及时解决并承担相应的赔偿责任。因 JQ 公司或其相关人员在活动筹备、进行中、终止清场完成前，造成甲方及任何第三方人身财产的损失，由 JQ 公司自行承担损害赔偿责任。

9. JQ 公司及其相关人员若存在严重违反现场管理的行为，致使活动面临较大风险（包括但不限于人身、财产、舆论），甲方有权立即终止活动并有权解除合同，要求 JQ 公司承担相应损害赔偿责任。

（以下无正文）

陕西明萌律师事务所
贾海明律师
2019 年 4 月 24 日

附件七：

B区"烂尾楼"处置

法律分析报告

陕西明萌律师事务所

2020 年 9 月 13 日

目　录

（四）法律分析

（五）法律意见

后附法律条文

为出具本报告，本所律师特作如下声明：

一、本报告系依据本报告出具日之前已经发生或存在的事实，根据截至报告日所适用的中国法律、法规和规范性文件的规定而出具；

二、本报告仅对法律问题发表意见，在本报告中对有关事实等内容的引述，并不代表本所律师对这些内容的真实性、准确性、合法性做出任何判断或保证；

三、对于本报告至关重要而又无独立证据支持的事实，本所依赖于有关政府部门提供的材料出具本报告。

序 言

"烂尾楼"，是指已办理用地、规划手续，项目开工后，因开发商无力继续投资建设或陷入债务纠纷，停工一年以上的房地产项目。全国范围内因房地产项目"烂尾"而引发群体性事件之情况屡见不鲜，少数群体甚至采用具有暴力性、破坏性的方式表达不满，引发犯罪，破坏地区稳定。

本所依法接受委托，就 AT 国际生活城项目、LM 星时代项目、JQ2006 项目以及 YJY 综合公寓项目等四处项目所面临的法律问题进行分析，按照"一楼一策"的方针，依照相关法律法规的规定，提出相关法律意见以供参考。

一、AT 国际生活城项目

（一）项目情况简介

陕西 AT 实业发展有限公司（以下简称"AT 公司"）与 X 市土地管理局、X 市房产管理局于 1998 年 8 月 24 日签订的《X 市国有土地使用权出让合同》约定建设 AT 大厦（后更名为 AT 国际生活城）。AT 国际生活城位于 B 区马厂子与东大街十字西南角，系东大街改造项目，占地面积 24.516 亩，总建筑面积 61 895.6 平方米。2013 年，该项目未经规划许可擅自开工建设，X 市规划局 B 区分局于 2013 年 10 月 22 日下发了市规 B 停字【2013】014 号"停止违法建设通知书"，责令停工，并于 2013 年 10 月 29 日向 B 区政府申请制止该项目违法施工。该项目目前已建成地下三层半、地上二、三、七层，总建筑面积约 38 000 平方米。

2016 年 5 月 17 日，X 市政府召开专项会议，研究处理 AT 国际生活城等东大街改造项目，会议研究决定为："一是由市国土局、B 区政府负责，按照 1998 年与项目开发企业签订的出让合同、督促其缴纳剩余土地出让价款和违约金后，完善后续用地手续。二是由市规划局负责，对该项目进行实测，如超出原批准规模，按照尊重事实、解决历史遗留问题的思路，按程序完善项目相关规划手续。"

（二）开发商情况简介

陕西 AT 实业发展有限公司（曾用名"陕西 AT 物业发展有限公司"）成立于 1996 年 6 月 19 日，注册资金为 1000 万元，经营范围为房地产开发、物业管理、装饰装修、五金产品、建筑材料的销售。AT 公司的两名自然人股东分别是马某，出资额为 28 万元，持股比例为 2.8%，余某，出资额为 972 万元，持股比例为 97.2%。

AT 公司于 2012 年 4 月 6 日变更相关工商登记，其中，注册资本变更为 5000 万元，经营范围为房地产开发；旅游投资、开发、管理。安同公司有两名自然人股东：余某，持股比例 99.44%，系该公司法定代表人，任执行董事及总经理；马某，持股比例 0.56%，任监事。

目前，AT 公司已经被 X 市 B 区人民法院、TG 县人民法院等法院纳入失信人名单，该公司法定代表人余某被 X 市 B 区人民法院限制消费。AT 公司目前涉诉 200 余起民事案件，分别为房屋买卖合同纠纷、建设工程施工合同纠纷、项目转让合同纠纷、债权让与合同纠纷、借款合同纠纷、商品房预约合同纠纷等。

（三）项目涉及的问题

1. 未交清土地出让金

2. AT 公司由于资金缺乏续建本项目存在困难

（四）法律分析

1. 关于未交清土地出让金

（1）根据《中华人民共和国物权法》第 138 条的规定以及 2011 年 2 月 18 日《最高人民法院关于修改〈民事案件案由规定〉的决定》（法［2011］41 号），明确将建设用地使用权出让合同纠纷列入民事案件的受案范围。按照国有建设用地使用权的用益物权性质及物权的平等保护原则，双方属平等民事主体之间基于等价有偿的原则订立的民事合同。AT 公司与 X 市土地管理局、X 市房产管理局于 1998 年 8 月 24 日签订的《X 市国有土地使用权出让合同》属民事合同，应按照处理民事合同的原则及相关法律规定处理。另外，根据《中华人民共和国城市房地产管理法》第 16 条的规定以及该合同第 10 条约定，AT 公司应于 1998 年 9 月 16 日之前将土地出让金全部缴纳，否则 X 市土地管理局、X 市房产管理局有权解除合同。

(2) 根据《最高人民法院关于审理涉及国有土地使用权合同纠纷案件适用法律问题的解释》第 1 条、第 3 条的规定，土地使用权受让方需要支付土地使用权出让金。

(3) 根据《中华人民共和国合同法》第 114 条的规定，守约方可以向违约方主张一定的违约金。另外，按照《国务院办公厅关于规范国有土地使用权出让收支管理的通知》（国办发〔2006〕100 号）第 7 条的规定，土地出让合同、征地协议等应约定对土地使用者不按时足额缴纳土地出让收入的，按日加收违约金额 1‰的违约金。

(4) 根据《国务院办公厅关于规范国有土地使用权出让收支管理的通知》（国办发〔2006〕100 号）的规定，国有土地使用权出让收入（以下简称"土地出让收入"）是政府以出让等方式配置国有土地使用权取得的全部土地价款，包括受让人支付的征地和拆迁补偿费用、土地前期开发费用和土地出让收益等。土地出让收入纳入政府非税收入收缴管理制度改革范围，统一收缴票据，规范收缴程序，提高收缴效率。任何地区、部门和单位都不得减免土地出让收入。违约方迟延缴纳的土地出让价款的滞纳金（违约金）不是国有土地使用权出让收入。《国有土地使用权出让合同》违约方迟延缴纳土地出让价款的滞纳金不是国有土地使用权出让收入，地方政府可以根据实际情况对滞纳金（违约金）的收取作出适合本地区的规定。

2. 关于 AT 公司由于资金缺乏续建本项目存在困难

从法律风险的角度分析，AT 公司目前涉案众多，已被列入失信人名单，该公司法定代表人被法院限制消费。即 AT 公司如果通过贷款或其他融资渠道取得续建 AT 国际生活城的资金，可导致轮候执行法院执行这笔资金，从而致使安同公司无力续建 AT 国际生活城项目。政府及下属部门如果在这个过程中为该项目进行担保风险极大。

（五）法律意见

根据以上事实及相关法律规定，我们提供以下法律意见以供参考：

1. 可选择继续履行 AT 公司与 X 市土地管理局、X 市房产管理局于 1998 年 8 月 24 日签订的《X 市国有土地使用权出让合同》，根据《国有土地使用权出让收支管理办法》（财综〔2006〕68 号）第 9 条的规定，由国土资源管理部门和财政部门督促国有土地使用权受让人即 AT 公司严格履行国有土地出让合同，确保将应缴国库的土地出让收入及时足额缴入地方国库。并按照《国务院办公厅关于规范国有土地使用权出让收支管理的通知》（国办发〔2006〕100 号）第 7 条的规定，对 AT 公司从应当缴纳土地使用权出让金之日起，按日加收未缴纳金额 1‰的违约金。同时也可通过诉讼方式对未缴纳的土地出让金及违约金予以收缴。

2. 可选择根据 AT 公司与 X 市土地管理局、X 市房产管理局于 1998 年 8 月 24 日签订的《X 市国有土地使用权出让合同》第 10 条的规定，与 AT 公司解除该合同，收回该地块的土地使用权，重新按照相关法律法规的规定对该地块进行处置。对于因解除合同与 AT 公司之间产生的纠纷，通过诉讼方式予以解决。

二、LM 星时代项目

（一）项目情况简介

LM 星时代项目位于 B 区，该项目用地共计 3176.5 平方米，性质为商业，由三块地构成，由西安 FZ 置业有限公司（以下简称"FZ 公司"）建设。第一块面积为 825 平方米，2004 年 9 月由陕西 DS 汽车贸易有限公司变更到 FZ 公司名下，未约定容积率。第二块面积为 2214 平方米，容积率≤2.72，由 FZ 公司直接挂牌取得。第三块面积为 137.5 平方米，容积率 2.0，2010 年 4 月由西安 HT 实业公司变更到 FZ 公司名下。三块土地均有土地证和土地出让合同。

该项目于 2010 年 5 月未经规划许可擅自建设，已建成地下三层、地上八层，经实测，该项目地下 3 层，地上主体 8 层局部 4 层，总建筑面积 28 648 平方米，容积率为 6.43。退东木头市道路红线最近处 0.87 米，东退骡马市道路红线最近处 2.12 米，北距 5 层建筑 6.43 米，西距 9 层建筑 6.30 米，地上 4 层部分高 19.0 米，8 层部分高 34.6 米。2012 年 8 月已对该项目违法建设进行行政处罚 288.9 万元，并已缴纳罚款。

（二）开发商情况简介

FZ 公司成立于 2004 年 9 月 9 日，注册资金现为 913 万元，经营范围为房地产开发、销售、建筑材料的销售等。该公司股权多次发生变更，最后一次于 2013 年 2 月 12 日变更。变更后，徐某系该公司法定代表人，持股比例 100%，任执行董事及总经理。杨某系该公司监事。

目前，FZ 公司已经被 X 市 B 区人民法院、CN 县人民法院等法院纳入失信人名单，该公司法定代表人徐某被 X 市中级人民法院、X 市 B 区人民法院限制消费。FZ 公司目前涉诉 100 余起民事案件，分别为房屋买卖合同纠纷、买卖合同纠纷、借款合同纠纷、委托合同纠纷、租赁合同纠纷、企业借贷纠纷等。

（三）项目涉及的问题

1. 该项目存在消防、质量检测等问题；

2. 该项目实际建设容积率 6.43，已超出土地出让合同最大容积率 2.72 中的约定。

（四）法律分析

1. 关于消防、质量检测等问题

（1）根据《中华人民共和国消防法》第 9 条及第 10 条的规定，建设工程的消防设计、施工必须符合国家工程建设消防技术标准。国家实行建设工程消防设计审查验收制度，故 LM 星时代项目须按照法律法规及国家相关标准设置消防设施，对不符合相关要求的设施予以整改。

（2）根据《中华人民共和国建筑法》第 7 条的规定，建筑工程开工前，建设单位应当按照国家有关规定向工程所在地县级以上人民政府建设行政主管部门申请领取施工许可证。第 61 条规定，交付竣工验收的建筑工程，必须符合规定的建筑工程质量标准，有完整的工程技术经济资料和经签署的工程保修书，并具备国家规定的其他竣工条件。未经验收或者验收不合格的，不得交付使用。LM 星时代在相关手续不齐全的情况下完成建设，须按照相关法律规定进行质量检测，完善相关手续。

2. 关于容积率超出合同约定的问题

根据《建设用地容积率管理办法》第 5 条规定，任何单位和个人都应当遵守经依法批准的控制性详细规划确定的容积率指标，不得随意调整。第 7 条规定，除特殊情况外，国有土地使用权一经出让或划拨，任何建设单位或个人都不得擅自更改确定的容积率。故 FZ 公司建设的 LM 星时代容积率与合同不符违反相关法律法规规定。

（五）法律意见

1. 对 LM 星时代项目违法建设已经进行过相应的行政处罚，FZ 公司也已缴纳罚款。根据《中华人民共和国行政处罚法》第 24 条的规定，对当事人的同一个违法行为，不得给予两次以上罚款的行政处罚。因此，对于 FZ 公司的违法建设行为不再处罚，对于不符合消防和质量检测等问题要求 FZ 公司予以整改或依据相关法律进行处罚。

2. 对容积率超出合同约定的问题。根据《建设用地容积率管理办法》第 4 条的规定，容积率等规划条件未纳入土地使用权出让合同的，土地使用权出让合同无效。因此，对于第一块面积为 825 平方米的土地使用权转让需要变更相关合同内容方为有效。对于其余两块地块的土地使用权出让及转让合同，按照《中华人民共和国城市房地产管理法》第 18 条的规定，土地使用者需要改变土地使用权出让合同约定的土地用途的，必须取得出让方和市、县人民政府城市规划行政主管部门的同意，签订土地使用权出让合同变更协议或者重新签订土地使用权出让合同，相应调整土地使用权出让金。因此，对于超出合同约定的部分，可以要求 FZ 公司补交土地出让金，变更合同内容并办理相关手续。

三、JQ2006 项目

（一）项目情况简介

JQ2006 项目位于含光路中段，由陕西 ZY 建筑科技有限公司（以下简称"ZY 公司"）开发建设。项目用地为商业性质。该项目自 2004 年开工建设，于 2008 年初主体框架完工后烂尾至今。项目审批为 11 层，面积 4868 平方米，2005 年办理了《建设工程规划许可证》（编号：碑 009）。建设单位未按审批方案要求，违规加建 8 层，共建 19 层，加建面积约 3809 平方米。目前，该项目已建成建筑面积 8676.98 平方米，销售面积 8388.9 平方米，销售套数 165套，未销售面积 288.08 平方米（含法院查封的 177.16 平方米）。

（二）开发商情况简介

ZY 公司成立于 2000 年 6 月 16 日，注册资金现为 500 万元，经营范围为房地产综合开发咨询、新型建材的研究，开发、建筑智能化技术的开发、建筑材料、装饰材料、金属材料的批发零售、商铺租赁、销售等。该公司共有自然人股东两人，王某系该公司法定代表人，持股比例80%，任执行董事。程某，持股比例为20%，系该公司监事。目前，该公司处于吊销但未注销状态。

目前，ZY公司已经被X市B区人民法院纳入失信人名单，该公司法定代表人王某被X市B区人民法院、X市新城区人民法院限制消费。ZY公司目前涉诉30余起民事案件，分别为房屋买卖合同纠纷、金融借款合同纠纷、借款合同纠纷、保证合同纠纷、租赁合同纠纷等。

（三）项目涉及的问题

1. 对ZY公司违法建设也未处理。超出规划审批部分3808.98平方米未交违建罚款、土地出让金、配套设施等费用；

2. ZY公司无法完成后续施工。

（四）法律分析

1. 关于ZY公司违法建设

（1）根据《中华人民共和国城乡规划法》第43条的规定，建设单位应当按照规划条件进行建设。ZY公司没有按照规划许可证中的内容进行建设，加建8层的行为应当按照相关法律法规进行处罚。

（2）按照《中华人民共和国城市房地产管理法》第18条的规定，土地使用者需要改变土地使用权出让合同约定的土地用途的，必须取得出让方和市、县人民政府城市规划行政主管部门的同意，签订土地使用权出让合同变更协议或者重新签订土地使用权出让合同，相应调整土地使用权出让金。

2. 关于中宇公司无法完成后续施工的问题

从法律风险的角度分析，ZY公司目前涉案众多，已被列入失信人名单且处于吊销但未注销状态，该公司法定代表人被法院限制消费。即ZY公司无法获得新的资金来源。即便通过政府协调等方式通过贷款或其他融资渠道取得续建JQ2006项目的资金，可导致轮候执行法院执行这笔资金，从而致使ZY公司无力续建JQ2006项目。需要注意的是，政府及下属部门如果在这个过程中为该项目进行担保风险极大。

（五）法律意见

1. 对ZY公司违法建设的行为，可按照《中华人民共和国城乡规划法》及《中华人民共和国行政处罚法》等相关法律法规，对ZY公司予以处罚。

尽管 ZY 公司的账户被查封冻结，营业执照被吊销，但在该公司未注销之前，仍然是可以进行行政处罚的行政相对人，二者并不冲突。

2. 根据《中华人民共和国建筑法》第 61 条之规定，要求 ZY 公司对 JQ2006 项目按照相关国家标准进行相应的质量检测并向 B 区住建局提交质量检测报告，检测不合格的，依照相关法律法规进行行政处罚。

3. 关于补缴土地出让金的问题。根据《中华人民共和国城市房地产管理法》第 18 条的规定，在变更完土地使用权合同内容之后，补缴超出部分的土地出让金即可。

四、YJY 综合公寓项目

（一）项目情况简介

YJY 综合公寓项目位于 X 市 B 区。2004 年 10 月 19 日，陕西 YJ 置业发展有限公司（以下简称"YJ 公司"）通过改制兼并 X 市雁塔副食品公司，取得位于 X 市 B 区的两地块使用权：其中一地块权属证号为西 B 国用 ［2004］第 734 号（企业改制后代管），地类用途为住宅，使用权类型为划拨，使用权面积为 716.3 平方米；另一地块权属证号为西 B 国用 ［2004 出］第 736 号，使用权类型为出让，地类用途为商业，使用权面积为 3472.4 平方米。2006 年，债务人取得权属证号为西 B 国用 ［2006 出］第 755 号的土地证，地类用途变更为住宅，使用权面积变更为 3729.6 平方米。按照规划，该项目包括商业 5 户、住宅 276 户，规划总建筑面积 35 193 平方米，其中地下 3998 平方米，地上 31 195 平方米；规划停车位 164 个（具体以规划局备案的为准）。2010 年规划变更，3 层至 5 层由商业改为住宅，共计 78 户。1 层商业 5 户，2 层商业 2 户，共计 7 户。

目前，该项目共建成房屋总计 363 户，包括人防 1 户（地下二层），地下一层 1 户（库房），商业 7 户（1 层 5 户，2 层 2 户），住宅 354 户（3 层至 5 层 78 户，6 层至 28 层 276 户）。

（二）开发商情况简介

YJ 公司成立于 2000 年 3 月 7 日，现注册资金 6000 万元，经营范围为房地产开发及销售、建筑材料、装饰材料、水暖配件、见家用电器销售、综合配线设计及安装、空调涉及及安装、调试。经历了 4 次增资、6 次股权变更后，该公司目前共有自然人股东三人：孟某，持股比例为 50%；王某，持股比例为 40%；赵某，持股比例为 10%。孟某、赵某均已去世。该公司法定代表人为宫某某，其同时为执行董事及总经理，曹某某为监事。该公司目前处于吊销但未注销营业执照状态。

目前，YJ 公司已经被 X 市 B 区人民法院、X 市新城区人民法院纳入失信人名单，该公司法定代表人宫某某被 X 市新城区人民法院限制消费。YJ 公司目前涉诉 70 余起民事案件，分别为房屋买卖合同纠纷、借款合同纠纷、房屋拆迁安置补偿合同纠纷、建设工程施工合同纠纷等。

（三）该项目涉及的问题

YJY 综合公寓项目目前尚未完工，处于烂尾状态，如何续建、复建。

（四）法律分析

1. 根据《中华人民共和国城市房地产管理法》第 20 条的规定，国家对土地使用者依法取得的土地使用权，在出让合同约定的使用年限届满前不收回；在特殊情况下，根据社会公共利益的需要，可以依照法律程序提前收回，并根据土地使用者使用土地的实际年限和开发土地的实际情况给予相应的补偿。对于 YJY 综合公寓项目，由于长时间未完工，造成的社会影响恶劣，影响社会稳定，属于社会公共利益的需要可以提前收回土地使用权的情况。

2. 根据《中华人民共和国土地管理法》第 58 条的规定："有下列情形之一的，由有关人民政府自然资源主管部门报经原批准用地的人民政府或者有批准权的人民政府批准，可以收回国有土地使用权：（一）为实施城市规划进行旧城区改建以及其他公共利益需要，确需使用土地的……"对于 YJY 综合公寓项目土地使用权的回收即属于出于社会公共利益的需要。

（五）法律意见

1. 由于 YJ 公司已无力完成 YJY 综合公寓项目的建设，根据《中华人民共和国城市房地产管理法》《中华人民共和国土地管理法》的规定，政府可以选择提前收回国有土地使用权，对于 YJ 公司已建成的部分进行补偿，后可以重新将该土地使用权及地上附着物进行招拍挂处理。

2. 也可选择行政收地但不处理纠纷。即行政机关实施收地程序，在对已完成建筑工程价值量进行估价的基础上拍卖建设工程，该项目由受让人继续开发；原债权人，除小业主的预购合同由受让人继续履行外，其他债权人均采取向法院提起民事诉讼的途径解决与房产商之间的经济纠纷（拍卖所得价款进行提存，作为房产商承担经济责任的担保）。

（以下无正文）

陕西明萌律师事务所

2020 年 9 月 13 日

附法律条文

一、《中华人民共和国物权法》

第一百三十八条：建设用地使用权出让合同内容

采取招标、拍卖、协议等出让方式设立建设用地使用权的，当事人应当采取书面形式订立建设用地使用权出让合同。建设用地使用权出让合同一般包括下列条款：（一）当事人的名称和住所；（二）土地界址、面积等；（三）建筑物、构筑物及其附属设施占用的空间；（四）土地用途；（五）使用期限；（六）出让金等费用及其支付方式；（七）解决争议的方法。

二、《中华人民共和国合同法》

第一百一十四条：违约金

当事人可以约定一方违约时应当根据违约情况向对方支付一定数额的违约金，也可以约定因违约产生的损失赔偿额的计算方法。约定的违约金低于造成的损失的，当事人可以请求人民法院或者仲裁机构予以增加；约定的违约金过分高于造成的损失的，当事人可以请求人民法院或者仲裁机构予以适当减少。当事人就迟延履行约定违约金的，违约方支付违约金后，还应当履行债务。

三、《中华人民共和国土地管理法》

第五十八条 有下列情形之一的，由有关人民政府自然资源主管部门报经原批准用地的人民政府或者有批准权的人民政府批准，可以收回国有土地使用权：（一）为实施城市规划进行旧城区改建以及其他公共利益需要，确需使用土地的；（二）土地出让等有偿使用合同约定的使用期限届满，土地使用者未申请续期或者申请续期未获批准的；（三）因单位撤销、迁移等原因，停止使用原划拨的国有土地的；（四）公路、铁路、机场、矿场等经核准报废的。依照前款第（一）项的规定收回国有土地使用权的，对土地使用权人应当给予适当补偿。

四、《中华人民共和国城市房地产管理法》

第十六条　土地使用者必须按照出让合同约定，支付土地使用权出让金；未按照出让合同约定支付土地使用权出让金的，土地管理部门有权解除合同，并可以请求违约赔偿。

第十八条　土地使用者需要改变土地使用权出让合同约定的土地用途的，必须取得出让方和市、县人民政府城市规划行政主管部门的同意，签订土地使用权出让合同变更协议或者重新签订土地使用权出让合同，相应调整土地使用权出让金。

第二十条　国家对土地使用者依法取得的土地使用权，在出让合同约定的使用年限届满前不收回；在特殊情况下，根据社会公共利益的需要，可以依照法律程序提前收回，并根据土地使用者使用土地的实际年限和开发土地的实际情况给予相应的补偿。

五、《中华人民共和国建筑法》

第七条　建筑工程开工前，建设单位应当按照国家有关规定向工程所在地县级以上人民政府建设行政主管部门申请领取施工许可证；但是，国务院建设行政主管部门确定的限额以下的小型工程除外。按照国务院规定的权限和程序批准开工报告的建筑工程，不再领取施工许可证。

第六十一条　交付竣工验收的建筑工程，必须符合规定的建筑工程质量标准，有完整的工程技术经济资料和经签署的工程保修书，并具备国家规定的其他竣工条件。建筑工程竣工经验收合格后，方可交付使用；未经验收或者验收不合格的，不得交付使用。

六、《中华人民共和国城乡规划法》

第四十三条　建设单位应当按照规划条件进行建设；确需变更的，必须向城市、县人民政府城乡规划主管部门提出申请。变更内容不符合控制性详细规划的，城乡规划主管部门不得批准。城市、县人民政府城乡规划主管部门应当及时将依法变更后的规划条件通报同级土地主管部门并公示。建设单位应当及时将依法变更后的规划条件报有关人民政府土地主管部门备案。

七、《中华人民共和国消防法》

第九条　建设工程的消防设计、施工必须符合国家工程建设消防技术标准。建设、设计、施工、工程监理等单位依法对建设工程的消防设计、施工质量负责。

第十条　对按照国家工程建设消防技术标准需要进行消防设计的建设工程，实行建设工程消防设计审查验收制度。

八、《中华人民共和国行政处罚法》

第二十四条　对当事人的同一个违法行为，不得给予两次以上罚款的行政处罚。

九、《最高人民法院关于审理涉及国有土地使用权合同纠纷案件适用法律问题的解释》

第一条　本解释所称的土地使用权出让合同，是指市、县人民政府土地管理部门作为出让方将国有土地使用权在一定年限内让与受让方，受让方支付土地使用权出让金的协议。

第三条　经市、县人民政府批准同意以协议方式出让的土地使用权，土地使用权出让金低于订立合同时当地政府按照国家规定确定的最低价的，应当认定土地使用权出让合同约定的价格条款无效。当事人请求按照订立合同时的市场评估价格交纳土地使用权出让金的，应予支持；受让方不同意按照市场评估价格补足，请求解除合同的，应予支持。因此造成的损失，由当事人按照过错承担责任。

十、《建设用地容积率管理办法》

第四条　以出让方式提供国有土地使用权的，在国有土地使用权出让前，城市、县人民政府城乡规划主管部门应当依据控制性详细规划，提出容积率等规划条件，作为国有土地使用权出让合同的组成部分。未确定容积率等规划条件的地块，不得出让国有土地使用权。容积率等规划条件未纳入土地使用权出让合同的，土地使用权出让合同无效。……

第五条　任何单位和个人都应当遵守经依法批准的控制性详细规划确定的容积率指标，不得随意调整。确需调整的，应当按本办法的规定进行，不得以政府会议纪要等形式代替规定程序调整容积率。

第七条　国有土地使用权一经出让或划拨，任何建设单位或个人都不得擅自更改确定的容积率。符合下列情形之一的，方可进行调整：

（一）因城乡规划修改造成地块开发条件变化的；

（二）因城乡基础设施、公共服务设施和公共安全设施建设需要导致已出让或划拨地块的大小及相关建设条件发生变化的；

（三）国家和省、自治区、直辖市的有关政策发生变化的；

（四）法律、法规规定的其他条件。

十一、《国有土地使用权出让收支管理办法》

第九条　市、县国土资源管理部门和财政部门应当督促国有土地使用权受让人严格履行国有土地出让合同，确保将应缴国库的土地出让收入及时足额缴入地方国库。对未按照缴款通知书规定及时足额缴纳土地出让收入，并提供有效缴款凭证的，国土资源管理部门不予核发国有土地使用证。国土资源管理部门要完善制度规定，对违规核发国有土地使用证的，应予收回和注销，并依照有关法律法规追究有关领导和人员的责任。

十二、《国务院办公厅关于规范国有土地使用权出让收支管理的通知》

七、强化土地出让收支监督管理，防止国有土地资产收益流失

财政部门、国土资源管理部门、人民银行机构以及审计机关要建立健全对土地出让收支情况的定期和不定期监督检查制度，强化对土地出让收支的监督管理，确保土地出让收入及时足额上缴国库，支出严格按照财政预算管理的规定执行。

土地出让合同、征地协议等应约定对土地使用者不按时足额缴纳土地出让收入的，按日加收违约金额1‰的违约金。违约金随同土地出让收入一并缴入地方国库。对违反本通知规定，擅自减免、截留、挤占、挪用应缴国库的土地出让收入，不执行国家统一规定的会计、政府采购等制度的，要严格按照土地管理法、会计法、审计法、政府采购法、《财政违法行为处罚处分条例》（国务院令第427号）和《金融违法行为处罚办法》（国务院令第260号）等有关法律法规进行处理，并依法追究有关责任人的责任；触犯刑法的，依法追究有关人员的刑事责任。

规范土地出让收支管理，不仅有利于促进节约集约用地，而且有利于促

进经济社会可持续发展，对于保持社会稳定，推进社会主义和谐社会建设，以及加强党风廉政建设都具有十分重要的意义。各地区、各部门必须高度重视，坚决把思想统一到党中央、国务院决策部署上来，采取积极有效措施，确保规范土地出让收支管理政策的贯彻落实。

陕西明萌律师事务所

贾海明律师团队

2020 年 9 月 13 日

主题四：信访

一、信访缘起及制度

信访制度源远流长，从尧舜时代到清朝几乎一直存在，古书典籍对其记载颇多。从尧舜时代的"敢谏之鼓""诽谤之木""进善之旌"，到《周礼》中的"以肺石达穷民"，再到晋朝出现、唐宋兴盛的"登闻鼓"，发展到明清时期的"京控""鸣冤鼓""叩阍"等。[1]之后，随着时代的发展与社会的进步，信访亦产生了相应的变化。有学者依据不同的时代背景将中华人民共和国成立后的信访分为三个阶段，分别是大众动员型信访（1951 年 6 月至 1979年 1 月）、拨乱反正型信访（1979 年 1 月至 1982 年 2 月）、安定团结型信访（1982 年 2 月以后）。[2]到了今天，信访主要是指公民以个人或者群体的名义，以书信、邮件、电话、短信、传真、走访等多种形式，与国家的政党、各级人大、各级政府、司法、政协、企事业单位、社区、社团等负责信访工作的机构或人员进行接触，以反映情况、表达意见、请求解决问题为目的，使得有关信访工作的机构或人员采用一定方式对其进行处理的一种制度。在实际之中，信访所涉行为众多、领域广泛、对象庞杂，形成了具有中国特色的信访制度，在实现民主、了解民情、解除民忧、化解矛盾、权力监督等方面发挥了重要作用。

二、信访的特点

自古以来，信访就具有自身鲜明的特点，在改革开放四十余年后的今天，经济飞速发展、社会结构产生重大变化使得我国的信访呈现出了新的特点：

（一）信访组成人员多样

原本信访或许是单人独行或者是零星数人，而现如今的信访背后通常是构成复杂与多元的群体，为收到"理想"的上访反馈，通常会基于"人多力量大"等思想纠集数人以"集体上访"，甚至有与案件无关无涉的人员亦参与

---

[1] 陈柏峰："信访制度的功能及其法治化改革"，载《中外法学》2016 年第 5 期。
[2] 参见应星："作为特殊行政救济的信访救济"，载《法学研究》2004 年第 3 期。

其中，无形之中为上访问题的处理以及解决带来了新的不可控因素。

（二）信访内容趋于复杂

经济飞速发展与社会面貌的焕然一新，外加数年的改革与基层政策变动、各地的城市化与工业化执政理念使得一系列问题不断凸显，原本以邻里纠纷处理、家庭矛盾化解为主要内容的信访变得愈加复杂，转变成以拆迁安置与补偿问题、土地问题、安全生产问题、干部问题、民政救助问题等为主要内容。信访内容变得愈加五花八门、纷繁复杂，变化后的信访内容愈加与群众日常生产、生活紧密贴合在一起，更能反映在"权利意识"不断觉醒之下的人民群众通过信访的方式对实现自身权利的广泛追求。

（三）信访方式多元化

科学技术的发展使得相对简单的信访方式变得更加多元，原本技术的限制使得信访主要以书信的方式进行，随着科技的发展且深入日常生活，手机、电脑等载体成为传递信息的首选，官方网站、微信、微博、贴吧等多元的媒介方式都可能成为大众进行信访的渠道，这使得信访方式与渠道不断多元化。

（四）信访向上集中化

许多能在基层、地方就解决的问题在这种心理作用的主导之下不断向上集中，致使许多信访群众不相信基层、不信任地方。更有甚者，以更加激进的行为引起更高级别的官员注意，以期解决问题。向上集中的信访案件使得我国的信访制度面临挑战，一方面上级政府压力陡增，另一方面不利于基层、地方政府公正形象的树立，进一步激化了社会矛盾。

三、信访的功能

基于上述对于信访的概念定义可知，信访是保障我国公民行使民主权利、依法参与社会事务管理的一种重要方式，对畅通群众诉求表达、收集社情民意、化解矛盾纠纷、维护社会和谐稳定具有不可替代的积极作用。概括来讲，我国目前的信访具有政治参与、权力救济、权力监督、矛盾调节这四个方面的功能。[1]除此之外，还具有纠纷解决机制的替代功能、法律和政策的协商

---

〔1〕　刘晓玉："信访的价值功能、主要特点与治理逻辑"，载《湖州职业技术学院学报》2017年第4期。

功能和社会剩余事务兜底功能。[1]

（一）纠纷解决机制的替代功能

信访制度作为一项极具中国特色的制度，在解决纠纷上的作用毋庸置疑，且其与调解、仲裁、行政复议、诉讼等并存的纠纷解决机制相较，起到了不可取缔的替代和补充作用。在实践中，解决信访问题不仅仅依赖现有的法律与制度，还有调解手段的同时运用。从效果来看，信访尤其对诉讼、行政复议具有功能替代意义。信访所涉及的纠纷各种各样，既有民事纠纷，也有行政纠纷，还有一些牵涉刑事的纠纷。在所有纠纷中，信访与行政诉讼都有一定的相互替代性；在行政纠纷中，信访与诉讼、行政复议具有相互替代性。首先，信访制度运行成本低，最基层的乡镇信访办一年有数百起上访案件，几次上访后大多数问题都可以获得解决。这表明实际上基层信访的系统以低成本的方式解决了大量的纠纷。且相较于调解、仲裁、行政复议、诉讼等纠纷解决机制而言，信访所用的时间成本与经济成本相对较少，两种因素叠加在一起即给信访人以低成本的错觉。其次，信访制度容纳范围大，调解、仲裁、行政复议、诉讼等机制所对应的司法系统或者行政系统对于案件有着相对严格的要求，形式化的要求要符合法律所规定的格式化样态、相关诉求在司法或者行政系统中很难成为独立标的、很多习惯性的权益在受侵害时的相关诉求也许没有合适的法律法规可以救济，但相关内容不回应就有可能导致恶性事件的发生，而信访制度的存在很好地解决了这一问题。最后，信访制度的亲和度高，相较于常常会使底层民众望而生畏的诉讼上的程序性要求，通过信访渠道来解决纠纷就成为亲民的最佳选择了。同时，对抗性的诉讼程序可能导致人与人之间的关系修复更加困难，以致可能在未来的生活中遭遇到相关者的打击报复，其不具有信访后的反复调解的更强亲和性。

（二）法律和政策的协商功能

目前，信访事项主要有三大类。一是民事纠纷，包括家庭矛盾或邻里纠纷、宅基地/承包地纠纷、劳资争议、商业纠纷、交通事故侵权赔偿、医疗事故纠纷等；二是行政争议，涉及拆迁安置、土地征收补偿/建设规划/赔偿问题、宅基地相关问题、滥用行政权力、政府监管不严、执法不严、干部作风问题、民政相关等多方面的问题；三是内部决策和利益纠纷，包括基层自治

---

[1] 陈柏峰："信访制度的功能及其法治化改革"，载《中外法学》2016 年第 5 期。

组织内部的民主决策、外来户土地权益、企业职工利益分配、国企改革安置方案等；四是涉法涉诉，主要是违反程序、裁判不公、司法腐败/不作为等问题。在这些事项中，信访的实质是对法律和政策规则提出协商，要求确立新规则以改变旧规则。一是法律和政策推进方面进行的协商，这种情形发生在一定范围或群体内，包括但不限于要求政府改变已经实施、普遍适用的分配方案或者特定群体要求政府调整既定政策，提供保障和帮助。而在幅员辽阔、各地发展不平衡的中国，受到特定的时空的限制，原本统一的法律法规与政策在各地实施的时候可能会遭遇不同具体情形，而相关利益主体的信访，则为修正、完善、推进法律和政策提供了一种可能性。二是法律和政策执行方面进行的协商，即使存在明确的法律和政策规则，在已有明确法律法规政策规则进行执行的过程中，各方利益主体也可能对其进行规避或抵制，而信访往往在其中充当协调各种利益的协商平台。信访制度可以在协调各方利益的过程中根据现实需要去创制规则，从而对实践需求加以回应，以实现回应人民需求、解决实际困难的功能。

（三）社会剩余事务兜底功能

信访在整个国家机构中的作用比较特殊，极具中国特色的信访制度在西方国家之中是找不到相对应部门的，其所承担的任务与具有的功能也是西方国家机构所不具备的。正是基于它自身所具有的中国特色与特殊性，其才被视为是"人治"的典型，被视为是应当被废除的"剩余部门"，而当前中国最典型的剩余部门以信访机构为首。但是，实际上，关于诉讼、调解、行政复议之外的很多"剩余事务"的兜底功能却由信访机构和信访制度承担。目前来看，除了本应进入诉讼、行政复议等渠道的纠纷，有法律和政策协商意义的事务，信访渠道还接纳了大量剩余事务，至少包括缺乏法定救济渠道的纠纷（如抽象行政行为合理性与内部行政行为等引发的争议）、偏执型上访、"精神病人"上访等事务。剩余事务的存在与解决属于群众工作的一部分，虽然现有的法治原则与程序主义无法对其形成约束，却是实在地对科层结构进行了有力的补充。

四、信访制度现有问题与完善

（一）信访存在问题及成因

中国历史悠久，自政治制度存在以来就有"信访"的影子存在，中华人民共和国成立后 70 余年的今天，信访制度经过时间的变迁与社会的不断发展，也面临着一系列新的问题与困境。如信访工作面临更加复杂的情势与局面、信访案件数量的高居不下、信访内容繁杂、信访渠道多元化、信访活动成规模化、信访机构人员素质亟待提升等问题。但究其成因，也不是单一的，而是多种因素的叠加造就了现如今的信访，成就了现如今的信访制度。主要有以下几个因素：

（1）信访制度设计本身的缺陷。首先，信访职能的界定不清。信访人就信访事项而言，具体的管辖权并不确定，且在实践中，一件信访事项可能会由多个国家机关共同管辖，这就可能导致国家机关之间相互推诿与敷衍，从而导致无法真正有效解决上访的事项。其次是信访机构的混乱庞杂。党与政府都对信访工作予以高度重视，因此有许多信访机构为了方便人民群众开展信访活动。然而，就是在中央到地方、政府到各个部门等都设置信访机构的情况下，如此繁杂的信访机构中却没有一个切实可行的协调机制，以至于各信访机构之间沟通不足，信访效率低下，产生了多次处理、反复信访等不可避免的情况。

（2）社会法律环境的问题。基于我国正处于并将长期处于社会主义初级阶段的国情，还不能有效地做到有法可依、有法必依、执法必严、违法必究，法治国家与法治社会的建设与形成也非一朝一夕可以成就的，诉讼成本过高、司法腐败现象仍旧存在、行政系统与司法系统之间相应制度存在缺陷等问题依然需要解决。

（3）社会政治环境的问题，首先是源于行政权的不断扩张。行政权天然的扩张性使得司法权的正常行使不可避免地受到干涉。在实际中，人民群众盲目依赖行政机构既加重了相关行政机关的工作负担，又使得行政权干预司法权成为可能。其次是部分"关键少数"的执政能力较弱。领导干部这个"关键少数"在某种程度上引领着其单位的发展。领导干部应摒弃官本位思想，听取人民群众的建议与意见，使得信访问题从根本上得到解决。

（二）信访的完善

1. 对信访制度进行设计完善

首先是建立健全信访机构协调机制以更好地处理信访案件，通过对于信访资源的整合来充分发挥信访机构的作用；其次是建立信访处理结果报告制度以增强信访处理结果的透明度；再次是运用科学技术，拓宽信访渠道以丰富信访的方式，以期为人民群众有更加便捷的信访渠道可以选择；最后是通过选拔有文化，了解法律法规，善于协调处理的人员来增强信访工作人员素质。

2. 改善社会法治的环境

首先是将禁止涉法涉诉问题的信访人民法院作解决问题的最后一道防线，并且赋予其具有超然性的地位，这样既可以减少信访案件的数量，减轻信访机构的压力，又可以增强法院的权威，保持人民法院司法权的独立性；最后是对行政诉讼制度和行政复议制度进行完善，将其作为权利救济重要手段。

3. 改善社会政治的环境

首先是将社会政治体制改革进一步推进，我们要想方设法地将不断扩张的行政权力关在法治的笼子里，构建社会主义法治社会，逐渐建设社会主义法治国家，早日形成人民群众尊重法律、信奉法律的社会氛围；其次是发挥外部监督的作用，让人大代表、人民群众等群体的不可替代的监督作用发挥最大化；最后是增强"关键少数"的执政能力，他们要与社会发展需求相适应，以廉洁奉公、遵纪守法的形象赢得人民群众的信赖，始终保持全心全意为人民服务的态度，做到防微杜渐，将社会矛盾在本社会组织中解决，从而在根源上减少信访事项的发生。[1]

五、律师在信访中的作用

信访制度是确保人民群众表达诉求与参与公共事务的重要保障，但当今日趋复杂的信访工作局势，使得掌握专业法律知识的律师群体成为可以调和各方力量的中坚存在。我国《信访条例》第 13 条第 2 款规定："信访工作机构应当组织相关社会团体、法律援助机构、相关专业人员、社会志愿者等共同参与，运用咨询、教育、协商、调解、听证等方法，依法、及时、合理处理信访人的投诉请求。"由此可知，律师介入信访工作既是法律法规的要求，也是现实工作的迫切需要，因此要切实发挥律师在信访工作中的智囊团、宣传员、疏导员和协调员的作用。[2]

---

〔1〕 参见常满："刍议我国信访制度的完善"，载《东南大学学报（哲学社会科学版）》2019年第 S1 期。

〔2〕 参见崔淑霞："论律师在信访工作中的特殊作用"，载《大庆师范学院学报》2014 年第 5 期。

（一）法律协助作用

当法治成为国家治理的基本方式时，信访问题的实质大多是关于法律法规或政策的适用与执行问题，此类型问题的本质是法律问题，解决法律相关问题的思路自然离不开法律思维方式。律师作为接受过系统学习与专门训练的群体，其参与信访工作极具法律专业的优势，他们依靠法律去解决矛盾、处理问题。律师参与信访的方式通常是律师事务所被政府指定为其接访工作组下专设的法律政策小组或合作的律师事务所，专门从事信访中涉法事项的调查、咨询、分析、论证等法律相关的工作，最终提出法律上的处理意见，为政府决策提供法律法规、事实等依据。从法律角度为解决社会矛盾向政府献言进策。在此，律师起到了法律智囊的作用。

（二）法治宣传作用

律师可以将自己参与信访工作的过程转变为普法宣传的过程。在参与信访工作的过程之中，通过审查相关证据材料等，及时指出材料所涉及的瑕疵、漏洞或者其他不足，对法律关系的定性、可诉性、诉讼的风险性、诉求本身的效力性等问题，从法律的专业视角给予解答，以便政府进行合法、合理的处理，使信访人在信访过程中学到相关专业的法律知识。在有需要通过行政的方式去解决的事项时，通过对有关政策的合理性、合法性的宣讲，帮助信访人消除对立情绪，为政府作出正确、合理的决策奠定良好的群众基础。

（三）疏导作用

能够走信访途径寻求解决的矛盾通常积怨已久，有不少当事人不满足相关单位的处理结果，遂坚持"信访不信法"的经常性上访，对抗情绪十分强烈，甚至实施部分过激行为。律师在接访工作中，应当引导当事人理性、有序地表达意愿，并帮其分析非理性行为带来的成本和可能不利的后果，充当疏导员的角色。

（四）矛盾协调作用

一个信访事件工作组的人员通常可能会来自人大、政协、政府、政法委、土地、工商、规划、公安等多个部门，通过借助各个成员单位的优势力量和条件，对信访事项所涉及的不同领域或部门的问题，进行合理的分工，并且将律师分派到各个成员单位或其他小组以建立信息联络员制度；律师在进行查阅档案、案卷资料、调取证据等工作的时候需要有关部门的积极配合，工作领导小组对此需要建立联席协调制度；处理重大敏感的政策与法律冲突的问题时，由律所成员集体讨论，形成不同的解决方案，再交由工作组研究论证后，呈报政府主要领导决定，建立案件集体讨论制度；对可能引发的次生矛盾问题和潜在纠纷，提前做好法律上的预案，并通报各成员单位，建立信息通报、预案机制；对可以依法作出处理的问题，由法律政策小组拿出处理意见报工作组批准后，交由有关执法部门、司法机关处置，建立联动执法机制。

附件一：

陕西明萌律师事务所

关于【罗某某信访案件】

法律意见书

致：【TYL 街道办事处】

陕西明萌律师事务所接受【TYL 街道办事处】（简称【TYL 街办】）的委托，就信访人罗某某信访案件出具法律意见书后，本所特指派贾海明律师团队负责办理该委托事项。现经办理律师审阅贵单位提供的《信访人罗某某资料》，通过分析整个信访案件，根据《信访条例》《中华人民共和国行政处罚法》等相关法律法规及其他规范性文件的相关规定，按照律师行业公认的业务标准、道德规范和勤勉尽责精神，为【TYL 街办】信访人罗某某的信访事宜，出具本法律意见书。

第一部分　声明

为出具本法律意见书，本所声明如下：

（一）本所律师系依据本法律意见书出具日以前已经发生或存在的事实，并基于对有关事实的了解和对我国现行、公开的法律、法规、规章、司法解释及政府部门相关规定之理解发表法律意见；

（二）对于无法得到独立证据支持的事实，本所律师依赖于有关政府部门和机构（简称"资料提供方"）出具的确认函、说明、意见书或证明文件出具本法律意见书；

（三）在阅读本法律意见书时所有章节应作为一个整体，不应单独使用。本所律师未授权任何单位或个人对本法律意见书作任何解释或说明；各项标题只为方便参考而设，法律意见书的内容以正文为准；

（四）本法律意见书是本所律师截至出具日对题述事项的最终、完整和唯一的法律意见。

第二部分 假设

本所出具本法律意见书基于以下假设：

（一）资料提供方提供了为出具本法律意见书所必需的及时、真实、完整、准确的原始书面材料、副本材料或者口头证言，递交给本所的文件上的签名、印章真实，所有副本材料和复印件与原件一致，且除非另有说明，自资料、信息提供之日至本法律意见书出具之日未发生任何事件、变化或情势导致本所无法依赖该等资料、信息出具本法律意见书；

（二）资料提供方不存在任何未向本所披露的事实情况或其他安排，导致影响前述文件的法律效力或影响本所发表的法律意见。

第三部分 正文

一、案件基本情况

罗某某，女，汉族，197×年×月××日出生，身份证号×××××××××××××××××，现住标新街×号。

罗某某信访事件起因于×市公安局雁塔分局等驾坡派出所 2015 年 5 月 20 日对其作出的雁公（等）行罚决字［2015］1065 号《行政处罚决定书》给予警告并当场训诫实行的行政处罚。罗某某本人对该行政处罚不服，遂提起行政诉讼，并经雁塔区人民法院一审、×市中级人民法院二审、陕西省高级人民法院院再审，均未予支持其诉请。详情如下：

（一）根据×市雁塔区人民法院［2015］雁刑初字第 00089 号行政判决可知

1. 上访人行政诉讼的诉请：2015 年 6 月 8 日罗某某以×市公安局雁塔分局等驾坡派出所为被告，提起行政诉讼，要求：（1）撤销雁塔分局等驾坡派出所作出的雁公（等）行罚字［2015］1065 号《行政处罚决定书》；（2）对打人凶手王某某进行处罚；（3）对办案警察给予行政处分；（4）雁塔分局等驾坡派出所向其赔礼道歉。

2. 法院查明的案件事实：2015 年 4 月 14 日，罗某某和王某某因工作琐事在单位办公室发生撕扯，后单位保卫科报警，等驾坡民警出警后，进行调查询问，并制作询问笔录。2015 年 5 月 20 日，雁塔分局等驾坡派出所作出雁公（等）行罚决字〔2015〕1065 号《行政处罚决定书》，决定给予罗某某及王某某警告的行政处罚，并由民警当场训诫。罗某某在该处罚决定书上拒绝签字，后罗某某不服该处罚决定，遂提起诉讼。

3. 一审法院判决：驳回罗某某要求撤销雁塔分局等驾坡派出所的雁公（等）行罚决字〔2015〕1065《行政处罚决定书》之诉请；驳回罗某某要求雁塔分局等驾坡派出所赔礼道歉之诉请。

（二）根据×市中级人民法院〔2016〕陕 01 行终 17 号行政判决可知

1. 上访人行政诉讼的诉请：（1）撤销原审判决；（2）撤销雁塔分局等驾坡派出所作出的《行政处罚决定书》；（3）对打人者王某某进行处罚；（4）对办案警察及行政机关领导的违法违纪行为移交检察机关处理；（5）要求雁塔分局等驾坡派出所赔礼道歉并承担诉讼费用。

2. 法院查明的案件事实：一审判决查明事实属实。

3. 二审法院判决：驳回上诉，维持原判。

（三）根据陕西省高级人民法院再审〔2016〕陕行申 510 号行政裁定书可知

1. 上访人诉请：（1）撤销一、二审判决；（2）撤原《行政处罚决定书》；（3）对打人者王某某进行处罚；（4）赔偿因行政处罚给其造成的一切经济损失并向其赔礼道歉；（5）追究雁塔分局等驾坡派出所妨碍法庭调查作伪证、提供虚假证明材料的违法责任。

2. 查明事实：2015 年 4 月 14 日，罗某某和王某某因工作琐事在公司办公室发生撕扯，后公司保卫科报警称公司员工在办公室打架，影响正常办公秩序，造成他人无法正常办公，要求出警处理。等驾坡派出所出警后，依照公安机关办案程序，在询问当事人的基础上，根据报警材料、报案笔录、证人证言等相关证据，认定罗某某实施了扰乱单位秩序，尚未造成严重损失的行为，认定事实清楚，主要证据充分。在执法程序中，等驾坡派出所不仅依法制作了讯问笔录，而且在对罗某某作出处罚之前，向其告知了拟作出行政处罚决定的事实、理由及相关陈述申辩权利。一、二审判决认定事实清楚、适用法律正确，判处并无不当。

3. 再审结果：裁定驳回罗某某的再审申请。

二、案件存在的困难和问题

罗某某上访案件的起因是其与办公室的同事产生口角而被公安机关给予警告的行政处罚，该警告的行政处罚是同时给予产生争吵的两人的，而罗某某认为该行政处罚对其不公，一直对已经当场执行完毕的训诫处罚不服，而且经过一审、二审、再审的行政诉讼程序，其所主张的诉请亦未得到支持。

该案件起因并不严重，而且案件矛盾所产生的焦点亦比较小，重点在于做好罗某某本人的思想工作，正确引导罗某某的思想认识。

四、法律建议及对策

（一）明确罗某某信访事件不属于政府信访受理范围

1. 罗某某信访事件是对公安机关的具体行政处罚行为不服，而且对于该事件已经提起了行政诉讼，且经过一审、二审以及再审程序。根据《信访条例》（2005 年）第 21 条第 1 款第 1 项："（一）对本条例第十五条规定的信访事项，应当告知信访人分别向有关的人民代表大会及其常务委员会、人民法院、人民检察院提出。对已经或者依法应当通过诉讼、仲裁、行政复议等法定途径解决的，不予受理，但应当告知信访人依照有关法律、行政法规规定程序向有关机关提出。"因此，罗某某信访事件应通过司法程序进行处理，不属于政府部门信访案件受理范围。

2. 另根据公安部颁布的《公安机关信访工作规定》第 18 条第 1 款"各级公安机关受理信访人对本级公安机关及其派出机构和民警的职务行为反映情况，提出建议、意见或者投诉请求等信访事项"以及第 19 条"地级公安机关受理信访人对县级公安机关的信访事项处理意见不服提出的复查请求。省级公安机关受理信访人对地级公安机关的复查意见不服提出的复核请求"可知，罗某某可向区公安局反映派出所机构和民警的职务行为；对于区公安局处理意见不服的，可以向市公安局提出复查请求；对于市公安局复查意见不服的，可以向省公安厅提出复核请求。通过这一法定程序反映其诉求，使其所反映问题的真伪在一级一级的审查中愈辩愈明。

3. 根据《人民检察院行政诉讼监督规则（试行）》第 5 条的规定，当事人认为再审判决、裁定确有错误的，当事人可以向人民检察院申请监督，可知罗某某所上访案件虽经省高院再审，其仍可寻求检察院监督程序来依法维权。

（二）做好罗某某的思想动员及生活关心工作

根据罗某某本人的实际情况，结合基层政府的具体政策，确定其是否符合相关经济救助或者倾斜对象，尽量给予其一定的经济扶持，减少其心理的不满及怨恨。同时，对其做好释法工作，明确告知闹访、缠访的法律后果，必要时可通过对其家人做一定的思想工作，让家人对其动之以情晓之以理，消除其不正常的信访心理。

综上所述，在向罗某某明确其所反映的事件不属于政府部门受理信访事件范围的同时，应做好对其的释法动员工作以及生活上的人文关怀。

本法律意见书正本一式【壹】份，无副本。

（以下无正文）

陕西明萌律师事务所

经办律师：贾海明律师

2017 年 6 月 1 日

附件二：

陕西明萌律师事务所

关于【周某某信访案件】

法律意见书

致：【CAL 街道办事处】

陕西明萌律师事务所接受【CAL 街道办事处】（以下简称【CAL 街办】）的委托，就信访人周某某信访案件出具法律意见书，本所特指派贾海明律师团队负责办理该委托事项。现经办理律师审阅贵单位提供的相关信访案件资料，通过分析整个信访案件，根据《中华人民共和国信访条例》等相关法律法规及其他规范性文件的相关规定，按照律师行业公认的业务标准、道德规范和勤勉尽责精神，为【CAL 街办】信访人周某某的信访事宜，出具本法律意见书。

第一部分　声明

为出具本法律意见书，本所声明如下：

（一）本所律师系依据本法律意见书出具日以前已经发生或存在的事实，

并基于对有关事实的了解和对我国现行、公开的法律、法规、规章、司法解释及政府部门相关规定之理解发表法律意见；

（二）对于无法得到独立证据支持的事实，本所律师依赖于有关政府部门和机构（简称"资料提供方"）出具的确认函、说明、意见书或证明文件出具本法律意见书；

（三）在阅读本法律意见书时所有章节应作为一个整体，不应单独使用。本所律师未授权任何单位或个人对本法律意见书作任何解释或说明；各项标题只为方便参考而设，法律意见书的内容以正文为准；

（四）本法律意见书是本所律师截至出具日对题述事项的最终、完整和唯一的法律意见。

第二部分 假设

本所出具本法律意见书基于以下假设：

（一）资料提供方提供了为出具本法律意见书所必需的及时、真实、完整、准确的原始书面材料、副本材料或者口头证言，递交给本所的文件上的签名、印章真实，所有副本材料和复印件与原件一致，且除非另有说明，自资料、信息提供之日至本法律意见书出具之日未发生任何事件、变化或情势导致本所无法依赖该等资料、信息出具本法律意见书；

（二）资料提供方不存在任何未向本所披露的事实情况或其他安排，导致影响前述文件的法律效力或影响本所发表的法律意见。

第三部分 正文

一、案件基本情况

周某某，男，19××年×月××日出生，汉族，退休，户籍地北京市海淀区玉泉路××号，现住北京市海淀区××路××号。

周某某信访事件起因如下：周某某母亲曹某某有三个子女，分别为长子周某某、老二周某1、老三周某2。周某某认为母亲曹某某死亡时所遗留的位于×市B区南郭路1号西堪院生活区房产被周某1所霸占，为此事特申请西堪社区居委会对此纠纷进行调解。2014年8月22日，西堪社区党支部书记、居委会主任、社区工作人员与周某1一同前往周某1住处了解事件发展情况并意欲开展调解工作。在周某1住处时，在场的周某1的女儿曹某与周某某双方情绪激动、言语不合，直接导致了调解工作无法继续进行。2014年8月23日上午，周某2与周某某在西堪院小区房产内发生言语冲突并引发肢体推搡，致周某某受伤。经×市红会医院诊断，周某某为上肢软组织损伤。经B区CAL派出所出警调查，决定给予周某2罚款500元的行政处罚。

周某某认为，CAL派出所未对教唆周某2出手打伤自己的曹某进行处理，故不服该决定，并向×市公安局B区分局提出复议，复议机关驳回了周某某的申请，周某某不服遂向B区人民法院提起行政诉讼。2015年4月30日B区人民法院作出［2015］B行初字第00041号行政判决书，责令CAL派出所自判决生效后10日内对周某某认为曹某侵犯其人身权利的报案作出行政行为。2015年6月2日和6月23日，CAL派出所分别对曹某和参与周某某调解事项的工作人员进行调查并制作笔录。2015年10月11日，CAL派出所向周某某作出《关于对曹某不予处罚的回复》，认为曹某不存在周某某所举报的违法行为，故对曹某不予行政处罚。后周某某对该行政行为不服，于2016年1月21日向B区人民法院提起行政诉讼，要求法院撤销CAL派出所作出的《关于对曹某不予处罚的回复》，判令CAL派出所对曹某侵犯其人身权的行径依法进行治安管理处罚，经［2016］陕0103行初16号行政判决书判决，B区人民法院驳回了周某某的上述诉请。周某某对该一审行政判决不服，向×市中级人民法院提起上诉，2016年10月12日×市中级人民法院作出［2016］陕01行终405号行政判决书，判决驳回周某某上诉，维持原判。

另，2016年7月，周某某曾向CAL街办投诉、反映并提交信访材料，CAL街办作出处理后，周某某不服处理结果，向B区信访事项复查复核委员会办公室提出复查。从其复查申请事项中得知，周某某的主要诉求为：对人民调解人员在处理其调解案件中，利用职务偏袒曹某、周某2、周某媛的行为进行处理；对人民调解人员在面对公安机关调查询问笔录中，回避、歪曲事实真相、包庇曹某的行为进行认定；查明人民调解人员利用职务之便，在法庭上诬陷信访人、作伪证的事实；依据行政人员工作条例或准则，对人民调解人员进行政纪处理并通报西堪院相关部门；对人民调解人员触犯党纪条例的行为，向西堪院博水公司纪检监察提出对其追究党纪责任的建议。

二、案件存在的困难和问题

（1）该案件的根本起因在于周某某、周某1、周某2三个子女对曹某某老人死亡时所遗留的西勘院房产纠纷问题。故产生了西堪社区党支部书记、社区主任及社区工作人员参与协调处理纠纷，在周某1住处协调处理纠纷时，周某1之女曹某与周某某矛盾激化，故未能达成调解意向，并因周某1的拒绝调解，直接导致了调解工作的终止。后周某2将周某某打伤，周某某认为是曹某教唆，后经公安机关调查，认为曹某不存在周某某所举报的侵害其身体健康的行为，故对曹某不予处理。公安机关在调查的过程中涉及对曹某、人民调解人员的询问笔录，而周某某认为人民调解人员串通曹某面对公安机关调查时，对事实作虚假陈述，导致公安机关认定错误。在行政诉讼中，人民调解人员出庭作证.时，亦作出虚假陈述，作了伪证，故最终导致曹某未受治安管理处罚，逍遥法外。周某某对人民调解人员进行纪检、信访等投诉时，又认为接待其投诉的工作人员存在包庇、偏袒、不能秉公执法等问题。

（2）该案件的主要问题在于周某某本人已经对于其与周某1、周某2兄妹之间的矛盾产生了先入为主的看法，认为其霸占其母曹某某的财产，但是因其所主张的他们兄妹内部所发生的事情，在无证据证实的情况下，作为调解人员或者外部人员，是无法判断谁是谁非的。而且，人民调解工作的本身就是为了缓和矛盾，促使当事人各方各退一步、互谅互让，没有权利亦没有能力向法庭审理案件一样去调查取证并进行判决。调解工作的开展以及最终调解协议能否达成很大程度上取决于双方当事人的意愿以及接受调解的程度。

作为处理本案件的工作人员，只能尽力协调矛盾双方，无法强迫任何一方达成调解协议，或者说在调解协议中偏袒一方。周某某的投诉和信访资料中提及的很多家庭内部之间的事宜，作为工作人员只能本着化解纠纷矛盾的立场去协调和解决。最终，周某某认为其主张的诉求未予得到支持，而不断地对参与过该案件的工作人员进行投诉、信访。

三、法律建议及对策

（一）对周某某各项诉请的法律分析

1. 人民调解人员在人民调解过程中，利用职权偏袒一方当事人的问题

人民调解人员应周某某申请前往周某1家中进行调解是根据当事人的授权，根据《中华人民共和国人民调解法》第23条"当事人在人民调解活动中享有下列权利：……（二）接受调解、拒绝调解或者要求终止调解……"而根据当天前往周某1家中时，周某1的反应，因其拒绝调解，直接导致了调

解工作不能进行。而且双方当事人并未就调解事项达成任何口头或者书面协议，故在调解未果的前提下，调解工作对于双方矛盾的解决是没有产生效果的，人民调解人员偏袒一方当事人的行为具体体现在哪一方面，这个无法确定。在无证据证明调解人员在调解工作中偏袒一方当事人，且双方根本未达成调解协议的情况下，对此投诉无法给予肯定回复。

2. 人民调解人员在公安机关询问笔录中的事实陈述问题

根据周某某的举报，强调人民调解人员 2015 年 6 月 23 日公安笔录中，在向公安机关作证中称"这套房子是曹某某的，之前一直是曹某某和周某 1 一起生活的"与曹某在公安机关 2015 年 6 月 2 日公安笔录中作证声称的"房子是我和母亲还有姥姥一起住的"存在串通一致作伪证的情况。

公安机关调查询问时，任何人均有协助义务，而且被询问、调查人员陈述的都是自己所认知的事实。各方调查人员所陈述的事实是否可信以及可信程度均由公安机关进行认定。而且公安机关询问人民调解人员事件的重点是在于曹某是否存在教唆周某 2 向周某某动手导致周某某受伤的事实。人民调解人员陈述的自己所知晓的事实（可以是自己所见到或者所听闻的）不论是不是与曹某所说的自己和母亲一直与姥姥一起生活在这个房子对于是否应该给予曹某治安管理处罚无关。

故在公安机关询问笔录中的陈述属于个人对于自己所知晓的事实的陈述，而且该事实对处罚事项的认定并不存在影响，故不存在作伪证的问题。

3. 关于曹某某物权被侵害的基本事实

曹某某在西塬院所有的房屋在其过世后依法属于遗产，在没有遗嘱继承的情况下，应该适用法定继承，由全部子女进行继承。而且自曹某某死亡之时，该房屋即属于全体法定继承人所共有，在全体继承人进行分配之后，取得各自应有份额。现周某 1、周某 2 就算是侵犯了其财产权利，侵犯的也应该是其遗产继承权利，曹某某的物权自其死亡时，已经归于全体继承人所共有，已经不存在侵占曹某某物权的法律依据。

故周某某若认为周某 1 或者说曹某侵犯其遗产继承权利，在其他继承人周某 2、周某 1 不同意人民调解的情况下，应当依法向房产所在地的人民法院提起民事诉讼，要求对遗产进行分割，依法维护自身的合法权益。

4. 人民调解人员利用职务之便，在法庭上诬陷周某某，并作伪证的事实

在涉及人民调解人员作伪证的案件中，属于周某某起诉 CAL 派出所治安

行政处罚行政纠纷一案证据中的证人证言。该行政案件的审理焦点在于认定CAL派出所对曹某不予行政处罚的具体行政行为的合法性和合理性。因周某某与周某2发生打架纠纷时人民调解人员并未在场，其仅能对8月22日前往周某1家中所发生的事项进行陈述，周某某所说的其与曹某在其他场合发生的争执因二人并未在场，无法进行作证。该二人当时在法庭的证言是对公安机关当时向其做询问笔录的内容进行的陈述，属于行政案件中的CAL派出所具体行政行为合法性的认定中的相关证据，适用的是行政诉讼法中的证据出示规定，而非人民调解工作。

至于周某1、曹某是否与曹某某一直居住于该房屋，不影响周某某对其应有遗产的继承权。而且人民调解人员所说的曹某、周某1与曹某某一直居住于该房屋是基于其所知晓或者了解的事实，法庭中证人证言的真实性以及采信程度均由法院进行认定。周某某也可对证人证言的真实性提出合理怀疑，若足以使法官相信，则法院将不予认定该证人证言。

若周某某坚持认为人民调解人员在其提起行政诉讼案件的法庭审理中作虚假陈述、伪造证据，妨碍人民法院审理案件的，周某某可根据《行政诉讼法》第59条的规定，申请人民法院进行处理，届时由人民法院决定是否应采取相应的行政强制措施。

5. 依据行政人员工作条例或准则，对人民调解人员进行政纪处理并通报西堪院相关部门事宜，对人民调解人员触犯党纪条例的行为，向西堪院博水公司纪检监察提出对其追究党纪责任的建议

根据《中华人民共和国城市居民委员会组织法》第19条："前款所列单位的职工及家属、军人及随军家属，参加居住地区的居民委员会；其家属聚居区可以单独成立家属委员会，承担居民委员会的工作，在不设区的市、市辖区的人民政府或者它的派出机关和本单位的指导下进行工作。……"可知，西勘院社区是属于B区政府的派出机关CAL街办和本单位即中国电建集团西北勘测设计研究院有限公司进行指导工作的。根据该法第2条"居民委员会是居民自我管理、自我教育、自我服务的基层群众性自治组织"，CAL街办对于西勘院社区是指导关系，而非领导和管理关系。居民委员会的主任亦由民主选举产生，且人民调解人员本人亦并非CAL街办辖区范围内的公务人员，其身份为西安博水商务有限公司正式职工，故CAL街办或者是B区政府均无权按照《中华人民共和国公务员法》《中华人民共和国行政监察条例》等规

定对人民调解人员进行处理。

关于周某某所投诉的要求对人民调解人员进行党纪处分的诉请，对于党纪处分主要依据是《中国共产党纪律处分条例》《中国共产党党内监督条例》和《中国共产党廉洁自律准则》等党的各项规章制度。党的相关规章制度均适用于中共党员，党的各级纪律检查委员会是党内监督的专责机关，履行监督执纪问责职责，加强对所辖区范围内党组织和领导干部遵守党章党规党纪等情况进行监督检查。故若人民调解人员均系党员，且其党组织关系均未隶属于 CAL 街办党委，则应由其隶属党委的纪律检查委员会对周某某的投诉、举报进行调查并回复。

因 CAL 街办对西堪社区为指导关系，故其无权干涉西堪社区单位及纪检部门对人民调解人员的调查和处理工作。且 CAL 街办已经就此事向西堪社区单位中国电建集团西北勘测设计研究院有限公司进行了对接和反映，西堪单位亦协调了西安博水商务有限公司纪律检查委员会进行调查处理，并出具了书面核实报告。经调查认定周胜斌在处理调解纠纷中不存在违规调解问题，不存在违反党纪问题。CAL 街办已经在其职权范围内履行了指导、沟通、协调、联系、配合的义务。

（二）处理对策

1. 明确告知周某某：人民调解人员不属于行政机关工作人员，其人事隶属关系属于西安博水商务有限公司（为中国电建集团西北勘测设计研究院有限公司投资设立)，投诉和处理依据不能根据公务员的政纪处理的相关规定进行。

2. 社区居委会为居民自治组织，且西堪社区属于西勘院成立的企业家属委员会性质的社区，CAL 街办对其是指导关系，而非领导或者隶属关系。CAL 街办不能对社区及其部门下达指令或者责令其作出相关行为。

3. 人民调解人员在行政诉讼案件的中的证人证言，如果认为存在作伪证的情况，应当向审理案件的法院提出核实申请，核实情况后，由法院依法进行处理。

4. 关于周某某要求对人民调解人员在对公安机关调查询问笔录中，回避、歪曲事实真相、包庇曹某的行为进行认定。因询问笔录为派出所在对治安管理处罚案件调查过程中所收集的证据材料，而伪证罪、窝藏包庇罪均特指"刑事诉讼中、明知为犯罪人"的情况，周某某主张的人民调解人员的行为与相关罪名并不相符。若周某某认为办案派出所在调查案件事实过程中，周某某、陈某某作陈述虚假，可向办案派出所提供证据或者线索，由派出所确定是否将人民调解人员的询问笔录作为作出相关具体行政行为的证据。

5. 关于周某某认为曹某霸占其母曹某某的遗产事宜，应根据《中华人民共和国继承法》的相关规定提起民事诉讼，由法院对争议房屋各方应继承的权利进行确定，行政机关无权干涉平等民事主体之间的权利义务纠纷，应依法通过诉讼渠道解决。

6. 人民调解工作的开展以各方当事人的自愿为前提，若一方当事人不自愿或者拒绝调解，人民调解工作是无法继续进行的，应予终止。各方当事人应寻求司法途径解决，若争议中产生其他人身损害，涉嫌治安处罚或者刑事犯罪的，应及时报案处理。

7. 对于人民调解人员是否违反党纪问题，其党组织管理隶属的纪律检查委员已经作出认定，CAL 街办对此也进行了沟通和协调。

8. 关于曹某某在西堪院的房屋，自曹某某死亡时已经发生了法定继承（无遗嘱的情况下），周某某、周某1、周某2均享有继承权。不管房产证现由谁保管，若该房屋确为曹某某所有，在其他继承人侵犯了自身继承权的情况下，任一继承人均有权向人民法院提起诉讼，主张维护自身的合法权益。

本法律意见书正本一式【壹】份，无副本。

（以下无正文）

（法律意见书签署页）

陕西明萌律师事务所

经办律师：贾海明律师

2017 年 8 月 23 日

案例一

【问题提示】

认为行政机关没有依法支付抚恤金、最低生活保障待遇或者社会保险待遇的，属于行政诉讼的受案范围；但是在行政机关尚未对支付待遇申请作出处理之前，申请人提起诉讼请求法院判决行政机关履行具体的给付义务的，法院是如何处理的？

【案情】

原告：徐某某

被告：X市B区民政局

原告徐某某自2012年9月开始享受X市最低生活保障金。B区民政局于2017年10月30日作出《B区最低生活保障停发通知书》，内容：因徐某某及其丈夫均有劳动能力，建议就业，从2017年11月起停发徐某某家庭最低生活保障待遇。同年11月10日NYM社区向徐某某送达了B区民政局作出的《B区最低生活保障停发通知书》。徐某某不服该停发通知书，于2018年2月27日提起诉讼。期间，B区民政局于2018年2月重新给徐某某核发了低保证，并向徐某某发放了最低生活保障待遇。2018年4月19日，XA铁路运输法院作出［2018］陕7102行初505号行政判决书，内容为：一、撤销B区民政局于2017年10月30日作出的《B区最低生活保障停发通知书》；二、B区民政局在本判决发生法律效力后恢复徐某某2017年11月、12月及2018年1

月的最低生活保障待遇（金额以当月实际动态核算为准）。庭审期间，徐某某、B区民政局均认可"B区民政局以目前确定的标准向徐某某实际发放的低保待遇金无异议，争议是徐某某是否能够按照'三无'人员标准享受最低社会生活保障"。另查明，2018年5月22日，B区民政局针对徐某某的申请作出《关于徐某某提高低保金申请的回复》，内容为："根据《X市最低生活保障工作规程》的相关规定，请您向街道办事处提出申请，且提供家庭成员和家庭经济状况变化情况的相关证明材料，经街办复核后，根据复核情况报区民政局办理低保调整手续。"2018年11月12日，南院门街道办事处作出《关于徐某某提高低保金申请的回复》，内容为："我街道社会救助工作人员于2018年11月9日上午将您要求增加最低生活保障金的书面申请提交至X市B区民政局低保科。区民政局低保科工作人员根据《X市最低生活保障工作规程的相关规定》，决定维持您家庭原最低生活保障金额不变。我街办工作人员于2018年11月9日上午电话通知您丈夫王某某关于B区民政局低保科对您家庭要求增加最低生活保障金的回复。"

徐某某不服，诉至法院请求：一、请依法判令确认被告自2017年11月起每月给付原告最低生活保障待遇金857元的行政行为违法；二、判令被告按照法律规定每月给付原告最低生活保障金1980元及孩子的补助；三、判令被告补发原告2017年11月至2018年12月少发的最低生活保障待遇金（2017年11月至2018年1月少发2742元，2018年2月至12月少发12 353元）；四、本案诉讼费由被告承担。

【一审裁判】

一审法院认为，本案的争议焦点是原告徐某某是否能够按照"三无"人员标准享受最低社会生活保障。根据《社会救助暂行办法》第3条第2款、第11条，《陕西省社会救助办法》第14条的规定，县级人民政府民政部门是审批最低生活保障的责任主体，本案被告X市B区民政局具有向原告核发最低生活保障待遇的职权。

根据市民发〔2016〕169号《X市民政局、X市财政局关于对城乡低保对象中的特困人员实施分类施保有关问题的通知》，第一部分——适用对象：城市"三无"人员。市民发〔2018〕127号《X市民政局、X市财政局关于印发〈X市最低生活保障工作规程〉的通知》第三章：申请、审核和审批程序，该部分确定最低生活保障申请、审核、审批工作按照居民申请，镇人民政府（街道办事处）受理、审核，区县民政局审批的程序实施。本案中，原、被告对被告以目前确定的标准向原告实际发放的低保待遇无异议，焦点是原告是否能够按照"三无"人员标准享受最低社会生活保障，被告现有证据无法证实原告应当依法享受的分类施保的对象是否能被认定为"三无"人员，考虑到原告能否被认定为"三无"人员需经过有关的认定程序，人民法院不宜直接以司法权的形式行使行政机关的行政职权，因此，由具有法定审批职责的行政主体即被告 B 区民政局在法定期限内重新对原告的申请作出审批，符合法律规定和保护当事人合法权益的需要。鉴于此，对原告请求判决被告 B 区民政局对原告依法支付最低生活保障"三无"人员（即特困供养人员）待遇的诉讼请求 [①请依法判令确认被告自 2017 年 11 月起每月给付原告最低生活保障待遇金 857 元的行政行为违法；②判令被告按照法律规定每月给付原告最低生活保障金 1980 元及孩子的补助；③判令被告补发原告 2017 年 11 月至 2018 年 12 月少发的最低生活保障待遇金（2017 年 11 月至 2018 年 1 月少发 2742 元，2018 年 2 月至 12 月少发 12 353 元）]，该院不予支持。依照《行政诉讼法》第 70 条第 1 项之规定，判决：①被告 B 区民政局继续按照其已经认定的原告徐某某享受的最低生活保障待遇标准发放最低生活保障待遇金；②责令被告 B 区民政局在本判决发生法律效力之日起 10 日内对原告徐某某提交的《申请》重新作出行政审批决定；③驳回原告徐某某的其它诉讼请求。本案诉讼费 50 元，由被告 B 区民政局承担。

【上诉情况】

徐某某上诉称，本案一审法院查明、认定事实错误，改变上诉人的诉讼目的，判决没有依据，明显偏袒被上诉人。一审法院认为，原告对被告目前确定的标准向原告发放低保待遇无异议，争议是原告能否按照"三无"人员标准享受最低生活保障，这是明显的错误认定，在一审诉讼中，原告已说明，因被告违反政府规定降低原告的低保待遇才提起诉讼。一审法院回避了原告的诉讼目的。关于"三无"人员标准也是政府规定的，但原告认为自己符合政府规定的"三无"人员，在庭审中提出只是作为能够证明被告降低原告低保金的一种证据证明，并不是单一的证据焦点。一审无视了《X 市民政局、财政局关于提高城乡最低生活保障标准的通知》（市民发［2017］351 号）第

1 条第 1 款的规定，从 2017 年 10 月 1 日起，城市居民最低生活保障标准月提高 50 元及市民发［2018］332 号第 1 款第 1 项规定，从 2018 年 7 月 1 日起，城市居民最低生活保障标准月提高 20 元，即由现在的 640 元/人·月，提高到 660 元/人·月之规定，对被告未提供证据证明降低原告低保金的违法行为不予纠正，实属错判。首先，上诉人低保金被停发前每月 1771 元，后被上诉人履行原判决补发上诉人原停发期间低保金按每月 857 元，连停发前一半都没有，这是报复行为。上诉人的低保金被违规降低后多次要求被上诉人作出解释，被上诉人没有作出合理说明。因此，被上诉人降低保障金标准违反政府规定，也违反原审生效判决，希望二审依法纠正。其次，2018 年 2 月，被上诉人给上诉人重新办理了最低生活保障，每人每月 220 元，这种核定没有法律依据，也违反政府规定。上诉人一家四口共同生活，享受低保金的三人的低保标准明显偏低。被上诉人维持上诉人家庭原低保金额不变，对上诉人含糊回复，上诉人至今不知道《X 市最低保障生活规程》哪条要求降低上诉人家庭低保标准。经庭审，被上诉人也没有对该问题作出说明。最后，一审以本案的焦点是原告能否按照"三无"人员标准享受最低生活保障，忽略了原告作为社会保障人员应该享有政府规定最低生活保障的权利，回避被上诉人的侵权行为，于法无据，判决错误。

被上诉人 X 市 B 区民政局辩称：一审认定事实清楚，适用法律正确。区民政局自 2017 年 11 月起每月向徐某某发放最低生活保障待遇符合法律规定。依据 X 市民政局、X 市财政局《X 市最低生活保障规程》《关于对城乡低保对象中的特困人员分类施保有关问题的通知》，向被答辩人每月发放最低生活保障待遇金，其行政行为并无违法之处。综上，区民政局作出的具体行政行为依据合法、程序合法，一审判决正确，徐某某的上诉理由缺乏事实和法律依据，请法院对一审判决依法予以维持。

【二审裁判】

本院认为，被上诉人 X 市 B 区民政局具有对上诉人徐某某的社会保障申请进行审批的法定职责。上诉人认为被上诉人为其核定的低保金标准过低，申请被上诉人提高其低保金标准，被上诉人通过南院门街道办事处向上诉人作出答复，上诉人不服故引发本案诉讼。《社会救助暂行办法》第 11 条规定："申请最低生活保障，按照下列程序办理：（一）由共同生活的家庭成员向户籍所在地的乡镇人民政府、街道办事处提出书面申请；家庭成员申请有困难的，可以委托村民委员会、居民委员会代为提出申请。（二）乡镇人民政府、街道办事处应当通过入户调查、邻里访问、信函索证、群众评议、信息核查等方式，对申请人的家庭收入状况、财产状况进行调查核实，提出初审意见，在申请人所在村、社区公示后报县级人民政府民政部门审批。（三）县级人民政府民政部门经审查，对符合条件的申请予以批准，并在申请人所在村、社区公布；对不符合条件的申请不予批准，并书面向申请人说明理由。"本案中，2018年2月，被上诉人为上诉人重新发放低保金后，上诉人认为重新核定的低保标准过低，申请被上诉人为其提高低保标准。被上诉人收到该申请后，2018年5月22日，被上诉人对上诉人作出的答复仅是告知上诉人向街道办事处提出申请，街道办复核后，根据复核情况报区民政局办理低保调整手续。后上诉人分别于2018年6月、7月两次向被上诉人提交提高低保标准的申请，被上诉人未向上诉人作出回复并书面说明理由，不符合上述法律规定，故本案被上诉人X市B区民政局尚未对上诉人徐某某的申请作出行政处理，人民法院不能以司法权取代行政权，上诉人徐某某起诉要求行政给付的条件尚不具备。综上，上诉人的上诉请求缺乏事实和法律依据，本院不予采信。一审判决认定适用法律不当，本院应予纠正。但判决结果正确，予以维持。依照《行政诉讼法》第89条第1款第1项之规定，判决如下：

驳回上诉，维持原判。

【申请再审情况】

徐某某申请再审称：徐某某家庭没有经济来源、生活极其困难，符合政府规定的领取最低生活保障的标准。其通过所在街道办事处向区民政局提出增发最低生活保障金的申请后，区民政局指派街道办事处对该申请作出答复：决定维持徐某某家庭原有的保障金数额不变。二审判决认定区民政局尚未对徐某某的申请作出行政处理错误。故请求再审本案，撤销二审判决，支持其一审诉讼请求。

区民政局提交答辩意见称，能否享受低保待遇有严格的程序要求，需要行政主管部门进行入户调查、邻里访问、信函索证、群众评议、信息核查等多项措施，以核查申请人的家庭收入状况、财产状况。本案中，区民政局尚未对徐某某要求提高低保待遇的申请作出行政处理。二审判决认定事实清楚，适用法律正确，请求驳回徐某某的再审申请。

【再审裁判】

本院经审查认为，徐某某认为区民政局为其重新核定的低保标准过低，申请为其提高低保标准。区民政局收到该申请后，于 2018 年 5 月 22 日对徐某某作出答复：告知其向街道办事处提出申请，街道办复核后，根据复核情况报区民政局办理低保调整手续。后徐某某分别于 2018 年 6 月、7 月两次向区民政局提交提高低保标准的申请，该局未向徐某某作出书面回复并说明理由，不符合相关法律规定。二审判决认定区民政局尚未对徐某某的申请作出行政处理，并无不当。

综上，徐某某的再审申请不符合《行政诉讼法》第 91 条规定的情形。依照《最高人民法院关于适用〈中华人民共和国行政诉讼法〉的解释》第 116 条第 2 款之规定，裁定如下：

驳回徐某某的再审申请。

【案例解析及拓展】

这是一起因发放最低生活保障待遇引发的诉讼。发放最低生活保障待遇是行政部门履行《社会救助暂行办法》《陕西省社会救助办法》规定的最低生活保障职责的行为。徐某某认为行政部门在一段时间内未履行发放最低生活保障待遇的职责且在另一段时间内违法降低其最低生活保障待遇，属于行政不作为。

1. 何为行政不作为？

行政不作为，是指行政机关依行政相对人的合法申请，应当履行相应的法定职责，但却不履行或者拖延履行的行为形式。

行政不作为的范围很广，从字面上讲，包括行政机关没有采取预期行动的任何场合。行政不作为可以是行政机关拒绝或不答复相对人的申请，也可以是未主动履行法定职责。

行政不作为总是与行政行为相随，行政行为发生的另一面即是行政不作为。无论从发生概率还是从对相对人权利义务造成的影响考察，行政不作为都不亚于行政作为。

2. 行政不作为案件的起诉？

目前我国对行政不作为的诉讼主要围绕以下三个方面展开：

第一，原告是否向被告提出履行特定作为义务的申请且该申请符合法定条件。《行政诉讼法》第 38 条规定，在起诉被告不履行法定职责的案件中，原告应当提供其向被告提出申请的证据。但是存在下列情形之一的，原告无需举证：①被告应当依职权主动履行法定职责的；②原告因正当理由不能提供证据的。在行政赔偿、补偿的案件中，原告应当对行政行为造成的损害提供证据。因被告的原因导致原告无法举证的，由被告承担举证责任。

第二，被告是否具有被诉之特定作为义务且存在不作为的行为。行政不作为前提就是法律、法规已规定了行政机关具有该行政管理的职权、职责，只有设定了职责，才有可能产生不作为。

第三，原告起诉被告不作为的时机是否成熟以及是否超过法定起诉期限。行政机关履行职责需要一定的履行期限，因此行政不作为起诉的另一前提就是已经依法给行政机关留够了履行职责的期限。《行政诉讼法》第 47 条规定，公民、法人或者其他组织申请行政机关履行保护其人身权、财产权等合法权益的法定职责，行政机关在接到申请之日起 2 个月内不履行的，公民、法人或者其他组织可以向人民法院提起诉讼。法律、法规对行政机关履行职责的期限另有规定的，从其规定。公民、法人或者其他组织在紧急情况下请求行政机关履行保护其人身权、财产权等合法权益的法定职责，行政机关不履行的，提起诉讼不受前款规定期限的限制。

3. 若事实上构成了行政不作为，行政机关在应诉过程中是否可以采取补救措施？

若行政机关已经构成了事实上的行政不作为，且被相对人就行政不作为提起了行政诉讼，行政机关在诉讼过程中，也是可以履行作为职责，主动去消除行政不作为的违法行为的。

《最高人民法院关于适用〈中华人民共和国行政诉讼法〉的解释》第 81条第 3 款规定："原告起诉被告不作为，在诉讼中被告作出行政行为，原告不撤诉的，人民法院应当就不作为依法作出确认判决。"在行政不作为案件中，在法院判决作出之前，被告可以就案件涉及的不作为行为进行纠正，履行作为义务，在该种情况下，若原告仍不撤诉，法院将判决确认行政机关之前的不作为行为违法。

一审裁判文书:

XXXXXX 法院

行政判决书

[2019] ××行初××号

原告: 徐某某, 女, 汉族, 居民身份证号码×××××××××××××××××, 现住 X 市 B 区。

委托代理人: 王某某, 男, 汉族, 居民身份号码×××××××××××××××××, 户籍地河南省嵩县, 现住址同上, 系原告之夫。

被告: X 市 B 区民政局, 住所地 X 市 B 区。法定代表人: 张某, 局长。

委托代理人: 常某某, 该单位工作人员。

委托代理人: 杜波, 陕西明萌律师事务所律师。

原告徐某某认为被告 X 市 B 区民政局不履行民政行政给付义务, 于 2018 年 12 月 12 日向本院提起行政诉讼。本院立案后, 依法向被告送达了起诉状副本及应诉通知书。本院依法组成合议庭, 分别于 2019 年 2 月 26 日公开开庭审理了本案。原告委托代理人王某某, 被告 X 市 B 区民政局委托代理人常某某、杜波到庭参加诉讼。本案现已审理终结。

原告徐某某诉称, 原告因生活困难申请最低生活保障。2017 年 11 月 2 日, 突然接到被告停发的口头通知, 无奈诉至法院, 经法院审理, 判决被告停发的行为违法, 予以撤销, 因低保金额发放为动态管理, 判决没有认定金额。2018 年 6 月, 被告在履行判决时降低原告的低保金额, 明显违法。2018 年 2 月, 被告给原告重新办理最低生活保障, 核定标准时, 每人每月 220 元, 政府规定没有生活来源的每人 640 元 (现在好像是 660 元), 原告与丈夫没有工作, 两个孩子, 一个上学, 一个需要照顾, 全家没有经济来源。原告于 2018 年 2 月 25 日, 通过街办向被告提出提高最低生活保障的申请, 请求按照每人每月 640 元发放。被告到 5 月份给了答复, 让原告向街办申请, 被告这种答复明显在刁难原告, 原告在申请前已经提交了相关材料, 后来, 原告有通过街办申请了几次, 有时候被告就不接申请。2018 年 11 月 9 日, 原告通过街办向被告申请提高最低保证标准, 被告还是回复, 根据《X 市最低生活保障工作规范的相关规定》, 维持原告保障金额不变, 也没有回复根据哪一条?

现诉至法院请求：

1. 请依法判令确认被告自 2017 年 11 月起每月给付原告最低生活保障待遇金 857 元的行政行为违法；

2. 判令被告按照法律规定每月给付原告最低生活保障金 1980 元及孩子的补助；

3. 判令被告补发原告 2017 年 11 月至 2018 年 12 月少发的最低生活保障待遇金（2017 年 11 月至 2018 年 1 月少发 2742 元，2018 年 2 月至 12 月少发 12 353 元）；

4. 本案诉讼费由被告承担。

原告徐某某为支持其诉讼请求，向法庭提交的证据有：

1. 徐某某与王某某的结婚证，证明原告和代理人是夫妻关系。

2. B 区 NYM 街道办关于徐某某提高低保金申请的回复，证明低保金额没有变化。

3. B 区民政局关于徐某某提高低保金申请的回复，证明低保金额没有变化。

4. 徐某某的低保证，证明现在是低保人员。

5. 徐某某的最低生活保障存折复印件，证明低保金额发生了变化。（2017 年 11 月至 2018 年 7 月每月 220 元 * 3；2018. 7 以后是 240 元 * 3）小孩没有变化，没有异议。

6. 判决书，证明被告应该恢复原告的低保。

被告 X 市 B 区民政局辩称，被告自 2017 年 11 月起每月给付原告最低生活保障符合政府规定。被告收到原告的最低保证申请后，积极履职，根据 X 市民政局、X 市财政局《关于对城乡低保对象中的特困人员分类施保有关问题的通知》和《X 市最低生活保障规程的通知》给原告每月发放最低生活保障待遇金。被告作出的行政行为事实清楚，适用法律正确，程序合法，请求依法驳回原告的诉讼请求。

被告 X 市 B 区民政局为支持其诉讼请求，向法庭提交的证据有：

1. 申请及原告家庭情况；

2. 《关于对城乡低保生活对象中的特困人员分类施保有关问题的通知》；

3. 《X 市最低生活保障规程的通知》；

4. 《关于提高城乡最低生活保障标准的通知》（市民发［2017］351 号）；

5.《关于提高城乡最低生活保障标准的通知》（市民发〔2018〕332号）。

证明原告家庭情况及人口的情况，被告向原告发放的最低保障金，符合法律规定。依据：《X市最低保障生活规程》第11条、第12条、第17条。

经庭审质证，原告对被告提交的证据的真实性无异议，但是不认可其证明目的，认为不应为最低标准220元。

被告对原告提交的所有证据的真实性认可，证明目的不认可，这些证据不能证明被告的发放行为违法。

本院对上述证据作如下认证：

原、被告向本院提交的所有证据的真实性，本院均予以确认。

经审理查明，原告徐某某自2012年9月开始享受X市最低生活保障金。被告B区民政局于2017年10月30日作出《B区最低生活保障停发通知书》，内容：因徐某某及其丈夫均有劳动能力，建议就业，从2017年11月起停发徐某某家庭最低生活保障待遇。同年11月10日，NYM社区向原告送达了被告作出的《B区最低生活保障停发通知书》。原告不服该停发通知书，于2018年2月27日诉至本院，期间，被告于2018年2月重新给原告核发了低保证，并向原告发放了最低生活保障待遇。2018年4月19日，本院作出〔2018〕陕7102行初505号行政判决书，内容为：①撤销被告×市B区民政局于2017年10月30日作出的《B区最低生活保障停发通知书》；②被告×市B区民政局在本判决发生法律效力后恢复原告2017年11月、12月及2018年1月的最低生活保障待遇（金额以当月实际动态核算为准）。庭审期间，原、被告均认可"被告以目前确定的标准向原告实际发放的低保待遇金无异议，争议是原告否能够按照'三无'人员标准享受最低社会生活保障"。

另查明，2018年5月22日，被告针对原告徐某某的申请作出《关于徐某某提高低保金申请的回复》，内容为：根据《X市最低生活保障工作规程》的相关规定，请您向街道办事处提出申请，且提供家庭成员和家庭经济状况变化情况的相关证明材料，经街办复核后，根据复核情况报区民政局办理低保调整手续。2018年11月12日，XXX街道办事处作出《关于徐某某提高低保金申请的回复》，内容为："我街道社会救助工作人员于2018年11月9日上午将您要求增加最低生活保障金的书面申请提交至×市B区民政局低保科。区民政局低保科工作人员根据《X市最低生活保障工作规程的相关规定》，决定维持您家庭原最低生活保障金额不变。我街办工作人员于2018年11月9日上午电话通知您丈夫王俊峰关于 B 区民政局低保科对您家庭要求增加最低生活保障金的回复。"

本院认为,本案的争议焦点是原告徐某某是否能够按照"三无"人员标准享受最低社会生活保障。《社会救助暂行办法》第 3 条第 2 款规定:"县级以上地方人民政府民政、卫生计生、教育、住房城乡建设、人力资源社会保障等部门,按照各自职责负责本行政区域内相应的社会救助管理工作。"第 11 条规定:"申请最低生活保障,按照下列程序办理:……(二)乡镇人民政府、街道办事处应当通过入户调查、邻里访问、信函索证、群众评议、信息核查等方式,对申请人的家庭收入状况、财产状况进行调查核实,提出初审意见,在申请人所在村、社区公示后报县级人民政府民政部门审批。(三)县级人民政府民政部门经审查,对符合条件的申请予以批准,并在申请人所在村、社区公布;对不符合条件的申请不予批准,并书面向申请人说明理由。"《陕西省社会救助办法》第 14 条规定:"乡(镇)人民政府、街道办事处应当自收到最低生活保障申请书十五个工作日内,通过信息核查、入户调查、邻里访问、信函索证、群众评议等方式,对申请人的家庭人口、收入和财产状况进行调查核实,提出审核意见,在申请人所在村、社区公示七日后,将相关材料报县级人民政府民政部门,县级人民政府民政部门收到审核材料后五个工作日内作出审批。对符合条件的申请予以批准,并在申请人所在村、社区公布;对不符合条件的不予批准,并书面向申请人说明理由。"根据上述法律规定,县级人民政府民政部门是审批最低生活保障的责任主体,本案被告×市民政局具有向原告核发最低生活保障待遇的职权。根据市民发〔2016〕169 号《X 市民政局、X 市财政局关于对城乡低保对象中的特困人员实施分类施保有关问题的通知》,第一部分:适用对象,1、城市"三无"人员。市民发〔2018〕127 号《X 市民政局、X 市财政局关于印发〈X 市最低生活保障工作规程〉的通知》第三章:申请、审核和审批程序,该部分确定最低生活保障申请、审核、审批工作按照居民申请,镇人民政府(街道办事处)受理、审核,区县民政局审批的程序实施。本案中,原、被告对被告以目前确定的标准向原告实际发放的低保待遇无异议,焦点是原告是否能够按照"三无"人员标准享受最低社会生活保障,被告现有证据无法证实原告应当依法享受的分类施保的对象是否能被认定为"三无"人员,考虑到原告能否被认定为"三无"人员需经过有关的认定程序,人民法院不宜直接以司法权的形式行使行政机关的行政职权，因此，由具有法定审批职责的行政主体即被告 B 区民政局在法定期限内重新对原告的申请作出审批，符合法律规定和保护当事人合法权益的需要。鉴于此，对原告请求判决被告 B 区民政局对原告依法支付最低生活保障"三无"人员（即特困供养人员）待遇的诉讼请求［一、请依法判令确认被告自 2017 年 11 月起每月给付原告最低生活保障待遇金 857 元的行政行为违法；二、判令被告按照法律规定每月给付原告最低生活保障金 1980 元及孩子的补助；三、判令被告补发原告 2017 年 11 月至 2018 年 12 月少发的最低生活保障待遇金（2017 年 11 月至 2018 年 1 月少发 2742 元，2018 年 2 月至 12 月少发 12 353 元］，本院不予支持。

综上分析，依照《中华人民共和国行政诉讼法》第 70 条第 1 项之规定，判决如下：

一、被告 B 区民政局继续按照其已经认定的原告徐某某享受的最低生活保障待遇标准发放最低生活保障待遇金；

二、责令被告 B 区民政局在本判决发生法律效力之日起 10 日内对原告徐某某提交的《申请》重新作出行政审批决定；

三、驳回原告徐某某的其他诉讼请求。

本案诉讼费 50 元，由被告 B 区民政局承担。

如不服本判决，可在判决书送达之日起 15 日内，向本院递交上诉状，并按对方当事人的人数提出副本，上诉于 XXXXXX 法院。

审 判 长 XXX

人民陪审员 XXX

XXX

二〇一九年七月四日

书 记 员 XXX

二审裁判文书：

XXXXXX 法院

行政判决书

［2019］××行终××号

上诉人（原审原告）：徐某某，女，汉族，居民身份证号码×××××××××
××××××××，现住 X 市 B 区。

委托代理人：王某某，男，汉族，居民身份号码××××××××××××××××
×，户籍所在地河南省嵩县，现住址同上，系上诉人徐某某丈夫。

被上诉人（原审被告）：X 市 B 区民政局，住所地 X 市 B 区。法定代表
人宋某，局长。

委托代理人：王某，该局工作人员。

委托代理人：杜波，陕西明萌律师事务所律师。

上诉人徐某某与被上诉人 X 市 B 区民政局不履行民政行政给付义务一案，
不服 XXXXXX 法院［2019］××行初××号行政判决书，向本院提起上诉。本
院依法组成合议庭进行了审理，现已审理终结。

原审法院审理查明，原告徐某某自 2012 年 9 月开始享受×市最低生活保
障金。被告 B 区民政局于 2017 年 10 月 30 日作出《B 区最低生活保障停发通
知书》。内容为：因徐某某及其丈夫均有劳动能力，建议就业，从 2017 年 11
月起停发徐某某家庭最低生活保障待遇。同年 11 月 10 日，NYM 社区向原告
送达了被告作出的《B 区最低生活保障停发通知书》。原告不服该停发通知
书，于 2018 年 2 月 27 日诉至本院，期间，被告于 2018 年 2 月重新给原告核
发了低保证，并向原告发放了最低生活保障待遇。2018 年 4 月 19 日，本院作
出［2018］××行初××号行政判决书。内容为：一、撤销被告×市 B 区民政局
于 2017 年 10 月 30 日作出的《B 区最低生活保障停发通知书》；二、被告×市
B 区民政局在本判决发生法律效力后恢复原告 2017 年 11 月、12 月及 2018 年
1 月的最低生活保障待遇（金额以当月实际动态核算为准）。庭审期间，原、
被告均认可"被告以目前确定的标准向原告实际发放的低保待遇金无异议，
争议是原告是否能够按照'三无'人员标准享受最低社会生活保障"。另查
明，2018 年 5 月 22 日，被告针对原告徐某某的申请作出《关于徐某某提高低

保金申请的回复》。内容为："根据《X市最低生活保障工作规程》的相关规定，请您向街道办事处提出申请，且提供家庭成员和家庭经济状况变化情况的相关证明材料，经街办复核后，根据复核情况报区民政局办理低保调整手续。"2018 年 11 月 12 日，XXX 街道办事处作出《关于徐某某提高低保金申请的回复》。内容为："我街道社会救助工作人员于 2018 年 11 月 9 日上午将您要求增加最低生活保障金的书面申请提交至×市 B 区民政局低保科。区民政局低保科工作人员根据《X 市最低生活保障工作规程的相关规定》，决定维持您家庭原最低生活保障金额不变。我街办工作人员于 2018 年 11 月 9 日上午电话通知您丈夫王某某关于 B 区民政局低保科对您家庭要求增加最低生活保障金的回复。"原告不服，诉至法院请求：一、请依法判令确认被告自 2017 年11 月起每月给付原告最低生活保障待遇金 857 元的行政行为违法；二、判令被告按照法律规定每月给付原告最低生活保障金 1980 元及孩子的补助；三、判令被告补发原告 2017 年 11 月至 2018 年 12 月少发的最低生活保障待遇金（2017 年 11 月至 2018 年 1 月少发 2742 元，2018 年 2 月至 12 月少发 12 353元）；四、本案诉讼费由被告承担。

原审法院认为，本案的争议焦点是原告徐某某是否能够按照"三无"人员标准享受最低社会生活保障。根据《社会救助暂行办法》第 3 条第 2 款、第 11 条，《陕西省社会救助办法》第 14 条的规定，县级人民政府民政部门是审批最低生活保障的责任主体，本案被告×市 B 区民政局具有向原告核发最低生活保障待遇的职权。根据市民发〔2016〕169 号《X 市民政局、X 市财政局关于对城乡低保对象中的特困人员实施分类施保有关问题的通知》，第一部分：适用对象，1、城市"三无"人员。市民发〔2018〕127 号《X 市民政局、X 市财政局关于印发〈X 市最低生活保障工作规程〉的通知》第三章：申请、审核和审批程序，该部分确定最低生活保障申请、审核、审批工作按照居民申请，镇人民政府（街道办事处）受理、审核，区县民政局审批的程序实施。本案中，原、被告对被告以目前确定的标准向原告实际发放的低保待遇无异议，焦点是原告是否能够按照"三无"人员标准享受最低社会生活保障，被告现有证据无法证实原告应当依法享受的分类施保的对象是否能被认定为"三无"人员，考虑到原告能否被认定为"三无"人员需经过有关的认定程序，人民法院不宜直接以司法权的形式行使行政机关的行政职权，因此，由具有法定审批职责的行政主体即被告 B 区民政局在法定期限内重新对原告的申请作出审批，符合法律规定和保护当事人合法权益的需要。鉴于此，对原告请求判决被告B区民政局对原告依法支付最低生活保障"三无"人员（即特困供养人员）待遇的诉讼请求［一、请依法判令确认被告自2017年11月起每月给付原告最低生活保障待遇金857元的行政行为违法；二、判令被告按照法律规定每月给付原告最低生活保障金1980元及孩子的补助；三、判令被告补发原告2017年11月至2018年12月少发的最低生活保障待遇金（2017年11月至2018年1月少发2742元，2018年2月至12月少发12 353元）］，该院不予支持。依照《中华人民共和国行政诉讼法》第70条第（一）项之规定，判决：一、被告B区民政局继续按照其已经认定的原告徐某某享受的最低生活保障待遇标准发放最低生活保障待遇金；二、责令被告B区民政局在本判决发生法律效力之日起10日内对原告徐某某提交的《申请》重新作出行政审批决定；三、驳回原告徐某某的其它诉讼请求。本案诉讼费50元，由被告B区民政局承担。上诉人徐某某上诉称，本案一审法院查明、认定事实错误，改变上诉人的诉讼目的，判决没有依据，明显偏袒被上诉人。一审法院认为，原告对被告目前确定的标准向原告发放低保待遇无异议，争议是原告能否按照"三无"人员标准享受最低生活保障，这是明显的错误认定，在一审诉讼中，原告已说明，因被告违反政府规定降低原告的低保待遇才提起诉讼。一审法院回避了原告的诉讼目的。关于"三无"人员标准也是政府规定的，但原告认为自己符合政府规定的"三无"人员，在庭审中提出只是作为能够证明被告降低原告低保金的一种证据证明，并不是单一的证据焦点。一审无视了《X市民政局、财政局关于提高城乡最低生活保障标准的通知》（市民发［2017］351号）第1条第1款的规定，从2017年10月1日起，城市居民最低生活保障标准月提高50元及市民发［2018］332号第1款第1项规定，从2018年7月1日起，城市居民最低生活保障标准月提高20元，即由现在的640元/人·月，提高到660元/人·月之规定，对被告未提供证据证明降低原告低保金的违法行为不予纠正，实属错判。首先，上诉人低保金被停发前每月1771元，后被上诉人履行原判决补发上诉人原停发期间低保金按每月857元，连停发前一半都没有，这是报复行为。上诉人的低保金被违规降低后多次要求被上诉人作出解释，被上诉人没有作出合理说明，因此，被上诉人降低保障金标准违反政府规定，也违反原审生效判决，希望二审依法纠正。其次，2018年2月，被上诉人给上诉人重新办理了最低生活保障，每人每月 220 元，这种核定没有法律依据，也违反政府规定。上诉人一家四口共同生活，享受低保金的三人的低保标准明显偏低。被上诉人维持上诉人家庭原低保金额不变，对上诉人含糊回复，上诉人至今不知道《X 市最低保障生活规程》哪条要求降低上诉人家庭低保标准。经庭审，被上诉人也没有对该问题作出说明。最后，一审以本案的焦点是原告能否按照"三无"人员标准享受最低生活保障，忽略了原告作为社会保障人员应该享有政府规定最低生活保障的权利，回避被上诉人的侵权行为，于法无据，判决错误。

被上诉人 X 市 B 区民政局答辩称：一审认定事实清楚，适用法律正确。答辩人自 2017 年 11 月起每月向被答辩人发放最低生活保障待遇符合法律规定。依据 X 市民政局、X 市财政局《X 市最低生活保障规程》《关于对城乡低保对象中的特困人员分类施保有关问题的通知》，向被答辩人每月发放最低生活保障待遇金，其行政行为并无违法之处。综上，答辩人作出的具体行政行为依据合法、程序合法，一审判决正确，被答辩人的上诉理由缺乏事实和法律依据，请法院对一审判决依法予以维持。

各方当事人在一审阶段向一审法院提交的证据均已随案移送至本院。二审阶段各方均未提交新证据。二审审理查明的事实与一审一致，本院予以确认。

本院认为，被上诉人 X 市 B 区民政局具有对上诉人徐某某的社会保障申请进行审批的法定职责。上诉人认为被上诉人为其核定的低保金标准过低，申请被上诉人提高其低保金标准，被上诉人通过南院门街道办事处向上诉人作出答复，上诉人不服故引发本案诉讼。《社会救助暂行办法》第 11 条规定："申请最低生活保障，按照下列程序办理：（一）由共同生活的家庭成员向户籍所在地的乡镇人民政府、街道办事处提出书面申请；家庭成员申请有困难的，可以委托村民委员会、居民委员会代为提出申请。（二）乡镇人民政府、街道办事处应当通过入户调查、邻里访问、信函索证、群众评议、信息核查等方式，对申请人的家庭收入状况、财产状况进行调查核实，提出初审意见，在申请人所在村、社区公示后报县级人民政府民政部门审批。（三）县级人民政府民政部门经审查，对符合条件的申请予以批准，并在申请人所在村、社区公布；对不符合条件的申请不予批准，并书面向申请人说明理由。"本案中，2018 年 2 月，被上诉人为上诉人重新发放低保金后，上诉人认为重新核定的低保标准过低，申请被上诉人为其提高低保标准。被上诉人收到该申请后，2018 年 5 月 22 日，被上诉人对上诉人作出的答复仅是告知上诉人向街道办事处提出申请，街道办复核后，根据复核情况报区民政局办理低保调整手续。后上诉人分别于 2018 年 6 月、7 月两次向被上诉人提交提高低保标准的申请，被上诉人未向上诉人作出回复并书面说明理由，不符合上述法律规定，故本案被上诉人 X 市 B 区民政局尚未对上诉人徐某某的申请作出行政处理，人民法院不能以司法权取代行政权，上诉人徐某某起诉要求行政给付的条件尚不具备，综上，上诉人的上诉请求缺乏事实和法律依据，本院不予采信。一审判决认定适用法律不当，本院应予纠正。但判决结果正确，予以维持。依照《中华人民共和国行政诉讼法》第 89 条第 1 款第 1 项之规定，判决如下：

驳回上诉，维持原判。

案件受理费 50 元，由上诉人徐某某负担。本判决为终审判决。

审判长　XXX

审判员　XXX

审判员　XXX

二〇一九年九月二十二日

书记员　XXX

终审裁判文书：

XXXXXX 法院

行政裁定书

［2020］××行申××号

再审申请人（一审原告、二审上诉人）：徐某某，女，汉族，19××年×月××日出生。

被申请人（一审被告、二审被上诉人）：X 市 B 区民政局。法定代表人：宋某，该局局长。

委托诉讼代理人：王阿娟，陕西明萌律师事务所律师。

再审申请人徐某某因诉被申请人 X 市 B 区民政局（以下简称"区民政局"）不履行民政行政给付义务一案，不服 XXXXXX 法院［2019］××行终××号行政裁定，向本院申请再审。本院依法组成合议庭进行了审查，现已审查终结。

徐某某申请再审称：徐某某家庭没有经济来源、生活极其困难，符合政府规定的领取最低生活保障的标准。其通过所在街道办事处向区民政局提出增发最低生活保障金的申请后，区民政局指派街道办事处对该申请作出答复：决定维持徐某某家庭原有的保障金数额不变。二审判决认定区民政局尚未对徐某某的申请作出行政处理错误。故请求再审本案，撤销二审判决，支持其一审诉讼请求。

区民政局提交答辩意见称，能否享受低保待遇有严格的程序要求，需要行政主管部门进行入户调查、邻里访问、信函索证、群众评议、信息核查等多项措施，以核查申请人的家庭收入状况、财产状况。本案中，区民政局尚未对徐某某要求提高低保待遇的申请作出行政处理。二审判决认定事实清楚，适用法律正确，请求驳回徐某某的再审申请。

本院经审查认为，徐某某认为区民政局为其重新核定的低保标准过低，申请为其提高低保标准。区民政局收到该申请后，于2018年5月22日对徐某某作出答复：告知其向街道办事处提出申请，街道办复核后，根据复核情况报区民政局办理低保调整手续。后徐某某分别于2018年6月、7月两次向区民政局提交提高低保标准的申请，该局未向徐某某作出书面回复并说明理由，不符合相关法律规定。二审判决认定区民政局尚未对徐某某的申请作出行政处理，并无不当。

综上，徐某某的再审申请不符合《中华人民共和国行政诉讼法》第91条规定的情形。依照《最高人民法院关于适用〈中华人民共和国行政诉讼法〉的解释》第116条第2款之规定，裁定如下：

驳回徐某某的再审申请。

审判长　XXX

审判员　XXX

审判员　XXX

二〇二〇年五月十八日

书记员　XXX

案例二

【问题提示】

要求行政机关对本级政府部门不依法履行职责、违反法定权限和法定程序实施行政行为进行查处，对政府机关直接责任人给予处分，是否属于行政诉讼的受案范围？政府部门对于该类型诉求该如何处理？

【案情】

原告：郑某某

被告：X市某某区政府

原告郑某某于2016年8月21日通过邮寄方式向被告某某区政府递交《请求履行法定职责申请书》，请求某某区政府对X市公安局某某分局不依法履行职责、违反法定权限和法定程序实施行政行为进行查处，对某某分局信访处直接责任人给予处分，履行保护申请人及申请人女儿财物权、人身自由权、救济权法定职责。被告某某区政府于8月24日收到后至原告起诉前未予答复。原告遂于2016年11月1日向本院提起行政诉讼。

原告诉求：判令被告某某区政府在一定时限内对原告郑某某请求其履行保护公民财物权、人身自由权、救济权法定职责申请作出具体行政行为。

【一审裁判】

法院认为，公民、法人或者其他组织认为行政行为侵犯其合法权益的，有权提起诉讼，但应符合法定起诉条件。本案中，原告郑某某向被告某某区政府递交《请求履行法定职责申请书》，系其对X市公安局某某分局及相关部门、人员的投诉举报行为，且原告郑某某所提出的请求事项，并非法律、法规明确赋予被告特定的行政作为义务，实际是行政机关内部的层级管理和监督行为，故被告某某区政府对×市公安局某某分局及相关部门、人员是否进行查处、如何查处，均系行政机关内部的管理及监督行为，不属于司法监督范畴。

综上，原告郑某某提起的诉讼不属于行政诉讼的受案范围。依照《行政诉讼法》第49条第4项、《最高人民法院关于适用〈中华人民共和国行政诉讼法〉若干问题的解释》第 3 条第 1 款第 1 项之规定，裁定如下：

驳回原告郑某某的起诉。

【上诉情况】

上诉人郑某某上诉称：根据《中华人民共和国地方各级人民代表大会和地方各级人民政府组织法》第 59 条第 3、6 项，《国务院关于加强市县政府依法行政的决定》第 20 条之规定，赋予县级政府履行查处其下级行政机关不依法履行职责，以及保护公民合法权利的法定职责。故上诉人请求被上诉人对×市公安局某某分局不依法履行职责、违反法定权限和程序实施行政行为进行查处的法定职责，并保护其财产权、人身自由权、救济权的法定职责是有法律依据的。故请求撤销一审裁定，对其诉请进行审理。

被上诉人区政府辩称：行政机关工作人员是否违法、违纪，行政机关是否查处、如何查处，属于行政机关内部的人事管理行为。本案中，上诉人提出的请求属于行政机关内部的管理行为，不属于行政诉讼受案范围。且×市公安局某某分局隶属于×市公安局，某某区政府没有监督管理职责。故请求驳回上诉，维持原审裁定。

【二审裁判】

本院认为：上诉人郑某某要求被上诉人某某区政府履行对 X 市公安局某某分局及其工作人员不履行职责行为查处并追究行政责任的职责，该请求属于要求行政机关履行内部监督和管理的职责，这种监督管理属于行政机关内部的层级监督行为，不属于行政诉讼受案范围。上诉人上诉理由依法不能成立。原审裁定正确，应予维持。依据《行政诉讼法》第 89 条第 1 款第 1 项之规定，裁定如下：

驳回上诉，维持原裁定。

【案例解析及拓展】

这是一起向行政机关邮寄《请求履行法定职责申请书》，在 60 日内未获行政机关答复而引发的行政诉讼案件。行政机关对于公民邮寄的信函是否具有答复义务？未予答复的将导致何种法律后果？

1. 行政机关对于公民邮寄的信函应妥善予以处理

目前向行政机关邮寄各项申请材料，已经成为公民反映诉求、要求行政机关履行职责的一种普遍方式。采用该种方式的优势在于，对于公民而言，具有一定优势：一方面，该种方式避免了行政机关推诿不予接受公民材料。在实际工作中，公民认为行政机关存在"门难进、脸难看"的情况，故采用邮寄方式可以让群众在家即可将自身的诉求反映至行政机关，而且行政机关对于公民邮寄的信函是必须接收的。另一方面，通过邮寄书面材料方式反映诉求，能够让公民留存向行政机关提出诉求的证据材料，从行政机关收发室签收材料之日起，即可起算行政机关的履职期限，由公民收集证据材料。

但是对于行政机关而言，公民邮寄的诉求材料，在实际处理中容易出现风险：一方面，由于文件、收发转送制度不完善，导致了公民的反映材料在接收或者移转过程中丢失。另一方面，对于公民反映的诉求容易超过法定履职期限，导致回复期限超出法律规定。行政机关的文件接收、转办存在一定的流程，故需要一定的时间。而对于邮寄方式的公民诉求，行政机关的履职期限从收发室签收该邮件的次日起即开始起算，而且多数履职期限是以自然日进行计算的，这就容易导致行政机关答复超期。

公民向政府邮寄信件，而政府以消极的方式予以拒收，这是一种行政不作为。该行为与倾听群众意见、接受群众监督、维护社会秩序、为人民服务的宗旨和政府职责相悖，有损政府形象，漠视公民、法人的信访权利，拒收信件，也违背了依法治国的大政方针。"人民来信"是公民、法人或其他组织反映情况，提出建议、意见及投诉请求的一种方式，也是政府部门倾听民声、了解民意的一个途径。因此，行政机关对于公民的来信应该认真对待，建立规范、高效的群众来信接收、转办、答复程序。

2. 上级行政机关对下级行政机关的内部层级监督行为是否可诉？

本案涉及上下级行政机关之间的内部层级监督关系。公民、法人或者其他组织如果对下级行政机关的行政行为不服，可以依法对该行政行为提起行政诉讼，或者依法申请行政复议。公民、法人或者其他组织不针对下级行政机关的行政行为提起行政诉讼或申请行政复议，而是以申请履责的方式要求上级行政机关撤销下级行政机关的行政行为，进而主张上级行政机关未撤销或未及时撤销下级行政机关的行政行为构成行政不作为，并针对上级行政机关提起行政诉讼。在涉及上下级行政机关之间内部层级监督关系的案件中，对公民、法人或者其他组织的权利义务产生实际影响的，通常是下级行政机关的行政行为，而不是上级行政机关未撤销或未及时撤销下级行政机关的行政行为的行为。此种情况下，公民、法人或者其他组织针对上级行政机关未撤销或未及时撤销下级行政机关的行政行为的行为提起诉讼的，不属于人民法院行政诉讼受案范围。

就此问题，自 2018 年 2 月 8 日起施行的《最高人民法院关于适用〈中华人民共和国行政诉讼法实施〉的解释》第 1 条第 2 款第 8 项明确规定，上级行政机关基于内部层级监督关系对下级行政机关作出的听取报告、执法检查、督促履责等行为，不属于人民法院行政诉讼受案范围。

一审裁判文书：

XXXXXX 法院

行政裁定书

［2016］××行初××号

原告：郑某某，男，汉族。

被告：X 市 B 区人民政府，住所地 X 市 B 区南院门 27 号。法定代表人：卢某某，该区区长。

委托代理人：贾某某，该区政府法制办工作人员。

委托代理人：贾海明，陕西明萌律师事务所律师。

原告郑某某诉被告 X 市 B 区人民政府（以下简称"B 区政府"）不履行法定职责一案，本院受理后，依法组成合议庭，公开开庭审理了本案，原告郑某某、被告 B 区政府的委托代理人贾某某、贾海明到庭参加诉讼。本案现已审理终结。

原告郑某某于 2016 年 8 月 21 日通过邮政挂号信向被告 B 区政府邮寄《请求 B 区人民政府履行保护公民财物权、人身自由权、救济权法定职责申请书》（以下简称《请求履行法定职责申请书》）。被告 B 区政府于 8 月 24 日签收后，且在原告郑某某起诉之前未作出处理。

原告郑某某诉称，其于 2016 年 8 月 21 日通过邮寄方式向被告 B 区政府递交《请求履行法定职责申请书》，请求 B 区政府对 X 市公安局 B 区分局不依法履行职责、违反法定权限和法定程序实施行政行为进行查处，对 B 区分局信访处直接责任者给予处分，履行保护申请人及申请人女儿财物权、人身自由权、救济权法定职责。被告 B 区政府于 2016 年 8 月 24 日签收原告邮寄的《请求履行法定职责申请书》后，已逾两个月未予答复，其行政行为与法相悖，侵犯了原告的合法权利。故请求法院：判令被告 B 区政府在一定时限内对原告郑某某请求其履行保护公民财物权、人身自由权、救济权法定职责申请作出具体行政行为。

被告 B 区政府答辩称：原告郑某某请求其履行查处下级机关工作人员违法行为的申请，属于要求上级机关履行内部监督的法定职责，该事项属于行政机关内部行政行为，不属于人民法院行政审判受案范围。依据《最高人民法院关于执行〈中华人民共和国行政诉讼法〉若干问题的解释》第 1 条第 2款第 6 项之规定"对公民、法人或者其他组织权利义务不产生实际影响的行为不属于人民法院行政诉讼的受案范围"，上级行政机关对当事人请求的"对下级行政机关及工作人员违法行为的请求不予答复"，并未对申请人的权利义务产生影响。因为内部监督的结果最终体现于上级行政机关对下级行政机关或该机关相关工作人员的奖惩、任免等处理。故内部监督行为的实施与否并不会对申请人的权利义务产生影响。综上，原告之诉请不属于人民法院行政诉讼的受案范围，依法应予驳回。

经审理查明：原告郑某某于 2016 年 8 月 21 日通过邮寄方式向被告 B 区政府递交《请求履行法定职责申请书》，请求 B 区政府对 X 市公安局 B 区分局不依法履行职责、违反法定权限和法定程序实施行政行为进行查处，对 B区分局信访处直接责任人给予处分，履行保护申请人及申请人女儿财物权、人身自由权、救济权法定职责。被告 B 区政府于 8 月 24 日收到后至原告起诉前未予答复。原告遂于 2016 年 11 月 1 日向本院提起行政诉讼。

本院认为，公民、法人或者其他组织认为行政行为侵犯其合法权益的，有权提起诉讼，但应符合法定起诉条件。本案中，原告郑某某向被告 B 区政府递交《请求履行法定职责申请书》，系其对 X 市公安局 B 区分局及相关部门、人员的投诉举报行为，且原告郑某某所提出的请求事项，并非法律、法规明确赋予被告特定的行政作为义务，实际是行政机关内部的层级管理和监督行为，故被告 B 区政府对 X 市公安局 B 区分局及相关部门、人员是否进行查处、如何查处，均系行政机关内部的管理及监督行为，不属于司法监督范畴。综上，原告郑某某提起的诉讼不属于行政诉讼的受案范围。依照《中华人民共和国行政诉讼法》第 49 条第 4 项、《最高人民法院关于适用〈中华人民共和国行政诉讼法〉若干问题的解释》第 3 条第 1 款第 1 项之规定，裁定如下：

驳回原告郑某某的起诉。

案件受理费 50 元，退还原告郑某某。

如不服本裁定，可在裁定书送达之日起 10 日内，向本院递交上诉状，并按对方当事人的人数提出副本，上诉于 XXXXXX 法院。

审判长　XXX

审判员　XXX

审判员　XXX

二〇一六年十二月十三日

书记员　XXX

附：本裁定适用的相关法律依据

《中华人民共和国行政诉讼法》第四十九条第（四）项　提起诉讼应当符合下列条件：

······

（四）属于人民法院受案范围和受诉人民法院管辖。

《最高人民法院关于适用〈中华人民共和国行政诉讼法〉若干问题的解释》第三条第一款第（一）项　有下列情形之一，已经立案的，应当裁定驳回起诉：（一）不符合行政诉讼法第四十九条规定的；

······

二审裁判文书：

XXXXXX 法院

行政裁定书

［2017］××行终××号

上诉人（原审原告）：郑某某。

被上诉人（原审被告）：X 市 B 区人民政府。住所地：X 市 B 区南院门××。法定代表人：卢某某，该区区长。

委托代理人：贾某某，该区政府法制办工作人员。

委托代理人：杜波，陕西明萌律师事务所律师。

　　上诉人郑某某因诉被上诉人 X 市 B 区人民政府（以下简称"B 区政府"）不履行法定职责一案，不服 XXXXXX 法院［2016］××行初××号行政裁定，向本院提起上诉。本院受理后，依法组成合议庭审理了本案。

　　原审法院查明：原告郑某某于 2016 年 8 月 21 日通过邮寄方式向被告 B 区政府递交《请求履行法定职责申请书》，请求 B 区政府对 X 市公安局 B 区分局不依法履行职责、违反法定权限和法定程序实施行政行为进行查处，对 B 区分局信访处直接责任人给予处分，履行保护申请人及申请人女儿财物权、人身自由权、救济权法定职责。被告 B 区政府于 8 月 24 日收到后至原告起诉前未予答复。原告遂于 2016 年 11 月 1 日向本院提起行政诉讼。

　　原审法院认为：公民、法人或者其他组织认为行政行为侵犯其合法权益的，有权提起诉讼，但应符合法定起诉条件。本案中，原告郑某某向被告 B 区政府递交《请求履行法定职责申请书》，系其对 X 市公安局 B 区分局及相关部门、人员的投诉举报行为，且原告郑某某所提出的请求事项，并非法律、法规明确赋予被告特定的行政作为义务，实际是行政机关内部的层级管理和监督行为。故被告 B 区政府对 X 市公安局 B 区分局及相关部门、人员是否进行查处、如何查处，均系行政机关内部的管理及监督行为，不属于司法监督范畴。综上，原告郑某某提起的诉讼不属于行政诉讼的受案范围。依照《中华人民共和国行政诉讼法》第 49 条第 4 项、《最高人民法院关于适用〈中华人民共和国行政诉讼法〉若干问题的解释》第 3 条第 1 款第 1 项之规定，裁定驳回原告郑某某的起诉。案件受理费 50 元，退还原告郑某某。

　　上诉人郑某某上诉称：根据《中华人民共和国地方各级人民代表大会和地方各级人民政府组织法》第 59 条第 3、6 项，《国务院关于加强市县政府依法行政的决定》第 20 条之规定，赋予县级政府履行查处其下级行政机关不依法履行职责，以及保护公民合法权利的法定职责。故上诉人请求被上诉人对 X 市公安局 B 区分局不依法履行职责、违反法定权限和程序实施行政行为进行查处的法定职责，并保护其财产权、人身自由权、救济权的法定职责是有法律依据的。故请求撤销一审裁定，对其诉请进行审理。

　　被上诉人 B 区政府辩称：行政机关工作人员是否违法、违纪，行政机关是否查处、如何查处，属于行政机关内部的人事管理行为。本案中，上诉人提出的请求属于行政机关内部的管理行为，不属于行政诉讼受案范围。且 X

市公安局 B 区分局隶属于 X 市公安局，B 区政府没有监督管理职责。故请求驳回上诉，维持原审裁定。

本院审理查明：原审法院查明事实属实，本院予以确认。

本院认为：上诉人郑某某要求被上诉人 B 区政府履行对 X 市公安局 B 区分局及其工作人员不履行职责行为查处并追究行政责任的职责，该请求属于要求行政机关履行内部监督和管理的职责，这种监督管理属于行政机关内部的层级监督行为，不属于行政诉讼受案范围。上诉人上诉理由依法不能成立。原审裁定正确，应予维持。依据《中华人民共和国行政诉讼法》第 89 条第 1 款第 1 项之规定，裁定如下：

驳回上诉，维持原裁定。本裁定为终审裁定。

审　判　长　XXX

审　判　员　XXX

代理审判员　XXX

二〇一七年五月四日

书　记　员　XXX

案例三

【问题提示】

冒用身份进行婚姻登记，如何申请撤销登记？婚姻登记机关能否直接予以撤销？

【案情】

原告：马某某

被告：X 市某区民政局

马某某诉称，1997 年 7 月 15 日，原告马某某与徐某某在被告下属的婚姻登记处登记结婚，系合法夫妻关系。1999 年 6 月，二人因夫妻感情不和分居。原告事后得知，2005 年 1 月 10 日，徐某某欺骗单位谎称原告已死亡，其单位向被告下属的婚姻登记管理处开具了丧偶的《婚姻状况证明》。2005 年 1 月 18 日，被告下属婚姻登记管理处受理了徐某某与王某某的结婚登记申请，总于审查并为二人办理了结婚登记。2017 年 8 月 19 日，徐某某去世，并在 2017 年 5 月 10 日留有遗嘱称"一切财产由王某某继承"。后因财产继承问题，徐某某孙女提起继承纠纷及婚姻无效纠纷诉讼。2019 年 8 月 20 日，原告向被告下属婚姻登记管理处递交《撤销婚姻登记申请书》及相关证据，该登记处电话回复称徐某某单位政治部开具的《婚姻状况证明》中，明确载明徐某某丧偶，婚姻登记管理处只做形式审查，不做实体审查，故不存在过错，拒绝撤销对徐某某与王某某的结婚登记。原告认为，被告下属婚姻登记管理处对徐某某递交的《婚姻状况证明》怠于审查，在原告申请撤销时在法定期限内拒绝撤销，违反了《婚姻登记条例》第 6 条第 3 项、《婚姻登记工作暂行规范》第 24 条第 4 项之规定，故起诉至一审法院。诉讼请求：①确认被告下属的婚姻登记管理处拒绝撤销原告丈夫徐某某（已故）与王某某（结婚证字号：XX 结字×××××××号）婚姻登记的具体行政行为违法；②本案诉讼费用由被告承担。

被告辩称：

1. 被告婚姻登记机关为王某某、徐某某办理结婚登记程序合法。《婚姻登记条例》第 5 条规定："办理结婚登记的内地居民应当出具下列证件和证明材料：（一）本人的户口簿、身份证；（二）本人无配偶以及与对方当事人没有直系血亲和三代以内旁系血亲关系的签字声明。"《婚姻登记工作暂行规范》第 21 条规定："结婚登记应当按照初审–受理–审查–登记（发证）的程序办理。"被告婚姻登记机关在为王某某、徐某某办理结婚登记时，对双方提交的相关证件、材料依法进行了审查，现场监督双方填写了《申请结婚登记声明书》，并由监誓人签字。经审查双方提交的证件、证明、声明符合法定要求、符合结婚条件，故填写了《结婚登记审查处理表》，并根据法定程序颁发结婚证，整个婚姻登记程序合法。

2. 被告婚姻登记机关在为王某某、徐某某办理结婚登记时，依法履行了审查职责。《婚姻登记条例》第 7 条规定："婚姻登记机关应当对结婚登记当事人出具的证件、证明材料进行审查并询问相关情况。对当事人符合结婚条件的，应当当场予以登记，发给结婚证；对当事人不符合结婚条件不予登记的，应当向当事人说明理由。"《婚姻登记工作暂行规范》第 22 条规定："受理结婚登记申请的条件是：（一）婚姻登记处具有管辖权；（二）要求结婚的男女双方共同到婚姻登记处提出申请；（三）当事人男年满 22 周岁，女年满

20 周岁;(四)当事人双方均无配偶(未婚、离婚、丧偶);(五)当事人双方没有直系血亲和三代以内旁系血亲关系;(六)双方自愿结婚;(七)当事人提交 3 张大 2 寸双方近期半身免冠合影照片;(八)当事人持有本规范第二十三条至第二十八条规定的证件。"第 23 条第 1 款、第 2 款规定:"内地居民办理结婚登记应当提交本人的常住户口簿和居民身份证。居民身份证与常住户口簿上的姓名、性别、出生日期应当一致;不一致的,当事人应当先到有关部门更正。"《民政部关于贯彻执行〈婚姻登记条例〉若干问题的意见》第 3 条第 2 款规定:"当事人声明的婚姻状况与户口簿'婚姻状况'内容不一致的,婚姻登记机关对当事人婚姻状况的审查主要依据其本人书面声明。"因此,婚姻登记机关在受理结婚登记时,主要依据男女双方提供的身份证件、证明和声明来审查其是否符合申请条件,即主要对证件是否齐全、户口信息与身份证信息是否一致、声明内容是否完整、是否符合要求、声明的婚姻状况与户口簿登记的婚姻状况是否一致等相关内容进行形式审查,而且当个人声明与户口簿登记的婚姻状况不一致时,对婚姻状况的审查主要依据其本人的书面声明。王某某、徐某某申请结婚登记时,徐某某系现役军人身份,提供了所在军队政治部门出具的婚姻状况证明材料,证明其婚姻状况为丧偶,该证明系结婚登记程序中认定婚姻状况的法定依据,而且该证明中所载身份信息与徐某某的军人证件所载信息一致;王某某申请结婚登记时,提供的户口簿中的婚姻状况虽为有配偶,但个人声明中的婚姻状况为丧偶,对于其婚姻状况的审查依法主要依据其本人书面声明。因此,被告在办理王某某、徐某某的婚姻登记中,已经依法履行了审查职责。

3. 原告马某某主张的撤销婚姻登记事项,超出被告法定职权范围,且被告已经依法履行了告知程序。《婚姻登记工作规范》第 46 条规定:"受胁迫结婚的婚姻当事人,可以向原办理该结婚登记的机关请求撤销婚姻。"第 52 条规定:"婚姻登记处对不符合撤销婚姻条件的,应当告知当事人不予撤销原因,并告知当事人可以向人民法院请求撤销婚姻。"第 53 条规定:"除受胁迫结婚之外,以任何理由请求宣告婚姻无效或者撤销婚姻的,婚姻登记机关不予受理。"2019 年 8 月 21 日,被告收到原告邮寄的撤销涉案婚姻登记申请书,其申请理由主要为徐某某与王某某登记结婚时,提供的丧偶事实虚假,其二人系重婚。被告收到该申请后,积极核查情况,因被告仅具有撤销受胁迫婚姻的法定职权,故被告在法定期限内向原告作出不予受理的回复,并向原告申请书中载明的送达地址进行了邮寄送达，而且也将相关内容电话通知了原告，该回复内容和程序合法。

4. 被告认为原告申请撤销的婚姻登记行为或已不具有可撤销性。被告收到原告撤销婚姻登记申请后，为了查明原告所述事实，在全国婚姻登记信息系统中对涉案人员的婚姻登记情况进行查询。经查，该系统显示"马某某"曾于2014年在济南市LX区登记结婚。

故被告认为，原告申请撤销的涉案婚姻登记行为或已不具有可撤销性。综上，被告根据王某某、徐某某的申请，依法为其办理结婚登记程序合法，而且被告依法履行了审查职责，请法院依法驳回原告之诉请。

【一审裁判】

本院认为，《行政诉讼法》第46条规定："公民、法人或者其他组织直接向人民法院提起诉讼的，应当自知道或者应当知道作出行政行为之日起六个月内提出。法律另有规定的除外。因不动产提起诉讼的案件自行政行为作出之日起超过二十年，其他案件自行政行为作出之日起超过五年提起诉讼的，人民法院不予受理。"《最高人民法院关于适用〈中华人民共和国行政诉讼法〉的解释》第65条规定："公民、法人或者其他组织不知道行政机关作出的行政行为内容的，其起诉期限从知道或者应当知道该行政行为内容之日起计算，但最长不得超过行政诉讼法第四十六条第二款规定的起诉期限。"本案中，结合原被告提交证据，徐某某与第三人王某某登记结婚时间为2005年1月18日，也即被告作出准予结婚登记行政行为的时间。原告于2019年10月22日向本院提起诉讼，其起诉时间明显已超过上述规定的5年的最长起诉期限，而其未在上述期限内提起诉讼的情形又不符合《行政诉讼法》第48条的规定，故其起诉不符合上述关于起诉期限的规定，应予驳回。

综上，依照《最高人民法院关于适用〈中华人民共和国行政诉讼法〉的解释》第69条第1款第2项、第3款之规定，裁定如下：驳回原告马某某的起诉。

【上诉情况】

马某某不服一审裁定上诉称，一审裁定适用法律错误。《行政诉讼法》第46条第2款"其他案件自行政行为作出之日起超过五年提起诉讼，人民法院不予受理"、《最高人民法院关于适用〈中华人民共和国行政诉讼法〉的解释》第 65 条"公民、法人或者其他组织不知道行政机关作出的行政行为内容的，其起诉期限从知道或者应当知道该行政行为内容之日起计算，但最长不得超过行政诉讼法第四十六条第二款规定的起诉期限"适用的前提是指起诉人是具体行政行为的相对人，而在本案中，马某某并不是具体行政行为的相对人，而是利害关系人。马某某对 X 市 B 区民政局 2005 年 1 月 18 日的违法行为毫不知情，本案不应适用 5 年诉讼时效的规定。综上，一审裁定适用法律错误，故上诉请求：撤销 XXXXXX 法院 ［2019］××行初××号行政裁定，发回重审。

被上诉人 X 市 B 区民政局答辩称：①一审法院适用法律正确。本案涉及的具体行政行为系被上诉人在 2005 年 1 月 18 日为徐某某与王某某办理结婚登记事项，而截至上诉人一审起诉之时，该行政行为已超过了《行政诉讼法》规定的 5 年起诉期限，法院应不予受理，故一审法院据此驳回上诉人起诉，事实清楚，适用法律正确。②上诉人的上诉理由缺乏依据，应予驳回。《行政诉讼法》规定的起诉期限对行政行为提起诉讼的公民具有普遍适用性，并不存在对行政相对人和行政相关人区别对待。故上诉人对行政行为提起诉讼，自然应适用《行政诉讼法》规定的起诉期限。综上，一审法院适用法律正确，上诉人的上诉理由缺乏事实和依据，请贵院依法驳回上诉。

【二审裁判】

本院认为，起诉期限是《行政诉讼法》确定的重要法律制度。它是公民、法人或者其他组织向人民法院提起行政诉讼，并获得人民法院受理的期间，是当事人提起诉讼的条件之一。不符合起诉期限条件，即未在法定期限内向人民法院提起诉讼的，当事人便丧失了向法院提起诉讼的权利。《行政诉讼法》第 46 条规定："公民、法人或者其他组织直接向人民法院提起诉讼的，应当自知道或者应当知道作出行政行为之日起六个月内提出。法律另有规定的除外。因不动产提起诉讼的案件自行政行为作出之日起超过二十年，其他案件自行政行为作出之日起超过五年提起诉讼的，人民法院不予受理。"《最高人民法院关于适用〈中华人民共和国行政诉讼法〉的解释》第 65 条规定："公民、法人或者其他组织不知道行政机关作出的行政行为内容的，其起诉期限从知道或者应当知道该行政行为内容之日起计算，但最长不得超过行政诉讼法第四十六条第二款规定的起诉期限。"

本案中，2005 年 1 月 18 日被上诉人准予徐某某与王某某的结婚登记，即上诉人要求确认被上诉人拒绝撤销徐某某与王某某婚姻登记的具体行政行为违法的诉讼请求的基础行政行为作出时间是 2005 年 1 月 18 日，上诉人于 2019 年 10 月 22 日向一审法院提起本案诉讼，显然已超过上述法律规定的 5 年最长起诉期限。上诉人表面的诉讼请求是请求确认被上诉人拒绝撤销案涉婚姻登记的行政行为违法，但实质上是要达到撤销案涉婚姻登记行政行为的目的。

上诉人采用要求确认被上诉人拒绝撤销案涉婚姻登记的行政行为违法以达到撤销 2005 年 1 月 18 的婚姻登记行政行为，但不能规避起诉期限的规定。对于上诉人马某某提出的《行政诉讼法》第 46 条、《最高人民法院关于适用〈中华人民共和国行政诉讼法〉的解释》第 65 条适用的前提是具体行政行为的相对人才能适用，其是利害关系人，对被上诉人 2005 年 1 月 18 日的违法行为毫不知情，不应适用 5 年起诉期限规定的上诉意见。《行政诉讼法》第 46 条、《最高人民法院关于适用〈中华人民共和国行政诉讼法〉的解释》第 65 条既适用于行政行为的相对人，亦适用于利害关系人，上诉人的上诉意见无法律依据，故本院对该上诉意见不予支持。综上，一审裁定认定事实清楚，适用法律正确，上诉人马某某的上诉理由不能成立，本院不予支持。依照《行政诉讼法》第 89 条第 1 款第 1 项的规定，裁定如下：驳回上诉，维持原裁定。

本裁定为终审裁定。

【案例解析及拓展】

这是一起因撤销婚姻登记行为而引发的诉讼。

1. 撤销婚姻登记行为的诉讼时效

《行政诉讼法》对行政诉讼时效作了明确的规定，同时《最高人民法院关于〈中华人民共和国行政诉讼法〉若干问题的解释》又对其作了补充规定。从上述规定来看，行政诉讼时效主要有三种不同情况：

（1）一般诉讼时效和法定诉讼时效的规定。《行政诉讼法》第 46 条规定："公民、法人或者其他组织直接向人民法院提起诉讼的，应当自知道或者应当知道作出行政行为之日起六个月内提出。法律另有规定的除外。"由此可见，行政诉讼法规定的一般诉讼时效为 6 个月。

（2）未告知诉权或起诉期限的诉讼时效规定。《最高人民法院关于〈中华人民共和国行政诉讼法〉若干问题的解释》第41条规定："行政机关作出具体行政行为时，未告知公民、法人或者其他组织诉权或者起诉期限的，起诉期限从公民、法人或者其他组织知道或者应当知道诉权或者起诉期限之日起计算，但从知道或者应当知道具体行政行为内容之日起最长不得超过两年。"

（3）不知道具体行政行为的作出的最长诉讼时效规定。《最高人民法院关于〈中华人民共和国行政诉讼法〉若干问题的解释》第42条规定，公民、法人或者其他组织不知道行政机关作出的具体行政行为内容的，其起诉期限从知道或者应当知道具体行政行为内容之日起算，但涉及不动产的具体行政行为从作出之日起超过20年、其他具体行政行为从作出之日起超过5年的，人民法院不予受理。

2. 可撤销婚姻的诉讼时效是多久？

受胁迫的一方撤销婚姻的请求，应当自结婚登记之日起1年内提出。被非法限制人身自由的当事人请求撤销婚姻的，应当自恢复人身自由之日起1年内提出。这里所规定的"一年"不适用诉讼时效中止、中断或者延长的规定。

可撤销的婚姻是指当事人因意思表示不真实而成立的婚姻，或者当事人成立的婚姻在结婚的要件上有欠缺，法律赋予一定的当事人以撤销婚姻的请求权，该当事人可以通过行使撤销婚姻的请求权，而使该婚姻无效的婚姻。通过有撤销权的当事人行使撤销权，使已经发生法律效力的婚姻关系失去法律效力。

3. 什么是可撤销婚姻？

可撤销的婚姻，是指因胁迫结婚的，受胁迫的一方或被非法限制人身自由的当事人，可以向婚姻登记机关或人民法院请求撤销该婚姻。

《中华人民共和国婚姻法》第11条规定："因胁迫结婚的，受胁迫的一方可以向婚姻登记机关或人民法院请求撤销该婚姻。受胁迫的一方撤销婚姻的请求，应当自结婚登记之日起一年内提出。被非法限制人身自由的当事人请求撤销婚姻的，应当自恢复人身自由之日起一年内提出。"

4. 婚姻登记机关是否可以直接撤销婚姻登记

婚姻登记是行政确认行为，婚姻登记中的审查基本属于形式审查。法律没有赋予婚姻登记机关实质调查权。如婚姻登记的当事人身份证件与本人差别很大，登记员却在主观上放任冒名结果的发生，那该登记员应该承担相应的责任。又如登记员在现有的技术条件下按照操作规范要求，尽到了合理的审查义务，应该免责。目前各登记机关正在争取财政资金支持，尽力增加相关设施，如身份证阅读器、文拍仪、人脸识别系统等，逐步提高身份比对的准确度。

公众对婚姻登记存在一定的认识误区，认为身份证件被他人冒用登记，只需告诉登记机关就应该撤销掉，但这不是小学生改错别字，可以擦掉重写。像婚姻无效或此类被冒名的结婚登记纠错，婚姻登记系统不宜删除原始登记信息。

按照法律法规的相关规定，民政部门没有权力根据当事人个人申请直接撤销婚姻登记行为。正确的做法是在接到法院撤销的判决书后，婚姻登记机关在系统内的备注栏备注判决案号，注明谁谁系假冒。法院判决无婚姻效力的结婚登记，当事人的婚姻状况回到之前的未婚或其他状态。

5. 身份证信息被冒用结婚，应当如何解决？

《最高人民法院关于适用〈中华人民共和国婚姻法〉若干问题的解释（三）》第1条第2款规定："当事人以结婚登记程序存在瑕疵为由提起民事诉讼，主张撤销结婚登记的，告知其可以依法申请行政复议或者提起行政诉讼。"因此，婚姻登记程序存在瑕疵的，需要按照《最高人民法院关于适用〈中华人民共和国婚姻法〉若干问题的解释（三）》第1条之规定，由当事人提起行政诉讼，或者申请行政复议解决。

根据现行法律和司法解释的规定，公民可以起诉婚姻登记机关，要求撤销婚姻登记。不过，通过行政诉讼的途径来解决登记瑕疵问题，对当事人的权利保障不是太充分。按照《中华人民共和国行政复议法》第9条的规定，对具体行政行为申请行政复议的期限一般为60日，相当一部分案件因为期限问题而不能走行政复议。

一审裁判文书：

XXXXXX 法院

行政裁定书

［2019］××行初××号

原告：某某，女，××××年××月××日出生，公民身份号码×××××××××× ××××××××，满族，住 X 市 YT 区。

被告：市 B 区民政局，住所地 X 市 B 区。负责人：宋某，局长。

委托代理人：王阿娟，陕西明萌律师事务所律师。

原告马某某诉被告 X 市 B 区民政局不履行法定职责一案，本院受理后，依法组成合议庭进行了审理，现已审理终结。

原告诉称，1997 年 7 月 15 日，原告马某某与徐某某在被告下属的婚姻登记处登记结婚，系合法夫妻关系。1999 年 6 月，二人因夫妻感情不和分居。原告事后得知，2005 年 1 月 10 日，徐某某欺骗单位谎称原告已死亡，其单位向被告下属的婚姻登记管理处开具了丧偶的《婚姻状况证明》。2005 年 1 月 18 日，被告下属婚姻登记管理处受理了徐某某与王某某的结婚登记申请，怠于审查并为二人办理了结婚登记。2017 年 8 月 19 日，徐某某去世，并在 2017 年 5 月 10 日留有遗嘱称"一切财产由王某某继承"。后因财产继承问题，徐某某孙女提起继承纠纷及婚姻无效纠纷。2019 年 8 月 20 日，原告向被告下属婚姻登记管理处递交《撤销婚姻登记申请书》及相关证据，该登记处电话回复称徐某某单位政治部开具的《婚姻状况证明》中，明确载明徐某某丧偶，婚姻登记管理处只做形式审查，不做实体审查，故不存在过错，拒绝撤销对徐某某与王某某的结婚登记。原告认为，被告下属婚姻登记管理处对徐某某递交的《婚姻状况证明》怠于审查，在原告申请撤销时在法定期限内拒绝撤销，违反了《婚姻登记条例》第 6 条第 3 项、《婚姻登记工作暂行规范》第 24 第 4 项之规定，故起诉至法院。诉讼请求：1. 确认被告下属的婚姻登记管理处拒绝撤销原告丈夫徐某某（已故）与王某某（结婚证字号：XX 结字××× ×××××号）婚姻登记的具体行政行为违法；2. 本案诉讼费用由被告承担。

被告辩称：一、被告婚姻登记机关为王某某、徐某某办理结婚登记程序合法。《婚姻登记条例》第 5 条第 1 款规定："办理结婚登记的内地居民应当出具下列证件和证明材料：（一）本人的户口簿、身份证；（二）本人无配偶以及与对方当事人没有直系血亲和三代以内旁系血亲关系的签字声明。"《婚姻登记工作暂行规范》第21条规定："结婚登记应当按照初审-受理-审查-登记（发证）的程序办理。"被告婚姻登记机关在为王某某、徐某某办理结婚登记时，对双方提交的相关证件、材料依法进行了审查，现场监督双方填写了《申请结婚登记声明书》，并由监誓人签字。经审查双方提交的证件、证明、声明符合法定要求、符合结婚条件，故填写了《结婚登记审查处理表》，并根据法定程序颁发结婚证，整个婚姻登记程序合法。被告婚姻登记机关在为王某某、徐某某办理结婚登记时，依法履行了审查职责。《婚姻登记条例》第7条规定："婚姻登记机关应当对结婚登记当事人出具的证件、证明材料进行审查并询问相关情况。对当事人符合结婚条件的，应当当场予以登记，发给结婚证；对当事人不符合结婚条件不予登记的，应当向当事人说明理由。"《婚姻登记工作暂行规范》第22条规定："受理结婚登记申请的条件是：（一）婚姻登记处具有管辖权；（二）要求结婚的男女双方共同到婚姻登记处提出申请；（三）当事人男年满22周岁，女年满20周岁；（四）当事人双方均无配偶（未婚、离婚、丧偶）；（五）当事人双方没有直系血亲和三代以内旁系血亲关系；（六）双方自愿结婚；（七）当事人提交3张大2寸双方近期半身免冠合影照片；（八）当事人持有本规范第二十三条至第二十八条规定的证件。"第23条第1款、第2款规定："内地居民办理结婚登记应当提交本人的常住户口簿和居民身份证。居民身份证与常住户口簿上的姓名、性别、出生日期应当一致；不一致的，当事人应当先到有关部门更正。"《民政部关于贯彻执行〈婚姻登记条例〉若干问题的意见》第3条第2款规定："当事人声明的婚姻状况与户口簿'婚姻状况'内容不一致的，婚姻登记机关对当事人婚姻状况的审查主要依据其本人书面声明。"因此，婚姻登记机关在受理结婚登记时，主要依据男女双方提供的身份证件、证明和声明来审查其是否符合申请条件，即主要对证件是否齐全、户口信息与身份证信息是否一致、声明内容是否完整、是否符合要求、声明的婚姻状况与户口簿登记的婚姻状况是否一致等相关内容进行形式审查，而且当个人声明与户口簿登记的婚姻状况不一致时，对婚姻状况的审查主要依据其本人的书面声明。王某某、徐某某申请结婚登记时，徐某某系现役军人身份，提供了所在军队政治部门出具的婚姻状况证明材料，证明其婚姻状况为丧偶，该证明系结婚登记程序中认定婚姻状况的法定依据，而且该证明中所载身份信息与徐某某的军人证件所载信息一致；王某某申请结婚登记时，提供的户口簿中的婚姻状况虽为有配偶，但个人声明中的婚姻状况为丧偶，对于其婚姻状况的审查依法主要依据其本人书面声明。因此，被告在办理王某某、徐某某的婚姻登记中，已经依法履行了审查职责。三、原告马某某主张的撤销婚姻登记事项，超出被告法定职权范围，且被告已经依法履行了告知程序。《婚姻登记工作规范》第46条规定："受胁迫结婚的婚姻当事人，可以向原办理该结婚登记的机关请求撤销婚姻。"第52条规定："婚姻登记处对不符合撤销婚姻条件的，应当告知当事人不予撤销原因，并告知当事人可以向人民法院请求撤销婚姻。"第53条规定："除受胁迫结婚之外，以任何理由请求宣告婚姻无效或者撤销婚姻的，婚姻登记机关不予受理。"2019年8月21日，被告收到原告邮寄的撤销涉案婚姻登记申请书，其申请理由主要为徐某某与王某某登记结婚时，提供的丧偶事实虚假，其二人系重婚。被告收到该申请后，积极核查情况，因被告仅具有撤销受胁迫婚姻的法定职权，故被告在法定期限内向原告作出不予受理的回复，并向原告申请书中载明的送达地址进行了邮寄送达，而且也将相关内容电话通知了原告，该回复内容和程序合法。四、被告认为原告申请撤销的婚姻登记行为或已不具有可撤销性。被告收到原告撤销婚姻登记申请后，为了查明原告所述事实，在全国婚姻登记信息系统中对涉案人员的婚姻登记情况进行查询。经查，该系统显示"马某某"曾于2014年在济南市LX区登记结婚。故被告认为，原告申请撤销的涉案婚姻登记行为或已不具有可撤销性。综上，被告根据王某某、徐某某的申请，依法为其办理结婚登记程序合法，而且被告依法履行了审查职责，请法院依法驳回原告之诉请。

本院认为，《中华人民共和国行政诉讼法》第46条规定："公民、法人或者其他组织直接向人民法院提起诉讼的，应当自知道或者应当知道作出行政行为之日起六个月内提出。法律另有规定的除外。因不动产提起诉讼的案件自行政行为作出之日起超过二十年，其他案件自行政行为作出之日起超过五年提起诉讼的，人民法院不予受理。"《最高人民法院关于适用〈中华人民共和国行政诉讼法〉的解释》第65条规定："公民、法人或者其他组织不知道行政机关作出的行政行为内容的，其起诉期限从知道或者应当知道该行政行为内容之日起计算，但最长不得超过行政诉讼法第四十六条第二款规定的起诉期限。"本案中，结合原被告提交证据，徐某某与第三人王某某登记结婚时间为2005年1月18日，也即被告作出准予结婚登记行政行为的时间。原告于

2019 年 10 月 22 日向本院提起诉讼，其起诉时间明显已超过上述规定的 5 年的最长起诉期限，而其未在上述期限内提起诉讼的情形又不符合《中华人民共和国行政诉讼法》第 48 条的规定，故其起诉不符合上述关于起诉期限的规定，应予驳回。

综上，依照《最高人民法院关于适用〈中华人民共和国行政诉讼法〉的解释》第 69 条第 1 款第 2 项、第 3 款之规定，裁定如下：驳回原告马某某的起诉。

案件受理费 50 元，退还原告马某某。

如不服本裁定，可在裁定书送达之日起 10 日内向本院递交上诉状，并按对方当事人的人数提出副本，上诉于 XXXXXX 法院。

审判长 XXX

审判员 XXX

审判员 XXX

二〇一九年十二月二十八日

书记员 XXX

二审裁判文书：

XXXXXX 法院

行政裁定书

〔2020〕××行终××号

上诉人（原审原告）：马某某，女，××××年××月××日出生，满族，住 X 市 YT 区，公民身份号码×××××××××××××××××××。

被上诉人：X 市 B 区民政局，住所地 X 市 B 区。负责人：宋某，局长。

委托代理人：王阿娟，陕西明萌律师事务所律师。

上诉人马某某因与被上诉人 X 市 B 区民政局不履行法定职责一案，不服 XXXXXX 法院〔2019〕××行初××号行政裁定，向本院提起上诉。本院受理后，依法组成合议庭审理了本案。

马某某一审诉称：1997 年 7 月 15 日，原告马某某与徐某某在被告下属的婚姻登记处登记结婚，系合法夫妻关系。1999 年 6 月，二人因夫妻感情不和分居。原告事后得知，2005 年 1 月 10 日，徐某某欺骗单位谎称原告已死亡，其单位向被告下属的婚姻登记管理处开具了丧偶的《婚姻状况证明》。2005 年 1 月 18 日，被告下属婚姻登记管理处受理了徐某某与王某某的结婚登记申请，怠于审查并为二人办理了结婚登记。2017 年 8 月 19 日，徐某某去世，并在 2017 年 5 月 10 日留有遗嘱称"一切财产由王某某继承"。后因财产继承问题，徐某某孙女提起继承纠纷及婚姻无效纠纷诉讼。2019 年 8 月 20 日，原告向被告下属婚姻登记管理处递交《撤销婚姻登记申请书》及相关证据，该登记处电话回复称徐某某单位政治部开具的《婚姻状况证明》中，明确载明徐某某丧偶，婚姻登记管理处只做形式审查，不做实体审查，故不存在过错，拒绝撤销对徐某某与王某某的结婚登记。原告认为，被告下属婚姻登记管理处对徐某某递交的《婚姻状况证明》怠于审查，在原告申请撤销时在法定期限内拒绝撤销，违反了《婚姻登记条例》第 6 条第 3 项、《婚姻登记工作暂行规范》第 24 条第 4 项之规定，故起诉至一审法院。诉讼请求：1. 确认被告下属的婚姻登记管理处拒绝撤销原告丈夫徐某某（已故）与王某某（结婚证字号：XX 结字×××××××号）婚姻登记的具体行政行为违法；2. 本案诉讼费用由被告承担。

原审法院经审理认为，《中华人民共和国行政诉讼法》第 46 条规定："公民、法人或者其他组织直接向人民法院提起诉讼的，应当自知道或者应当知道作出行政行为之日起六个月内提出。法律另有规定的除外。因不动产提起诉讼的案件自行政行为作出之日起超过二十年，其他案件自行政行为作出之日起超过五年提起诉讼的，人民法院不予受理。"《最高人民法院关于适用〈中华人民共和国行政诉讼法〉的解释》第 65 条规定："公民、法人或者其他组织不知道行政机关作出的行政行为内容的，其起诉期限从知道或者应当知道该行政行为内容之日起计算，但最长不得超过行政诉讼法第四十六条第二款规定的起诉期限。"本案中，结合原被告提交证据，徐某某与第三人王某某登记结婚时间为 2005 年 1 月 18 日，也即被告作出准予结婚登记行政行为的时间。原告于 2019 年 10 月 22 日向一审法院提起诉讼，其起诉时间明显已超过上述规定的 5 年的最长起诉期限，而其未在上述期限内提起诉讼的情形又不符合《中华人民共和国行政诉讼法》第 48 条的规定，故其起诉不符合上述关于起诉期限的规定，应予驳回。综上，依照《最高人民法院关于适用〈中华人民共和国行政诉讼法〉的解释》第 69 条第 1 款第 2 项、第 3 款之规定，裁定：驳回原告马某某的起诉。案件受理费 50 元，退还原告马某某。

马某某不服一审裁定上诉称，一审裁定适用法律错误。《中华人民共和国行政诉讼法》第 46 条第 2 款"其他案件自行政行为作出之日起超过五年提起诉讼，人民法院不予受理"、《最高人民法院关于适用〈中华人民共和国行政诉讼法〉的解释》第 65 条"公民、法人或者其他组织不知道行政机关作出的行政行为内容的，其起诉期限从知道或者应当知道该行政行为内容之日起计算，但最长不得超过行政诉讼法第四十六条第二款规定的起诉期限"适用的前提，是指起诉人是具体行政行为的相对人时才能适用，而本案中，马某某并不是具体行政行为的相对人，而是利害关系人，马某某对×市 B 区民政局 2005 年 1 月 18 日的违法行为毫不知情，本案不应适用 5 年诉讼时效的规定。综上，一审裁定适用法律错误，故上诉请求：撤销西安铁路运输法院 [2019] 陕 7102 行初 35×× 号行政裁定，发回重审。

被上诉人 X 市 B 区民政局答辩称，一、一审法院适用法律正确。本案涉及的具体行政行为系被上诉人在 2005 年 1 月 18 日为徐某某与王某某办理结婚登记事项，而截至上诉人一审起诉之时，该行政行为已超过了《中华人民共和国行政诉讼法》规定的 5 年起诉期限，法院应不予受理，故一审法院据此驳回上诉人起诉，事实清楚，适用法律正确。二、上诉人的上诉理由缺乏依据，应予驳回。《中华人民共和国行政诉讼法》规定的起诉期限对行政行为提起诉讼的公民具有普遍适用性，并不存在对行政相对人和行政相关人区别对待。故上诉人对行政行为提起诉讼，自然应适用《中华人民共和国行政诉讼法》规定的起诉期限。综上，一审法院适用法律正确，上诉人的上诉理由缺乏事实和依据，请贵院依法驳回上诉。

本院认为，起诉期限是《中华人民共和国行政诉讼法》确定的重要法律制度。它是公民、法人或者其他组织向人民法院提起行政诉讼，并获得人民法院受理的期间，是当事人提起诉讼的条件之一。不符合起诉期限条件，即未在法定期限内向人民法院提起诉讼的，当事人便丧失了向法院提起诉讼的权利。《中华人民共和国行政诉讼法》第 46 条规定："公民、法人或者其他组织直接向人民法院提起诉讼的，应当自知道或者应当知道作出行政行为之日起六个月内提出。法律另有规定的除外。因不动产提起诉讼的案件自行政行为作出之日起超过二十年，其他案件自行政行为作出之日起超过五年提起诉讼的，人民法院不予受理。"《最高人民法院关于适用〈中华人民共和国行政诉讼法〉的解释》第65条规定："公民、法人或者其他组织不知道行政机关作出的行政行为内容的，其起诉期限从知道或者应当知道该行政行为内容之日起计算，但最长不得超过行政诉讼法第四十六条第二款规定的起诉期限。"本案中，2005年1月18日被上诉人准予徐某某与王某某的结婚登记，即上诉人要求确认被上诉人拒绝撤销徐某某与王某某婚姻登记的具体行政行为违法的诉讼请求的基础行政行为作出时间是2005年1月18日，上诉人于2019年10月22日向一审法院提起本案诉讼，显然已超过上述法律规定的5年最长起诉期限。上诉人表面的诉讼请求是请求确认被上诉人拒绝撤销案涉婚姻登记的行政行为违法，但实质上是要达到撤销案涉婚姻登记行政行为的目的。上诉人采用要求确认被上诉人拒绝撤销案涉婚姻登记的行政行为违法以达到撤销2005年1月18的婚姻登记行政行为，但不能规避起诉期限的规定。对于上诉人马某某提出的《中华人民共和国行政诉讼法》第46条、《最高人民法院关于适用〈中华人民共和国行政诉讼法〉的解释》第65条适用的前提是具体行政行为的相对人才能适用，其是利害关系人，对被上诉人2005年1月18日的违法行为毫不知情，不应适用5年起诉期限规定的上诉意见。《中华人民共和国行政诉讼法》第46条、《最高人民法院关于适用〈中华人民共和国行政诉讼法〉的解释》第65条既适用于行政行为的相对人，亦适用于利害关系人，上诉人的上诉意见无法律依据，故本院对该上诉意见不予支持。综上，一审裁定认定事实清楚，适用法律正确，上诉人马某某的上诉理由不能成立，本院不予支持。依照《中华人民共和国行政诉讼法》第89条第1款第1项的规定，裁定如下：

驳回上诉，维持原裁定。本裁定为终审裁定。

审判长　XXX

审判员　XXX

审判员　XXX

二〇二〇年五月十三日

书记员　XXX

案例四

【问题提示】

对于政府信息公开申请，政府机关应如何应对？

【案情】

原告：张某某。

被告：某区人民政府。

【一审裁判】

本院在审理原告张某某诉被告某区人民政府信息公开一案中，原告于××年9月18日向本院提出撤诉申请。

本院认为，原告张某某的撤诉申请，系原告的真实意思表示，且不损害国家、社会利益以及他人的合法权益，符合法律规定，依法应予准许。依照《行政诉讼法》第62条之规定，裁定如下：

准许原告张某某撤回起诉。

【案例解析及拓展】

这是一起因政府信息公开引发的诉讼。本案中，因被告某区人民政府确实存在在收到张某某的政府信息公开申请书之后，在法定期限内未予答复行为。故考虑到该案件的败诉风险，在诉讼过程中，经向原告释明该信息不属于本机关应予公开的政府信息，且协助原告从其他行政机关处获取了该信息。故原告最终撤回起诉。

行政机关如何处理政府信息公开申请？应了解以下事项：

一、政府信息公开申请的提出

（一）提出形式

（1）书面形式：信件、数据电文。

（2）口头：采用书面形式确有困难。

（二）申请应包含的内容

（1）申请人的姓名或者名称、身份证明、联系方式。

（2）申请公开的政府信息的名称、文号或者便于行政机关查询的其他特征性描述。

（注意：申请的政府信息指向明确、唯一。）

（3）申请公开的政府信息的形式要求，包括获取信息的方式、途径。

（4）7个工作日内一次性告知申请人作出补正，说明需要补正的事项和合理的补正期限。

实践中，行政机关收到的政府信息公开申请有时并非明确要求某一特定、具体的政府信息，而是非常含糊地要求一类政府信息，往往导致行政机关难以识别，都去公开必然给行政机关造成非常大的负担。有的政府信息公开工作人员诙谐地将其称作为"一筐梨"。按照上述规定，申请内容应当明确，申请内容不明确的，行政机关应当告知申请人作出更正、补充。申请人坚持不作更正、补充的，就难以支持。

申请人对其申请内容进行补正后，若补正内容是对其原先申请内容的进一步明确，则行政机关应当依法作出答复；若申请人在补正申请中除了对先前内容进行补正外，又另外提出新的政府信息公开事项，则该新事项作为首次申请计算有关处理期限，行政机关可另案处理并书面告知申请人。

作出补正要遵循便民原则，对申请人进行指导和释明；期限：7个工作日内；工作要求：一次性的补正告知；补正告知内容：说明补正理由，并给予合理的期限（不少于5日）。

（三）应向谁提出政府信息公开申请

1. 向行政机关的政府信息公开工作机构提出

（1）设立政府信息公开工作机构的：官网公示栏公开的本机关政府信息公开工作机构的联系方式、地址、负责人员的；

（2）向本机关其他部门邮寄的政府信息公开告知申请书，两个部门并非同一办公地址的，若该部门已经签收且未及时联系告知申请人，则应该及时在机关内部向政府信息公开工作机构转送；

（3）直接载明行政机关或者行政机关负责人的名字，亦未说明申请政府信息公开，在收到收发室转送的信件后，应电话联系寄件人，询问信件内容以及寄信目的，询问时应注意录音。

2. 未设立政府信息公开工作机构的

直接向行政机关邮寄，或者向某一业务部门邮寄，可以视为向行政机关提出了公开申请。

3. 收到政府信息公开申请的时间

（1）当面提交政府信息公开申请的，以提交之日为收到申请之日；应要求申请人亲笔书写提交当日的时间，

（2）以邮寄方式提交政府信息公开申请的，以行政机关签收之日为收到申请之日；以平常信函等无需签收的邮寄方式提交政府信息公开申请的，政府信息公开工作机构应当于收到申请的当日与申请人确认，确认之日为收到申请之日；

（3）通过互联网渠道或者政府信息公开工作机构的传真提交政府信息公开申请的，以双方确认之日为收到申请之日。注意，根据《中华人民共和国民事诉讼法》的规定，期间以时、日、月、年计算。期间开始的时和日，不计算在期间内。

公民、法人或者其他组织通过政府公众网络系统向行政机关提交政府信息公开申请的，如该网络系统未作例外说明，则系统确认申请提交成功的日期应当视为行政机关收到政府信息公开申请之日。行政机关对于该申请的内部处理流程，不能成为行政机关延期处理的理由，逾期作出答复的，应当确认为违法。

"政府信息网上依申请公开系统"作为政府信息申请公开平台所应当具有的整合性与权威性，如未作例外说明，则从该平台上递交成功的申请应视为相关行政机关已收到原告通过互联网提出的政府信息公开申请。至于外网与内网、上下级行政机关之间对于该申请的流转，属于行政机关内部管理事务，不能成为行政机关延期处理的理由。

（四）是否属于政府信息公开事项

1. 是否属于政府信息

政府信息是指，行政机关在履行行政管理职能过程中制作或者获取的，以一定形式记录、保存的信息。政府信息应当是正式、准确、完整的，是现有的，不需要加工的。

行政机关的内部事务信息，包括人事管理、后勤管理、内部工作流程等方面的信息，可以不予公开。行政机关在履行行政管理职能过程中形成的讨论记录、过程稿、磋商信函、请示报告等过程性信息以及行政执法案卷信息，可以不予公开。法律、法规、规章规定上述信息应当公开的，从其规定。

比如：

（1）向房管局申请：律师见证的遗产继承协议的律师见证书，不能作为当事人申请办理不动产变更登记所需材料的规定。其是对某一具体事项的咨询，不属于政府信息的范畴。

（2）要求国家卫生健康委员会公开"申请全国血站的《ABO 亚型鉴定的血型检验报告书》依据哪些'化验报告样板对照规定形式'和'文字规定形式'的规定性文件出具化验报告？的政府信息公开"的政府信息。该申请实质是针对医疗机构出具《ABO 亚型鉴定的血型检验报告》所依据的规范性文件的相关问题向国家卫生健康委员会进行咨询，并非《中华人民共和国政府信息公开条例》所规定的政府信息公开申请。

（3）向公安分局申请公开"某派出所据以对申请人实施这一不法行为的法律依据；所掌握的申请人违法事实"，系向公安分局提出咨询，不属于《中华人民共和国政府信息公开条例》第 2 条规定的政府信息。

（4）申请公开的"XX 市人民政府信访复核意见书 X 信复核〔2015〕××号的复核档案"的信息，属于信访救济程序中的信息，不属于《中华人民共和国政府信息公开条例》所规定的政府信息。该申请事项不属于《中华人民共和国政府信息公开条例》的调整范畴，申请人可以通过其他途径依法获取信访程序中的信息。

（5）关于 WZ 镇人居环境整治工作的相关政策文件。该信息公开申请的实质系对 WZ 镇政府开展农村人居环境整治工作依据的相关法规政策问题进行咨询。

（6）申请人向公安部全国扫黑除恶办公室寄去举报材料后，未得到回复。后向公安部邮寄政府信息公开申请，要求公开"对这一举报处理结果的政府信息公开"。根据熊某向公安部申请政府信息的内容描述来看，系以政府信息公开的形式获取公安部对其所提交的举报投诉的处理情况，属于对其提交的举报投诉情况的咨询，不属于《中华人民共和国政府信息公开条例》的调整范围。

（7）孟某申请公开的信息为《SLP 街道办事处关于草北村城改项目变更改造主体的函》（十办政函〔2018〕××号），该文件系 SLP 街办就草北村城改项目变更改造主体的事宜向 X 市 XXXX 城中村改造办公室的请示信息，其不属于最终形成的信息，属于行政机关履行行政管理职能过程中形成的过程性信息，依法可以不予公开。

（8）申请公开的合信发〔2015〕××号《关于集中交办信访积案的通知》文件及相关档案是否属于行政机关的内部事务性信息。市信访局向辖区信访部门及市直有关单位下发的文件，属于行政机关内部的行文信息，故市信访局以该信息属于内部事务信息不予答复并无不当。

2. 是否属于公开范围

行政机关公开政府信息，应当坚持以公开为常态、不公开为例外，遵循公正、公平、合法、便民的原则。

一个事情，公开的话，可能不需要什么法律依据，但是如果作出一个不公开的决定，属于例外，例外意味着：有充足的证据、充足的法律依据和完全严丝合缝的适用条件，相关要点全部踩齐之后，得出一个不公开的结论。这样才经得起行政复议和行政诉讼的审查。

3. 不予公开范围

第一，依法确定为国家秘密的政府信息，法律、行政法规禁止公开的政府信息，以及公开后可能危及国家安全、公共安全、经济安全、社会稳定的政府信息，不予公开。

第二，涉及商业秘密、个人隐私等公开会对第三方合法权益造成损害的政府信息，行政机关不得公开。但是，第三方同意公开或者行政机关认为不公开会对公共利益造成重大影响的，予以公开。

第三，内部事务不公开。内部管理信息是与公共利益无关的纯粹的行政机关内部的事务信息，对于此类信息不公开，主要是因为该类信息对行政机关的决策、决定不产生实际影响，不公开不影响公民对行政权的监督。行政机关在履行职责过程中形成的政府信息并非都必须公开，内部信息、过程信息、决策信息普遍具有"内部性"和"非终局性"的特点，属于"意思形成"的信息，通常被列为不公开的情形。对于是否属于内部管理信息和过程性信息的判断，不能仅以该信息系行政机关内部工作安排，仅在内部流转，不向外部送达就认定为内部管理信息或过程性信息。

第四，过程性信息不公开。过程性信息是行政机关在作决定前的准备过程中形成的，处于讨论、研究或者审查过程中的信息，对于此类信息不公开，主要是考虑到行政行为尚未完成，公开可能会对行政机关独立作出行政行为产生不利影响，同时也是为了保护行政机关内部之间坦率的意见交换、意见决定的中立性，或者公开该信息具有危害公益的危险。

过程性信息指尚处于讨论、研究或者审查过程中的政府信息，是行政机关在作出行政行为之前，在调查、讨论或处理过程中形成的讨论性的、程序性的信息，如建议、意见、观点、调查报告、统计材料、事实描绘等信息。

但过程性信息不应是绝对的例外，当决策、决定完成后，此前处于调查、讨论、处理中的信息即不再是过程性信息，如果公开的需要大于不公开的需要，就应当公开。本案福建省人民政府作出征地批复后，当事人申请的"一书四方案"即已处于确定的实施阶段，行政机关以该信息属于过程性信息、内部材料为由不予公开，对当事人行使知情权构成不当阻却。

对过程性信息的具体界定应当从以下几个方面进行：一是属于政府信息。过程性信息，是行政机关制作或获取的，记录了行为的形成过程，具有信息的基本特征。二是处在行政行为形成过程中，是"现在进行时"。过程性信息处在行为启动之后到正式作出行为之前这个过程阶段。三是与行政机关履行职责行为形成过程有关。过程性信息包含两种：一种是主体行为信息，指正在形成过程中的行为状态本身的信息。例如，一份已经经过了承办人员、科长或者处长签字，正在等待会议决定或者主管局长签字的行政许可件。另一种是服务主体行为的相关信息，指服务于主体行为形成过程的信息。例如，为了完成正在起草的文件讨论稿，召集的专家会议形成的会议讨论记录。

过程性信息既然属于政府信息，首先应遵循政府信息公开的一般规定，"以公开为原则，不公开为例外"，对于涉及国家秘密的一律不予公开，涉及商业秘密或个人隐私的，征求第三方意见，第三方同意的可予公开，不同意但涉及重大公共利益的，仍应公开。其次，不予公开的具体信息范围应当予以限制。①意见信息一般不公开。在行政机关讨论、研究、审核过程中，机关之间、人员之间正在进行的意见交换如果被公之于众，可能对坦率意见交换、意思决定中立造成不当损害或使决定难以做成。例如，对于房地产估价师的注册许可，建设部是作出房地产估价师注册行政许可的最终机关，市房管局是注册的初审机关，市房管局在完成初审后，须将申请材料和初审意见上报建设部。市房管局的初审意见即为意见信息，在建设部作出最终决定之前，不宜对外公开。②未成熟的主体行为信息不公开。不成熟的、未定型的信息涉及敏感事项，过早公开会引发各种猜想，误导公众，引发混乱。例如，《关于报批A处工程可行性研究报告的请示》，该请示中关于可行性研究报告部分的信息是重要内容。在批复作出以前，不宜公开该请示的内容。③过程性信息中的事实信息应当公开。过程性信息的事实信息往往是主体行为作出的事实依据，是成熟的、客观的。例如，10 所大学向主管部门申报博士点，根据程序要对 10 所大学的申报进行初评、再评、审核、公示、上报审批、正式公布等环节。这 10 所大学所申报的学校教师人数、比例、图书资料数量、专业情况、办学历史、经费投入等申报材料，都属于主管部门评议审核过程中的信息，是事实信息，应当可以公开。④过程结束后的信息公开。过程性信息不公开从时间上来讲是过程进行中的不公开。一旦该过程结束或取消，这些信息就不能因为是过程性信息而禁止公开。

第五，行政执法案卷信息，可以不予公开。对于正在进行中的行政执法活动，当事人申请政府信息公开的，也可以以公开相关行政执法信息会对行政执法目的造成困难或者妨碍，危及国家安全、公共安全为由，根据《中华人民共和国政府信息公开条例》第 8 条规定不予公开。属于查阅行政执法案卷材料行为的，则应当按照《中华人民共和国行政处罚法》《中华人民共和国行政许可法》《中华人民共和国行政复议法》等相关法律规定予以办理。对于已经处理完毕的行政执法信息，归档移交国家档案馆的，则应当按照《中华人民共和国档案法》的相关规定办理；未移交国家档案馆的，则适用《中华人民共和国政府信息公开条例》规定决定是否应予公开。

第六，党政混合信息。党政机关联合制定文件是指党的机关与国家行政机关就职权交叉事项联合制定的规范性文件。党的机关可以与行政机关、军事机关、司法机关、人民团体及具有行政职能的事业单位等联合制定规范性文件。党政机关联合制定文件是党的机关与行政机关共同行使国家权力的产物，其调整对象兼具党内事务与行政事务的双重面向。党政联合文件的公共性决定了其公开的必然性。实践中，党政联合文件的信息公开面临着对公民申请党务公开权利的救济不足，需要政府信息的公开予以补强；裁判说理结构简单，难以化解社会矛盾等方面的问题和困境。因此，应当探寻党务公开制度与政府信息公开制度的协调机制，科学厘定党组织、行政机关、司法机关在党政联合文件信息公开中的权力边界。[1]

---

〔1〕 参见任喜荣、樊英："论党政机关联合制定文件的信息公开"，载《内蒙古社会科学》2021年第 1 期。

4. 属于谁公开

联合发文情况下，是否可以申请任一个发文的行政机关公开？牵头机关的判断：一看发文文号。用了哪个机关的文号。二看政府信息对应的内容主要是哪个机关的职责。三看落款的先后顺序。牵头机关一般是排在前边的，但也不完全是这样，所以要三个点综合判断。

一审裁判文书：

XXXXXX 法院

行政裁定书

［2020］××行初××号

原告：张某某。

委托代理人：崔某某。

委托代理人：杨云某，北京善士律师事务所律师。

被告：X市B区人民政府。

法定代表人：卢某某，区长。

委托代理人：周某，B区司法局局长。

委托代理人：索文利，陕西明萌律师事务所律师。

本院在审理原告张某某诉被告X市B区人民政府信息公开一案中，原告于2020年9月18日向本院提出撤诉申请。

本院认为，原告张某某的撤诉申请，系原告的真实意思表示，且不损害国家、社会利益以及他人的合法权益，符合法律规定，依法应予准许。依照《中华人民共和国行政诉讼法》第62条之规定，裁定如下：

准许原告张某某撤回起诉。

案件受理费25元，全部退还原告张某某。

审判员　XXX

二〇二〇年九月二十二日

书记员　XXX

案例五

【问题提示】

被股东情形在内的各种撤销公司登记的注意事项。

【案情】

原告：路某某

被告：某某市场监督管理局

2015 年 3 月 9 日，某某假日公司成立，并在被告处办理了工商设立登记，股东分别为吕某某（持股 33%）、侯某某（持股 33%）、路某某（持股 34%）。2016 年 1 月 12 日，股东吕某某将其股权转让给侯某某，公司股东变更为侯某某（持股 66%）、路某某（持股 34%）二人，法定代表人为侯某某。2016 年 11 月 9 日，股东侯某某将其股权转让给路某某，公司股东变更为路某某（持股 100%）一人，同日，某某假日公司向被告某市场监督管理局申请变更登记，并提交了公司登记（备案）申请书、某某假日公司章程、某某假日公司股东决定、某某假日公司股权转让协议等申请材料。被告受理了某某假日公司的变更登记申请后，认为某某假日公司提交的变更登记材料齐全，变更申请符合法律规定，于 2016 年 11 月 21 日为其办理了公司变更登记行为。变更登记的主要内容为：法定代表人由"侯某某"变更为"路某某"。2018 年 10 月，原告获知了上述变更登记的内容后，认为该变更登记原告本人并不知情更未参与，涉案变更登记行为依法应予撤销，故诉至本院。

另审理查明，原告向法院提交《股权转让协议》《某某假日旅游开发有限公司 2015 年第一次临时股东会决议》和《确认书》，称其持有的某某假日公司 34% 的股权已经转让给侯某某，并与侯某某签订了确认书。

【一审裁判】

一审法院认为，本案的争议焦点是原告的起诉是否符合行政诉讼的起诉条件。《行政诉讼法》第 49 条规定："提起诉讼应当符合下列条件：……（四）属于人民法院受案范围和受诉人民法院管辖。"《最高人民法院关于适用〈中华人民共和国行政诉讼法〉的解释》第 69 条规定："有下列情形之一，已经立案的，应当裁定驳回起诉：（一）不符合行政诉讼法第四十九条规定的；……"根据《行政诉讼法》第 49 条之规定，当事人提起行政诉讼应符合行政诉讼案件受理条件。

本案中，根据某市监局提供的某某假日公司工商登记档案，原告路某某系涉案某某假日公司股东，结合原告路某某向本院提交的《股权转让协议》《西安某某公司 2015 年第一次临时股东会决议》和《确认书》，本院有合理理由怀疑原告路某某与涉案公司股东侯某某之间存在相关的股权争议，上述问题的认定并将涉及对股权变更登记申请材料真实性和股权变更是否系股东真实意思表示的判断，而上述判断均非行政诉讼案件审理范围，因此，工商变更登记的处理应以其基础法律关系确定的性质进行处理，而不应直接提起行政诉讼。

因此，本院在庭审中向原告路某某释明提起相关民商事诉讼处理基础法律关系，但原告路某某明确表示其与侯某某之间不存在股权争议，坚决不就本案涉案工商登记的基础法律关系提起民事诉讼，原告的起诉，本院依法予以驳回。

故，依照《最高人民法院关于适用〈中华人民共和国行政诉讼法〉的解释》第 69 条第 1 款第 1 项、第 101 条第 1 款第 2 项之规定，裁定如下：驳回原告路某某的起诉。

【上诉情况】

上诉人路某某上诉称：

1. 一审法院认定事实不清，本案关键事实并未认定。某某假日公司 2015 年 3 月 9 日于被上诉人处办理工商登记成立，股东分别为吕某某（持股 33%）、侯某某（持股 33%）、路某某（持股 34%）三人，2016 年 1 月 12 日，股东吕某某将其股权转让给侯某某，公司股东变更为侯某某（持股 66%）、路某某（持股 34%）二人，法定代表人为侯某某。2015 年 12 月 30 日侯某某、路某某两名股东达成股权转让协议并于 2016 年 1 月 28 日由某某假日公司作出第一次临时股东会决议，原告路某某将其所持公司 34% 股份全部转让给股东侯某某，侯某某持有公司 100% 股权，关于此事双方签订了《确认书》。上诉人遂即彻底退出公司，不再过问任何事务。

直至 2018 年 10 月上诉人为出差购买机票时被票务人员告知无法正常购

买，原因是已被列入失信人员名单。上诉人在本人毫不知情的情况下于 2016 年 11 月 21 日被变更为某某假日公司的法定代表人，但该变更上诉人本人并不知情更未参与，一审过程中原审法院委托陕西正义司法鉴定中心作出《司法鉴定意见书》，经鉴定公司登记（备案）申请书落款处法定代表人的签名、公司股东决定落款处全体股东签名、股权转让协议、法定代表人任职文件落款处、《承诺书》法定代表人签名处"路某某"的签名均不是路某某本人书写。因此，被上诉人作出的路某某为某某假日公司法定代表人的工商行政登记行为主要证据不足，依法应予撤销。

2. 工商行政登记错误，当事人要求变更登记的，属于人民法院行政诉讼的受案范围，原审法院对本案作出行政裁定书，对上诉人一审的诉讼请求予以裁定驳回，属于适用法律错误。根据《最高人民法院办公厅关于印发〈关于审理公司登记行政案件若干问题的座谈会纪要〉的通知》（法办〔2012〕62号）："一、以虚假资料获取公司登记的问题：因申请人隐瞒有关情况或者提供虚假材料导致登记错误的，登记机关可以在诉讼中依法予以更正。登记机关拒不更正的，人民法院可以根据具体情况判决撤销登记行为、确认登记行为违法或者判决登记机关履行更正职责"，"公司法定代表人，股东等以申请材料不是其本人签字或者盖章为由，请求确认登记行为违法或者撤销登记行为的，人民法院原则上应按照本条第一款规定处理"。因路某某对被告的登记行为并不知情，被上诉人也未向法院提供路某某在"被法人"后从事过相关管理和经营活动的证据，因此原审法院审理本案，有法不依，属于适用法律错误。

3. 依据《中华人民共和国行政许可法》第 69 条的规定：登记机关对公司以欺骗、贿赂等不正当手段取得的登记，应当予以撤销。如行政机关拒不纠正错误，法院应当根据最高法法办〔2012〕62 号通知判决撤销错误的登记行为。故请求：①判决撤销一审裁定，指令西安铁路运输法院继续审理本案；②本案上诉费用由被上诉人承担。

被上诉人某市监局辩称：

1. 答辩人作出变更登记的行为及程序合法。2016 年 11 月 9 日，侯某某将其持有的股份全部转移给被答辩人，且公司法定代表人变更为被答辩人，并持相关材料到答辩人处申请变更登记，根据《国务院关于印发注册资本登记制度改革方案的通知》的规定，工商行政管理机关应尊重市场主体民事权利，对工商登记环节中的申请材料实行形式审查。依法经审查，侯某某提交的申请变更的材料齐全，答辩人为其办理了变更登记，被答辩人变更为该公司法定代表人且持有公司 100% 股权。答辩人的登记行为及程序合法。

2. 本案被答辩人与某某假日公司原股东侯某某之间存在股权纠纷，应当依法向人民法院提起民事诉讼解决后再视情况申请撤销原登记。被答辩人与原公司法定代表人之间存在股权纠纷，答辩人不能仅依据被答辩人提交的材料即撤销原登记。且根据《国务院关于印发注册资本登记制度改革方案的通知》的相关规定，股东与公司、股东与股东之间因工商登记争议引发民事纠纷时，当事人依法向人民法院提起民事诉讼，寻求司法救济。因此，本案不属于行政诉讼案件的审理范围，被答辩人应先通过民事诉讼解决其股权纠纷后，再视情况持人民法院生效裁判文书向有关机关申请撤销原登记。

3. 因机构改革，企业设立、变更、注销登记的职权已划转至某区行政审批局，答辩人已不具备被告资格根据中共 X 市 B 区委办公室、X 市 B 区人民政府办公室关于印发《X 市 XX 区开展相对集中行政许可权改革实施方案》等文件的通知，原属于答辩人的企业设立、变更、注销登记的职权已划转至 B 区行政审批服务局，根据《行政诉讼法》第 26 条第 3 款，行政机关被撤销或者职权变更的，继续行使其职权的行政机关为被告，因此答辩人已不再是本案适格被告，被答辩人应将职权变更后的机关作为被告起诉。

【二审裁判】

本院认为，本案的争议焦点是上诉人的起诉是否符合行政诉讼的起诉条件。本案中，根据被上诉人某区市监局向一审法院提交的某某假日公司工商登记档案资料显示，上诉人路某某系该公司的股东暨法定代表人。上诉人路某某主张其持有该公司 34% 的股权已经转让给原审第三人侯某某，并提交《股权转让协议》《西安某某假日旅游开发有限公司 2015 年第一次临时股东会决议》和《确认书》予以佐证，称其已退出该公司，不再过问任何事务。按照上诉人提交的案涉《股权转让协议》，其与侯某某应在协议生效后 10 个工作日内完成向工商行政管理机关办理股权变更的文件递交，且双方均有义务到 X 市工商行政管理机关办理相应的股权变更登记手续，但上诉人未提交其按照《股权转让协议》约定办理股权变更登记手续等相关证据，且被上诉人提交的某某假日公司工商登记档案资料中亦无上诉人所称其转让 34% 股权的相关登记事项，故上诉人提交的证据不足以证明其上述主张。一审法院怀疑上诉人路某某与原审第三人侯某某之间存在相关的股权争议并无不当，本院予以认可。对于上诉人与侯某某之间是否存在股权争议，涉及对股权变更登记申请材料真实性和股权变更是否系股东真实意思表示的判断，而上述判断均非行政诉讼的受案范围。

因此，本案争议应以基础民事法律关系确定的性质进行处理，不应直接提起行政诉讼。一审法院在庭审中向上诉人释明就本案提起相关民商事诉讼处理基础法律关系，上诉人明确表示其与侯某某之间不存在股权争议，不就案涉工商登记的基础法律关系提起民事诉讼，一审法院遂依法驳回其起诉并无不当。综上，一审裁定驳回上诉人路某某的起诉正确，应予维持。上诉人路某某的上诉理由不能成立，其上诉请求本院不予支持。依照《行政诉讼法》第 89 条第 1 款第 1 项的规定，裁定如下：

驳回上诉，维持原裁定。

【案例解析及拓展】

被股东情形在内的各种撤销公司登记的注意事项。

1. 关于调查边界及部门分工

以被股东为典型的公司撤销登记当中，大多调查都难免涉及冒用居民身份证的行为。很多人觉得这不是公司登记机关的职责，因为《中华人民共和国居民身份证法》规定了包括冒用身份证在内的情形，由公安机关给予治安处罚，甚至追究刑事责任。

但是，公司登记机关是依法按照《中华人民共和国公司登记条例》，从规范登记管理秩序和维护被股东者权益的角度进行调查、处理的，冒用居民身份证骗取登记属于冒用身份证的特殊情形，公司登记机关与公安机关在各自的权限和职能依法开展调查并不矛盾。对于公安机关查证冒用居民身份证骗取公司登记的结果或结论，公司登记机关可作为处理骗取公司登记的充分证据，但公安机关的调查并非必要。

对于冒用他人身份证骗取公司登记的被股东情形，相当多的情况是，冒用他人身份证及骗取公司登记并非其最终目的，只是其违法手段而已。例如，发现"涉嫌伪造、变造或者买卖国家机关、人民团体、企业、事业单位或者其他组织的公文、证件、证明文件、印章的；买卖或者使用伪造、变造的国家机关、人民团体、企业、事业单位或者其他组织的公文、证件、证明文件的"，公司登记机关应当依法移送公安机关进行治安处罚甚至刑事处理。若调查中发现涉嫌虚开发票、偷税漏税甚至洗黑钱等违法行为，公司登记机关也应当依法移送相关部门依法处理。

2. 关于两个"通知"

（1）《最高人民法院办公厅关于印发〈关于审理公司登记行政案件若干问题的座谈会纪要〉的通知》（法办〔2012〕第62号，以下均简称"最高法《通知》"）。在公司登记和撤销公司登记当中，大家都会提及或引用这个最高法《通知》。但笔者需要提醒大家的是，司法解释必须经最高人民法院审判委员会讨论通过，并由最高人民法院以公告的形式在《人民法院报》上公开发布。司法解释的形式分解释、规定、批复和决定四种，除此四种之外，最高人民法院的其他各种文件均不得作为司法解释使用，所以最高人民法院的通知或者会议纪要并非司法解释。按照《行政诉讼法》及相关裁判规则，人民法院审理行政案件，以法律和行政法规、地方性法规为依据，参照规章，裁判文书应当引用法律、法律解释、行政法规或者司法解释，最高人民法院发布的通知、会谈纪要等不属于司法解释，只是法院在内部在审理具体案件中参照执行，不能作为裁判依据引用。最高法《通知》也非常明确表述"请结合审判工作实际参照执行"。同时，我们知道，行政机关的执法依据只能是法律法规和规章，最高人民法院的通知或者座谈会纪要不是行政机关的执法依据。我们在实际工作当中的讨论、说理阐述可以适当地借鉴这些通知或者会议纪要，但绝对不能将之直接作为执法的依据。

（2）《国务院关于印发注册资本登记制度改革方案的通知》（国发〔2014〕7号，以下均简称"国务院《通知》"）。国务院《通知》明确："强化司法救济和刑事惩治。明确政府对市场主体和市场活动监督管理的行政职责，区分民事争议与行政争议的界限。尊重市场主体民事权利，工商行政管理机关对工商登记环节中的申请材料实行形式审查。股东与公司、股东与股东之间因工商登记争议引发民事纠纷时，当事人依法向人民法院提起民事诉讼，寻求司法救济。支持配合人民法院履行民事审判职能，依法审理股权纠纷、合同纠纷等经济纠纷案件，保护当事人合法权益。当事人或者利害关系人依照人民法院生效裁判文书或者协助执行通知书要求办理工商登记的，工商行政管理机关应当依法办理。"这成为公司登记机关不受理被股东投诉举报、不展开相关调查、只能通过民事诉讼解决争议和纠纷、仅按照法院生效判决执行的依据。笔者认为，解读国务院《通知》前必须明确一点，诉权是宪法及依据宪法制定的各种法律赋予公民的基本权利，国务院规范性文件不能调整诉权。事实上，国务院也不会发文调整诉权，所以要避免错误解读国务院《通知》。我们再仔细看国务院《通知》的相关表述："尊重市场主体民事权利""当事人依法向人民法院提起民事诉讼，寻求司法救济"，这些非但未调整诉权，反而是尊重诉权的一种表述。此外，在明确提起民事诉讼的同时，其也并没有禁止行政诉讼或者排斥投诉举报。

综上所述，包括被股东在内的各种骗取公司登记的，利害关系人主张撤销公司登记，公司登记机关可以向有关人员，宣传法律，阐明行政处理、行政诉讼及民事诉讼的利弊，合理引导其自主决定选择民事、行政诉讼，或者向公司登记机关投诉举报。公司登记机关对于接到的投诉举报，或者被股东主张撤销公司登记的，应该依法履职开展核查，穷尽调查手段，依法高效作出决定，维护市场经济秩序和登记管理的严肃性。

一审裁判文书：

XXXXXX 法院

行政裁定书

［2019］××行初××号

原告：路某某，男，198×年×月×日出生，居民身份证号码××××××××××××××××××，汉族，住河南省安阳县。

委托代理人：周律师，陕西秦原律师事务所律师。

委托代理人：李律师，陕西秦原律师事务所律师。

被告：X市B区市场监督管理局，住所地陕西省X市B区。负责人：杨某，局长。

委托代理人：李某，X市B区市场监督管理局工作人员。委托代理人：龚律师，陕西稼轩律师事务所律师。

第三人：西安某某假日旅游开发有限公司，住所地X市B区竹芭市。法定代表人：路某某，执行董事。

第三人：侯某某，男，19××年×月×日出生，居民身份证号码××××××××

×××××××××，汉族，住河北省唐山市丰润区。

原告路某某诉被告 X 市 B 区市场监督管理局（以下简称"B 区市监局"）及第三人西安某某假日旅游开发有限公司（以下简称"某某假日公司"）、侯某某工商行政登记一案，本院受理后，依法组成合议庭公开开庭进行了审理，现已审理终结。

原告诉称，2015 年 3 月 9 日，某某假日公司在被告 B 区市监局（原 B 区工商行政管理局）办理工商登记，股东分别为吕某某（持股 33%）、侯某某（持股 33%）、路某某（持股 34%）三人。2016 年 1 月 12 日，股东吕某某将其股权转让给侯某某，公司股东变更为侯某某（持股 66%）、路某某（持股 34%）二人，法定代表人为侯某某。2015 年 12 月 30 日，侯某某、路某某两名股东达成股份转让协议，并于 2016 年 1 月 28 日由某某假日公司作出第一次临时股东会决议，原告路某某将其所持公司 34% 股份全部转让给股东侯某某，侯某某持有公司 100% 股权，关于此事双方签订了《确认书》。原告遂即彻底退出公司，不再过问任何事务。直至 2018 年 10 月，原告为出差购买机票时，才被票务人员告知无法正常购买，原因是已被列入失信人员名单。原告在本人毫不知情的情况下，于 2016 年 11 月 21 日被变更为某某假日公司的法定代表人，但该变更原告本人并不知情更未参与，因此该信息应当被依法撤销。原告向被告申请撤销未果，为维护原告的合法权益，向法院提起行政诉讼，请求依法判令：1. 撤销被告 B 区市场监督管理局于 2016 年 11 月 21 日将西安某某假日旅游开发有限公司法定代表人由侯某某变更为路某某的工商变更登记行政行为；2. 本案诉讼费由被告承担。被告辩称，原告提出其于 2016 年 1 月 28 日已将其名下关于某某假日公司全部股权转让给侯某某，双方并据此签订了《确认书》，自此退出某某假日公司，但某某假日公司当时并未向被告提出工商变更登记，而是于 2016 年 11 月 9 日提出变更申请，将原告登记为法定代表人。由此产生的纠纷，属于股东与股东之间的民事纠纷，根据《国务院关于印发注册资本登记制度改革方案的通知》以及《最高人民法院关于审理公司登记行政案件若干问题的座谈会议纪要》（2012 年）的相关规定，当事人针对上述民事争议，应当通过民事诉讼解决。综上，请求法院驳回原告的诉讼请求。

经审理查明，2015 年 3 月 9 日，某某假日公司成立，并在被告处办理了工商设立登记，股东分别为吕某某（持股 33%）、侯某某（持股 33%）、路某某（持股34%）。2016年1月12日，股东吕某某将其股权转让给侯某某，公司股东变更为侯某某（持股66%）、路某某（持股34%）二人，法定代表人为侯某某。2016年11月9日，股东侯某某将其股权转让给路某某，公司股东变更为路某某（持股100%）一人，同日，某某假日公司向被告B区市场监督管理局申请变更登记，并提交了公司登记（备案）申请书、西安某某假日旅游开发有限公司章程、西安某某假日旅游开发有限公司章程股东决定、西安某某假日旅游开发有限公司章程股权转让协议等申请材料。被告受理了某某假日公司的变更登记申请后，认为某某假日公司提交的变更登记材料齐全，变更申请符合法律规定，于2016年11月21日为其办理了公司变更登记行为。变更登记的主要内容为：法定代表人由"侯某某"变更为"路某某"。2018年10月，原告获知了上述变更登记的内容后，认为该变更登记原告本人并不知情更未参与，涉案变更登记行为依法应予撤销，故诉至本院。

另审理查明，原告向法院提交《股权转让协议》《西安某某假日旅游开发有限公司2015年第一次临时股东会决议》和《确认书》，称其持有的某某假日公司34%的股权已经转让给侯某某，侯某某签订了确认书。

本院认为，本案的争议焦点是原告的起诉是否符合行政诉讼的起诉条件。《中华人民共和国行政诉讼法》第49条规定："提起诉讼应当符合下列条件：……（四）属于人民法院受案范围和受诉人民法院管辖。"《最高人民法院关于适用〈中华人民共和国行政诉讼法〉的解释》第69条规定："有下列情形之一，已经立案的，应当裁定驳回起诉：（一）不符合行政诉讼法第49条规定的；……"根据《中华人民共和国行政诉讼法》第四十九条之规定，当事人提起行政诉讼应符合行政诉讼案件受理条件。本案中，根据B区市监局提供的某某假日公司工商登记档案，原告路某某系涉案某某假日公司股东，结合原告路某某向本院提交的《股权转让协议》《西安某某假日旅游开发有限公司2015年第一次临时股东会决议》和《确认书》，本院有合理理由怀疑原告路某某与涉案公司股东侯某某之间存在相关的股权争议，上述问题的认定并将涉及对股权变更登记申请材料真实性和股权变更是否系股东真实意思表示的判断，而上述判断均非行政诉讼案件审理范围，因此，工商变更登记的处理应以其基础法律关系确定的性质进行处理，而不应直接提起行政诉讼。因此，本院在庭审中向原告路某某释明提起相关民商事诉讼处理基础法律关系，但原告路某某明确表示其与侯某某之间不存在股权争议，坚决不就本案涉案工商登记的基础法律关系提起民事诉讼，原告的起诉，本院依法予以驳回。故，依照《最高人民法院关于适用〈中华人民共和国行政诉讼法〉的解释》第69条第1款第1项、第101条第1款第2项之规定，裁定如下：

驳回原告路某某的起诉。

案件受理费50元，退还原告路某某。

如不服本裁定，可在裁定书送达之日起10日内，向本院递交上诉状，并按对方当事人的人数提出副本，上诉于XXXXXX法院。

审　判　长　XXX

人民陪审员　XXX

人民陪审员　XXX

二〇二〇年三月三十一日

书　记　员　XXX

二审裁判文书：

XXXXXX 法院

行政裁定书

［2021］××行终××号

上诉人（原审原告）：路某某，男，居民身份证号码×××××××××××××××××××，汉族，住河南省安阳县。

委托代理人：周律师，陕西秦原律师事务所律师。

委托代理人：李律师，陕西秦原律师事务所律师。

被上诉人（原审被告）：X市B区市场监督管理局，住所地X市B区。负责人杨某，局长。

出庭负责人：张某，X市B区市场监督管理局分管领导。

委托代理人：吕香宁，陕西明萌律师事务所律师。

原审第三人：西安某某假日旅游开发有限公司，住所地X市B区竹芭市。法定代表人：路某某，执行董事。

原审第三人：侯某某，男，居民身份证号码××××××××××××××××××××，汉族，住河北省唐山市丰润区。

　　上诉人路某某因与被上诉人 X 市 B 区市场监督管理局（以下简称"B 区市监局"）、原审第三人西安某某假日旅游开发有限公司（以下简称"某某假日公司"）、侯某某工商行政登记一案，不服 XXXXXX 法院［2019］××行初××号行政裁定，向本院提起上诉。本院受理后，依法组成合议庭审理了本案。现已审理终结。

　　一审法院审理查明，2015 年 3 月 9 日，某某假日公司成立，并在被告处办理了工商设立登记，股东分别为吕某某（持股 33%）、侯某某（持股 33%）、路某某（持股 34%）。2016 年 1 月 12 日，股东吕某某将其股权转让给侯某某，公司股东变更为侯某某（持股 66%）、路某某（持股 34%）二人，法定代表人为侯某某。2016 年 11 月 9 日，股东侯某某将其股权转让给路某某，公司股东变更为路某某（持股 100%）一人，同日，某某假日公司向被告 B 区市监局申请变更登记，并提交了公司登记（备案）申请书、西安某某假日旅游开发有限公司章程、西安某某假日旅游开发有限公司章程股东决定、西安某某假日旅游开发有限公司章程股权转让协议等申请材料。被告受理了某某假日公司的变更登记申请后，认为某某假日公司提交的变更登记材料齐全，变更申请符合法律规定，于 2016 年 11 月 21 日为其办理了公司变更登记行为。变更登记的主要内容为：法定代表人由"侯某某"变更为"路某某"。2018 年 10 月，原告获知了上述变更登记的内容后，认为该变更登记原告本人并不知情更未参与，涉案变更登记行为依法应予撤销，故诉至本院。另查明，原告向法院提交《股权转让协议》《西安某某假日旅游开发有限公司 2015 年第一次临时股东会决议》和《确认书》，称其持有的某某假日公司 34% 的股权已经转让给侯某某，并与侯某某签订了确认书。

　　一审法院认为，本案的争议焦点是原告的起诉是否符合行政诉讼的起诉条件。《中华人民共和国行政诉讼法》第 49 条规定："提起诉讼应当符合下列条件：……（四）属于人民法院受案范围和受诉人民法院管辖。"《最高人民法院关于适用〈中华人民共和国行政诉讼法〉的解释》第 69 条规定："有下列情形之一，已经立案的，应当裁定驳回起诉：（一）不符合行政诉讼法第四十九条规定的；……"根据《中华人民共和国行政诉讼法》第 49 条之规定，当事人提起行政诉讼应符合行政诉讼案件受理条件。本案中，根据 B 区市监局提供的某某假日公司工商登记档案，原告路某某系涉案某某假日公司股东，结合原告路某某向本院提交的《股权转让协议》《西安某某假日旅游开发有限公司 2015 年第一次临时股东会决议》和《确认书》，本院有合理理由怀疑原告路某某与涉案公司股东侯某某之间存在相关的股权争议，上述问题的认定并将涉及对股权变更登记申请材料真实性和股权变更是否系股东真实意思表示的判断，而上述判断均非行政诉讼案件审理范围，因此，工商变更登记的处理应以其基础法律关系确定的性质进行处理，而不应直接提起行政诉讼。因此，本院在庭审中向原告路某某释明提起相关民商事诉讼处理基础法律关系，但原告路某某明确表示其与侯某某之间不存在股权争议，坚决不就本案涉案工商登记的基础法律关系提起民事诉讼，原告的起诉，本院依法予以驳回。故，依照《最高人民法院关于适用〈中华人民共和国行政诉讼法〉的解释》第 69 条第 1 款第 1 项、第 101 条第 1 款第 2 项之规定，裁定：驳回原告路某某的起诉。案件受理费 50 元，退还原告路某某。

上诉人路某某上诉称：①一审法院认定事实不清，本案关键事实并未认定。某某假日公司 2015 年 3 月 9 日于被上诉人处办理工商登记成立，股东分别为吕某某（持股 33%）、侯某某（持股 33%）、路某某（持股 34%）三人，2016 年 1 月 12 日，股东吕某某将其股权转让给侯某某，公司股东变更为侯某某（持股 66%）、路某某（持股 34%）二人，法定代表人为侯某某。2015 年 12 月 30 日侯某某、路某某两名股东达成股权转让协议并于 2016 年 1 月 28 日由某某假日公司作出第一次临时股东会决议，原告路某某将其所持公司 34% 股份全部转让给股东侯某某，侯某某持有公司 100% 股权，关于此事双方签订了《确认书》。上诉人遂即彻底退出公司，不再过问任何事务。直至 2018 年 10 月上诉人为出差购买机票时被票务人员告知无法正常购买，原因是已被列入失信人员名单。上诉人在本人毫不知情的情况下于 2016 年 11 月 21 日被变更为某某假日公司的法定代表人，但该变更上诉人本人并不知情更未参与，一审过程中原审法院委托陕西正义司法鉴定中心作出《司法鉴定意见书》，经鉴定公司登记（备案）申请书落款处法定代表人的签名、公司股东决定落款处全体股东签名、股权转让协议、法定代表人任职文件落款处、《承诺书》法定代表人签名处"路某某"的签名均不是路某某本人书写。因此，被上诉人作出的路某某为某某假日公司法定代表人的工商行政登记行为主要证据不足，依法应予撤销。②工商行政登记错误，当事人要求变更登记的，属于人民法院行政诉讼的受案范围，原审法院对本案作出行政裁定书，对上诉人一审的诉讼请求予以裁定驳回，属于适用法律错误。根据最高人民法院办公厅关于印发《关于审理公司登记行政案件若干问题的座谈会纪要》的通知（法办〔2012〕62 号）："一、以虚假资料获取公司登记的问题：因申请人隐瞒有关情况或者提供虚假材料导致登记错误的，登记机关可以在诉讼中依法予以更正。登记机关拒不更正的，人民法院可以根据具体情况判决撤销登记行为、确认登记行为违法或者判决登记机关履行更正职责"，"公司法定代表人，股东等以申请材料不是其本人签字或者盖章为由，请求确认登记行为违法或者撤销登记行为的，人民法院原则上应按照本条第一款规定处理"因路某某对被告的登记行为并不知情，被上诉人也未向法院提供路某某在"被法人"后从事过相关管理和经营活动的证据，因此原审法院审理本案，有法不依，属于适用法律错误。③依据《中华人民共和国行政许可法》第 69 条的规定：登记机关对公司以欺骗、贿赂等不正当手段取得的登记，应当予以撤销。如行政机关拒不纠正错误，法院应当根据最高法法办〔2012〕62 号通知判决撤销错误的登记行为。故请求：①判决撤销一审裁定，指令西安铁路运输法院继续审理本案；②本案上诉费用由被上诉人承担。

被上诉人 B 区市监局辩称：①答辩人作出变更登记的行为及程序合法。2016 年 11 月 9 日，侯某某将其持有的股份全部转移给被答辩人，且公司法定代表人变更为被答辩人，并持相关材料到答辩人处申请变更登记，根据《国务院关于印发注册资本登记制度改革方案的通知》的规定，工商行政管理机关应尊重市场主体民事权利，对工商登记环节中的申请材料实行形式审查。依法经审查，侯某某提交的申请变更的材料齐全，答辩人为其办理了变更登记，被答辩人变更为该公司法定代表人且持有公司 100% 股权。答辩人的登记行为及程序合法。②本案被答辩人与某某假日公司原股东侯某某之间存在股权纠纷，应当依法向人民法院提起民事诉讼解决后再视情况申请撤销原登记。被答辩人与原公司法定代表人之间存在股权纠纷，答辩人不能仅依据被答辩人提交的材料即撤销原登记。且根据《国务院关于印发注册资本登记制度改革方案的通知》的相关规定，股东与公司、股东与股东之间因工商登记争议引发民事纠纷时，当事人依法向人民法院提起民事诉讼，寻求司法救济。因此，本案不属于行政诉讼案件的审理范围，被答辩人应先通过民事诉讼解决其股权纠纷后，再视情况持人民法院生效裁判文书向有关机关申请撤销原登记。③因机构改革，企业设立、变更、注销登记的职权已划转至 B 区行政审批局，答辩人已不具备被告资格根据中共 X 市 B 区委办公室、X 市 B 区人民政府办公室关于印发《X市B区开展相对集中行政许可权改革实施方案》等文件的通知，原属于答辩人的企业设立、变更、注销登记的职权已划转至B区行政审批服务局，根据《行政诉讼法》第26条第3款，行政机关被撤销或者职权变更的，继续行使其职权的行政机关为被告，因此答辩人已不再是本案适格被告，被答辩人应将职权变更后的机关作为被告起诉。

原审第三人某某假日公司、侯某某均未向本院提交陈述意见。

本院经审理查明，一审裁定认定的事实属实，本院予以确认。另查明，因机构改革，企业设立、变更注销登记的职权已由B区市监局划转至X市B区行政审批服务局。

本院认为，本案的争议焦点是上诉人的起诉是否符合行政诉讼的起诉条件。本案中，根据被上诉人B区市监局向一审法院提交的某某假日公司工商登记档案资料显示，上诉人路某某系该公司的股东暨法定代表人。上诉人路某某主张其持有该公司34%的股权已经转让给原审第三人侯某某，并提交《股权转让协议》《西安某某假日旅游开发有限公司2015年第一次临时股东会决议》和《确认书》予以佐证，称其已退出该公司，不再过问任何事务。按照上诉人提交的案涉《股权转让协议》，其与侯某某应在协议生效后10个工作日内完成向工商行政管理机关办理股权变更的文件递交，且双方均有义务到X市工商行政管理机关办理相应的股权变更登记手续，但上诉人未提交其按照《股权转让协议》约定办理股权变更登记手续等相关证据，且被上诉人提交的某某假日公司工商登记档案资料中亦无上诉人所称其转让34%股权的相关登记事项，故上诉人提交的证据不足以证明其上述主张。一审法院怀疑上诉人路某某与原审第三人侯某某之间存在相关的股权争议并无不当，本院予以认可。对于上诉人与侯某某之间是否存在股权争议，涉及对股权变更登记申请材料真实性和股权变更是否系股东真实意思表示的判断，而上述判断均非行政诉讼的受案范围。因此，本案争议应以基础民事法律关系确定的性质进行处理，不应直接提起行政诉讼。一审法院在庭审中向上诉人释明就本案提起相关民商事诉讼处理基础法律关系，上诉人明确表示其与侯某某之间不存在股权争议，不就案涉工商登记的基础法律关系提起民事诉讼，一审法院遂依法驳回其起诉并无不当。综上，一审裁定驳回上诉人路某某的起诉正确，应予维持。上诉人路某某的上诉理由不能成立，其上诉请求本院不予支持。依照《中华人民共和国行政诉讼法》第89条第1款第1项的规定，裁定如下：

驳回上诉，维持原裁定。

本裁定为终审裁定。

审 判 长　XXX

审 判 员　XXX

审 判 员　XXX

二〇二一年三月十日

法官助理　XXX

书 记 员　XXX

案例六

【案情】

原告：陆某某

被告：某街道办事处

陆某某系 XX 小区业主。经该小区其他业主联名申请，某某街办于 2018 年 12 月 11 日作出《关于 XX 小区成立业主委员会的批复》，并于同年 12 月 19 日制作《XX 小区筹备组的业主代表产生办法》。2019 年 1 月 29 日，某某街办向西安某某建设开发有限公司发送《关于提供 XX 小区业委会成立相关资料的函》，后相关业主自荐成为筹备组业主代表，同年 2 月 12 日某某街办张贴《关于 XX 小区首次业主大会筹备组成立的公告》，2 月 20 日 XX 小区业主委员会筹备组张贴《关于 XX 小区首次业主大会筹备组成立的公告》，6 月 17 日 XX 小区业主委员筹备组再次张贴《关于 XX 小区首次业主大会筹备组》，7 月 10 日 XX 小区业主委员会筹备组再次张贴《关于 XX 小区首次业主大会筹备组补选结果公告》。2019 年 7 月 10 日，被告以"XX 城 XX 小区 XX 城 XX 组"名义发布《关于 XX 小区首次业主大会筹备组补选结果公告》。原告认为，被告的行为严重侵犯原告在物业管理中的参与权、知情权和监督权。作为小区的业主，原告秉着对物业管理活动的参与权、知情权和监督权，申请公开 XX 组 XX 城 XX 小区 XX 组中业主代表的全部过程档案资料，但被告收函后至今不理。被告的行为严重侵犯了原告合法权益。故诉至法院，请求：①依法确认被告组织成立 X 市 B 区 XX 城 XX 组的行为违法；②XX 组 XX 城 XX 小区业主推荐业主代表，依法成立业主大会筹备组；③诉讼费由被告承担。

被告某某街道办事处辩称：①原告主体资格不适格。根据《中华人民共和国物权法》第 70 条、第 75 条、第 76 条，《陕西省物业管理条例》第 15 条第 1 款第 8 项的规定，设立业主大会、选举业主委员会涉及业主共有利益，应当经过双过半的业主同意，而原告未经该小区双过半业主同意，其主体资格不适格，请求裁定驳回原告的起诉。②XX 小区 XX 组的行政主体资格适格。③被告成立该小区的业主大会筹备组，系被告行政职权，适用法律正确，程序合法。

【一审裁判】

一审法院认为：本案的争议焦点是陆某某之诉主体资格是否适格的问题。《中华人民共和国物权法》第 76 条规定："下列事项由业主共同决定："……（三）选举业主委员会或者更换业主委员会成员……（七）有关共有和共同管理权利的其他重大事项。决定前款第五项和第六项规定的事项，应当经专有部分占建筑物总面积三分之二以上的业主且占总人数三分之二以上的业主同意。决定前款其他事项，应当经专有部分占建筑物总面积过半数的业主且占总人数过半数的业主同意。"《陕西省物业管理条例》第 10 条规定："物业管理区域符合本条例第九条规定的，建设单位应当在十五日内书面告知物业所在地的县（市、区）物业管理行政主管部门和街道办事处、乡镇人民政府，并在物业管理区域内公告。建设单位未及时履行告知义务的，业主可以书面形式告知。街道办事处、乡镇人民政府自收到书面告知三十日内，组织成立业主大会筹备组。县（市、区）物业管理行政主管部门应当予以指导。街道办事处、乡镇人民政府未在规定期限内履行组织成立业主大会筹备组职责的，业主可以自行组织成立业主大会，按照本条例规定行使业主大会权利。"第 15 条规定："下列事项由业主大会决定……（二）选举、更换业主委员会成员……（八）有关共有和共同管理权利的其他重大事项。业主大会决定前款第（五）项、第（六）项规定的事项，应当经专有部分占建筑物总面积三分之二以上的业主且占总人数三分之二以上的业主同意；决定前款其他事项，应当经专有部分占建筑物总面积过半数的业主且占总人数过半数的业主同意……"《最高人民法院关于适用〈中华人民共和国行政诉讼法〉的解释》第 1 条第 2 款第 6 项规定："下列行为不属于人民法院行政诉讼的受案范围：……（六）行政机关为作出行政行为而实施的准备、论证、研究、层报、咨询等过程性行为……"

据此，可以得出以下结论：①成立业主大会筹备组仅仅是组建业主大会的过程中的一个环节，行政相对人对行政机关作出行政行为而实施的过程性行为不服提起行政诉讼的，不属于人民法院行政诉讼的受案范围。②成立业委会涉及全体业主的利益，至少应当经专有部分占建筑物总面积过半数的业主且占总人数过半数的业主同意。根据审理查明的事实，陆某某认为某某街办组织成立 X 市 B 区 XX 小区业主大会筹备组的行为违法，进而以个人名义提起本案的行政诉讼，其主体资格不适格。综上，根据《最高人民法院关于适用〈中华人民共和国行政诉讼法〉的解释》第 1 条第 2 款第 6 项，第 69 条第 1 款第 1 项、第 10 项，第 3 款之规定，裁定：驳回陆某某的起诉。

【上诉情况】

上诉人陆某某不服，向本院提起上诉称：（1）一审程序严重违法。①未经开庭审查，即认定案件事实；②一审法院剥夺了上诉人申请回避的权利；③一审法院遗漏了必须参加诉讼的当事人。（2）一审法院适用法律错误。①被上诉人成立"业主大会筹备组"行为，关系着上诉人对专有部分以外的共有部分共有权和管理权的行使，该行为不是过程性或阶段性行政行为；②被上诉人确定"业主大会筹备组"中业主代表名额，该行为对业主具有强制约束力，不是不具有"强制性"的行政指导行为；③被上诉人未按法定程序成立"业主大会筹备组"，侵犯了上诉人对共有部分的共有权和管理权。（3）被上诉人成立"业主大会筹备组"的行为不是小区全体业主共同意志的体现，上诉人提起本案行政诉讼无需双过半业主同意。（4）一审法院认定"本案不属于人民法院受案范围"的同时，再次认定上诉人不具有诉讼主体资格，明显存在矛盾。综上，一审裁定在程序和适用法律上严重错误。上诉请求：①依法裁定撤销西安铁路运输法院［2019］陕 7102 行初 30×× 号行政裁定，指令西安铁路运输法院继续审理本案；②本案一、二审诉讼费由被上诉人承担。

被上诉人某某街办答辩称：（1）上诉人不具有诉讼主体资格，一审法院裁定驳回其起诉适用法律正确、程序合法。（2）业主大会筹备组仅是召开业主大会筹备阶段的筹备人员，其工作实质是为召开业主大会做筹备工作，其不具备行政、民事主体资格，本案与其并无利害关系，其无需参与诉讼。综上，一审裁定事实清楚、适用法律正确、程序合法，请求驳回上诉人的上诉，维持原裁定。

【二审裁判】

本院认为，本案的争议焦点是上诉人陆某某的起诉是否符合法定条件。《X市物业管理条例》第4条规定："街道办事处、镇人民政府在区、县物业管理行政主管部门的指导下，按照本条例的规定，负责本辖区物业管理活动的指导和监督工作。"第9条规定："物业管理区域符合前款条件的，建设单位应当在十五日内书面告知物业所在地区、县物业管理行政主管部门和街道办事处、镇人民政府或者开发区管理委员会，并报送筹备首次业主大会会议所需资料。建设单位未及时履行告知义务和报送资料的，已售物业业主人数百分之五以上联名可以书面告知。街道办事处、镇人民政府或者开发区管理委员会应当自收到书面告知之日起三十日内，组织成立业主大会筹备组。"第13条规定："业主大会筹备组履行下列职责：……（六）承担召开首次业主大会会议的其他准备工作。"第14条规定："业主大会筹备组应当自成立之日起六十日内，组织召开首次业主大会会议。业主大会筹备组应当自业主委员会选举产生之日起七日内，向业主委员会移交筹备期间的全部资料后解散。"根据上述法律规定，业主大会筹备组是为业主大会首次召开和业主委员会选举而成立的临时性机构。

本案中，上诉人所诉的业主大会筹备组的组建是成立业主大会和业主委员会的一个程序性步骤，是行政机关为作出一个行政行为或进行一项行政程序而实施的阶段性行为，不属于行政诉讼的受案范围。另，上述法律规定明确了街道办事处对成立业主大会的相关管理活动负有组织和指导职责。虽然上诉人参与了诉争业主大会筹备组的成立过程，但其给予的指导和组织行为，系不具有强制力的行政指导行为，对上诉人的权利义务未产生行政法意义上的实际影响。依据《最高人民法院关于适用〈中华人民共和国行政诉讼法〉的解释》第1条第2款第3项、第6项、第10）项之规定，上诉人陆某某的起诉不属于行政诉讼的受案范围。综上，上诉人陆某某的起诉不符合法定条件，其上诉理由不能成立，亦对其上诉请求不予支持。依照《中华人民共和国行政诉讼法》第 89 条第 1 款第 1 项之规定，裁定如下：

驳回上诉，维持原裁定。

一审裁判文书：

XXXXXX 法院

行政裁定书

［2019］××行初××号

原告：陆某某，男，汉族，1970 年出生，居民身份证号码××××××××××××××××××，住陕西省××县城。

委托代理人：周律师，陕西圣拓律师事务所律师。

委托代理人：陈律师，陕西圣拓律师事务所实习律师。

被告：X 市 B 区 TYL 街道办事处，住所地 X 市 B 区。法定代表人：王某荣，主任。

委托代理人：康花，陕西明萌律师事务所律师。

原告陆某某诉被告 X 市 B 区 TYL 街道办事处其他行政行为一案，本院受理后，依法进行了审理，现已审理终结。

原告陆某某诉称，①XX 城 XX 组。根据《X 市物业管理条例》第 11 条的规定，业主大会筹备组由街道办事处、镇人民政府或者开发区管理委员会工作人员 1 名，居民委员会代表 1 名，建设单位代表 1 名，业主代表 4 名至 6 名组成。街道办事处、镇人民政府或者开发区管理委员会应当制定业主代表推选办法，明确任职条件、名额分配方式、推选程序，并组织推选业主代表。2019 年 7 月 10 日，被告以"XX 城 XX 小区 XX 城 XX 组"名义发布《关于 XX 小区首次业主大会筹备组补选结果公告》。②被告的行为严重侵犯原告在物业管理中的参与权、知情权和监督权。作为小区的业主，原告秉着对物业管理活动的参与权、知情权和监督权，申请公开 XX 组 XX 城 XX 小区 XX 组中业主代表的全部过程档案资料，但被告收函后至今不理。被告的行为严重侵犯了原告合法权益。故诉至法院，请求：①依法确认被告组织成立 X 市 B 区 XX 城 XX 组的行为违法；②XX 组 XX 城 XX 小区业主推荐业主代表，依法成立业主大会筹备组；③诉讼费由被告承担。

被告 X 市 B 区 TYL 街道办事处辩称，①原告主体资格不适格。根据《中华人民共和国物权法》第 70 条、第 75 条、第 76 条，《陕西省物业管理条例》第 15 条第 1 款第 8 项的规定，设立业主大会、选举业主委员会涉及业主共有利益，应当经过双过半的业主同意，而原告未经该小区双过半业主同意，其主体资格不适格，请求裁定驳回原告的起诉。②XX 小区 XX 组的行政主体资格适格。③被告成立该小区的业主大会筹备组，系被告行政职权，适用法律正确，程序合法。

审理查明，陆某某系 XX 小区业主。经该小区其他业主联名申请，被告于 2018 年 12 月 11 日作出《关于 XX 小区成立业主委员会的批复》，并于同年 12 月 19 日制作《XX 小区 XX 组的业主代表产生办法》。2019 年 1 月 29 日，被告向西安金碁建设开发有限公司发送《关于提供 XX 小区业委会成立相关资料的函》，后相关业主自荐成为筹备组业主代表，同年 2 月 12 日被告张贴《关于 XX 小区首次业主大会筹备组成立的公告》，2 月 20 日 XX 城 XX 组张贴《关于 XX 小区首次业主大会筹备组成立的公告》，6 月 17 日 XX 城 XX 组再次张贴《关于 XX 小区首次业主大会筹备组》，7 月 10 日 XX 城 XX 组再次张贴《关于 XX 小区首次业主大会筹备组补选结果公告》。

本案的争议焦点是，原告陆某某之诉主体资格是否适格的问题。《中华人民共和国物权法》第 76 条规定："下列事项由业主共同决定：……（三）选举业主委员会或者更换业主委员会成员；……（七）有关共有和共同管理权利的其他重大事项。决定前款第五项和第六项规定的事项，应当经专有部分占建筑物总面积三分之二以上的业主且占总人数三分之二以上的业主同意。决定前款其他事项，应当经专有部分占建筑物总面积过半数的业主且占总人数过半数的业主同意。"《陕西省物业管理条例》第 10 条规定："物业管理区域符合本条例第九条规定的，建设单位应当在十五日内书面告知物业所在地的县（市、区）物业管理行政主管部门和街道办事处、乡镇人民政府，并在物业管理区域内公告。建设单位未及时履行告知义务的，业主可以书面形式告知。街道办事处、乡镇人民政府自收到书面告知三十日内，组织成立业主大会筹备组。县（市、区）物业管理行政主管部门应当予以指导。街道办事处、乡镇人民政府未在规定期限内履行组织成立业主大会筹备组职责的，业主可以自行组织成立业主大会，按照本条例规定行使业主大会权利。"第 15 条规定："下列事项由业主大会决定……（二）选举、更换业主委员会成员……（八）有关共有和共同管理权利的其他重大事项。业主大会决定前款第（五）

项、第（六）项规定的事项，应当经专有部分占建筑物总面积三分之二以上的业主且占总人数三分之二以上的业主同意；决定前款其他事项，应当经专有部分占建筑物总面积过半数的业主且占总人数过半数的业主同意……"《最高人民法院关于适用〈中华人民共和国行政诉讼法〉的解释》第1条第2款第6项规定："下列行为不属于人民法院行政诉讼的受案范围：……（六）行政机关为作出行政行为而实施的准备、论证、研究、层报、咨询等过程性行为……"据此，可以得出以下结论：①成立业主大会筹备组仅仅是组建业主大会的过程中的一个环节，行政相对人对行政机关作出行政行为而实施的过程性行为不服提起行政诉讼的，不属于人民法院行政诉讼的受案范围。②成立业委会涉及全体业主的利益，至少应当经专有部分占建筑物总面积过半数的业主且占总人数过半数的业主同意。根据审理查明的事实，原告陆某某认为被告组织成立X市B区XX城XX组的行为违法，进而以个人名义提起本案的行政诉讼，其主体资格不适格。综上，依据《最高人民法院关于适用〈中华人民共和国行政诉讼法〉的解释》第1条第2款第6项，第69条第1款第1项、第10项，第3款之规定，裁定如下：

驳回原告陆某某的起诉。

案件受理费50元，退还原告陆某某。

如不服本裁定，可在裁定书送达之日起10日内，向本院递交上诉状，并按对方当事人的人数提出副本，上诉于XXXXXX法院。

审　判　长　XXX

人民陪审员　XXX

人民陪审员　XXX

二〇一九年十一月十九日

书　记　员　XXX

二审裁判文书：

XXXXXX 法院

行政裁定书

[2020] ××行终××号

上诉人（原审原告）：陆某某，男，居民身份号码××××××××××××××××××，汉族，住陕西省XX城县。

委托代理人：周律师，陕西圣拓律师事务所律师。

委托代理人：陈律师，陕西圣拓律师事务所实习律师。

被上诉人（原审被告）：X市B区TYL街道办事处，住所地X市B区。法定代表人：王某荣，主任。

委托代理人：李某利，该单位工作人员。

委托代理人：康花，陕西明萌律师事务所律师。

上诉人陆某某因与被上诉人X市B区TYL街道办事处（以下简称"TYL街办"）其他行政行为一案，不服XXXXXX法院［2019］陕××行初××号行政裁定，向本院提起上诉。本院依法组成合议庭，对本案进行了审理，现已审理终结。

一审法院审理查明，陆某某系XX小区业主。经该小区其他业主联名申请，TYL街办于2018年12月11日作出《关于XX小区成立业主委员会的批复》，并于同年12月19日制作《XX小区筹备组的业主代表产生办法》。2019年1月29日，TYL街办向西安金碁建设开发有限公司发送《关于提供XX小区业委会成立相关资料的函》，后相关业主自荐成为筹备组业主代表，同年2月12日TYL街办张贴《关于XX小区首次业主大会筹备组成立的公告》，2月20日XX小区业主委员会筹备组张贴《关于xx小区首次业主大会筹备组成立的公告》，6月17日XX小区业主委员筹备组再次张贴《关于XX小区首次业主大会筹备组》，7月10日XX小区业主委员会筹备组再次张贴《关于XX小区首次业主大会筹备组补选结果公告》。

一审法院认为，本案的争议焦点是陆某某之诉主体资格是否适格的问题。《中华人民共和国物权法》第76条规定："下列事项由业主共同决定：……（三）选举业主委员会或者更换业主委员会成员；……（七）有关共有和共同管理权利的其他重大事项。决定前款第五项和第六项规定的事项，应当经专有部分占建筑物总面积三分之二以上的业主且占总人数三分之二以上的业主同意。决定前款其他事项，应当经专有部分占建筑物总面积过半数的业主且占总人数过半数的业主同意。"《陕西省物业管理条例》第10条规定："物业管理区域符合本条例第九条规定的，建设单位应当在十五日内书面告知物业所在地的县（市、区）物业管理行政主管部门和街道办事处、乡镇人民政府，并在物业管理区域内公告。建设单位未及时履行告知义务的，业主可以书面形式告知。街道办事处、乡镇人民政府自收到书面告知三十日内，组织成立业主大会筹备组。县（市、区）物业管理行政主管部门应当予以指导。街道办事处、乡镇人民政府未在规定期限内履行组织成立业主大会筹备组职责的，业主可以自行组织成立业主大会，按照本条例规定行使业主大会权利。"第15条规定："下列事项由业主大会决定……（二）选举、更换业主委员会成员……（八）有关共有和共同管理权利的其他重大事项。业主大会决定前款第（五）项、第（六）项规定的事项，应当经专有部分占建筑物总面积三分之二以上的业主且占总人数三分之二以上的业主同意；决定前款其他事项，应当经专有部分占建筑物总面积过半数的业主且占总人数过半数的业主同意……"《最高人民法院关于适用〈中华人民共和国行政诉讼法〉的解释》第1条第2款第6项规定："下列行为不属于人民法院行政诉讼的受案范围：……（六）行政机关为作出行政行为而实施的准备、论证、研究、层报、咨询等过程性行为……"据此，可以得出以下结论：①成立业主大会筹备组仅仅是组建业主大会的过程中的一个环节，行政相对人对行政机关作出行政行为而实施的过程性行为不服提起行政诉讼的，不属于人民法院行政诉讼的受案范围。②成立业委会涉及全体业主的利益，至少经应当经专有部分占建筑物总面积过半数的业主且占总人数过半数的业主同意。根据审理查明的事实，陆某某认为TYL街办组织成立X市B区XX小区业主大会筹备组的行为违法，进而以个人名义提起本案的行政诉讼，其主体资格不适格。综上，依据《最高人民法院关于适用〈中华人民共和国行政诉讼法〉的解释》第1条第2款第6项，第69条第1款第1项、第10项，第3款之规定，裁定：驳回陆某某的起诉。案件受理费50元，退还陆某某。

一审裁定送达后，上诉人陆某某不服，向本院提起上诉称：（1）一审程序严重违法。①未经开庭审查，即认定案件事实；②一审法院剥夺了上诉人申请回避的权利；③一审法院遗漏了必须参加诉讼的当事人。（2）一审法院适用法律错误。①被上诉人成立"业主大会筹备组"行为，关系着上诉人对专有部分以外的共有部分共有权和管理权的行使，该行为不是过程性或阶段性行政行为；②被上诉人确定"业主大会筹备组"中业主代表名额，该行为对业主具有强制约束力，不是不具有"强制性"的行政指导行为；③被上诉人未按法定程序成立"业主大会筹备组"，侵犯了上诉人对共有部分的共有权和管理权。（3）被上诉人成立"业主大会筹备组"的行为不是小区全体业主共同意志的体现，上诉人提起本案行政诉讼无需双过半业主同意。（4）一审法院认定"本案不属于人民法院受案范围"的同时，再次认定上诉人不具有诉讼主体资格，明显存在矛盾。综上，一审裁定在程序和适用法律上严重错误。上诉请求：①依法裁定撤销 XXXXXX 法院［2019］××行初××号行政裁定，指令西安铁路运输法院继续审理本案；②本案一、二审诉讼费由被上诉人承担。

被上诉人 TYL 街办答辩称：（1）上诉人不具有诉讼主体资格，一审法院裁定驳回其起诉适用法律正确、程序合法。（2）业主大会筹备组仅是召开业主大会筹备阶段的筹备人员，其工作实质是为召开业主大会做筹备工作，其不具备行政、民事主体资格，本案与其并无利害关系，其无需参与诉讼。综上，一审裁定事实清楚、适用法律正确、程序合法，请求驳回上诉人的上诉，维持原裁定。

二审审理过程中，双方均未提交新证据。

本院经审理查明的事实与一审裁定认定的事实一致，本院予以确认。

本院认为，本案的争议焦点是上诉人陆某某的起诉是否符合法定条件。《X 市物业管理条例》第 4 条规定："街道办事处、镇人民政府在区、县物业管理行政主管部门的指导下，按照本条例的规定，负责本辖区物业管理活动的指导和监督工作。"第 9 条规定："物业管理区域符合前款条件的，建设单位应当在十五日内书面告知物业所在地区、县物业管理行政主管部门和街道办事处、镇人民政府或者开发区管理委员会，并报送筹备首次业主大会会议所需资料。建设单位未及时履行告知义务和报送资料的，已售物业业主人数百分之五以上联名可以书面告知。街道办事处、镇人民政府或者开发区管理委员会应当自收到书面告知之日起三十日内，组织成立业主大会筹备组。"第 13 条规定："业主大会筹备组履行下列职责：……（六）承担召开首次业主大会会议的其他准备工作。"第14条规定："业主大会筹备组应当自成立之日起六十日内，组织召开首次业主大会会议。业主大会筹备组应当自业主委员会选举产生之日起七日内，向业主委员会移交筹备期间的全部资料后解散。"根据上述法律规定，业主大会筹备组是为业主大会首次召开和业主委员会选举而成立的临时性机构。本案中，上诉人所诉的业主大会筹备组的组建是成立业主大会和业主委员会的一个程序性步骤，是行政机关为作出一个行政行为或进行一项行政程序而实施的阶段性行为，不属于行政诉讼的受案范围。另，上述法律规定明确了街道办事处对成立业主大会的相关管理活动负有组织和指导职责。虽然上诉人参与了诉争业主大会筹备组的成立过程，但其给予的指导和组织行为，系不具有强制力的行政指导行为，对上诉人的权利义务未产生行政法意义上的实际影响。依据《最高人民法院关于适用〈中华人民共和国行政诉讼法〉的解释》第1条第2款第3项、第6项、第10项之规定，上诉人陆某某的起诉不属于行政诉讼的受案范围。综上，上诉人陆某某的起诉不符合法定条件，其上诉理由不能成立，亦对其上诉请求不予支持。依照《中华人民共和国行政诉讼法》第89条第1款第1项之规定，裁定如下：

驳回上诉，维持原裁定。本裁定为终审裁定。

审判长　XXX

审判员　XXX

审判员　XXX

二〇二〇年九月二十八日

书记员　XXX

案例七

【问题提示】

如何确保作出的征收决定具有合法性？

【案情】

原告：甲某某（拟称）。

被告：某区人民政府。

被告某区政府于 2019 年××月××日发布 XX 房征决字〔2019〕××号《关于对 XX 涉及的国有土地上房屋予以征收的决定》，决定对 XX 涉及的国有土地上房屋予以征收。征收项目为 XX 扩建工程项目；征收范围为：XX。具体范围以实测成果表为准；征收主体：某区人民政府，征收组织部门：某区住房和城市建设局；征收实施单位为某街道办事处。2019 年××月××日，被告某区房政府作出《通告》，对 XX 房征决字〔2019〕××号房屋征收决定的内容予以公布，该《通告》附件为 XX 扩建工程项目房屋征收补偿方案。该通告载明，签约期限为自征收决定通告之日起 3 月内；征收补偿方案见附件即 XX 项目房屋征收补偿方案。该决定同时载明被征收人、公有房屋承租人应当在补偿协议约定或补偿决定确定的期限内完成搬迁，如对房屋征收决定不服，可在本决定公布之日起 60 日内依法申请行政复议，或者在 6 个月内提起行政诉讼。

甲某某对该征收决定不服，诉至法院，请求：依法撤销某区 XX 房征决字〔2019〕××号《关于对 XX 涉及的国有土地上房屋予以征收的决定》。

【一审裁判】

本院认为，本案的审理重点和争议焦点是被告某区 XX 房××号《征收决定》是否合法。根据《国有土地上房屋征收与补偿条例》（以下简称《征收补偿条例》）的相关规定，征收国有土地上的房屋应当符合并遵守以下主要条件和程序：征收房屋的行政主体具有法定职权；征收目的基于公共利益需要；建设项目符合相关规划和计划要求；征收程序符合法律规定。因此，根据查明认定的事实，本院对被诉房屋征收决定是否合法发表评判意见如下：

（1）关于征收主体的审查。《征收补偿条例》第 8 条规定："为了保障国家安全、促进国民经济和社会发展等公共利益的需要，有下列情形之一，确需征收房屋的，由市、县级人民政府作出房屋征收决定：……（三）由政府组织实施的科技、教育、文化、卫生、体育、环境和资源保护、防灾减灾、文物保护、社会福利、市政公用等公共事业的需要；……"据此，本院认为，被告具有作出被诉 B 房征决字〔2019〕×号《征收决定》的法定职权，其行政征收主体资格适格。

（2）关于征收目的的审查。《征收补偿条例》第 8 条第 3 项规定"……

（三）由政府组织实施的科技、教育、文化、卫生、体育、环境和资源保护、防灾减灾、文物保护、社会福利、市政公用等公共事业的需要……"由政府组织实施的 XX 工程建设，属于公共利益的范畴。经审查，被告某区政府提交的相关证据和材料，能够证明被诉 XX 房征决字［2019］××号《征收决定》中确定的 XX 工程已经陕西省发展和改革委员会批复同意，同时《陕西省××年政府工作报告》、省委书记专题会议纪要［2018］××号、陕西省人民政府专项问题会议纪要（第××次）、陕西省人民政府专项问题会议纪要（第××次）确定 XX 改造项目为陕西省 2019 年重点工作，其改扩建目的是加强文物保护与利用，更好满足人民群众日益增长的文化需求的重要举措，对促进全省文化旅游产业发展具有重要意义，故被告某区政府作出的被诉 XX 房征决字［2019］××号《征收决定》符合《征收补偿条例》第 8 条第 3 项的规定，其征收目的符合促进国民经济和社会发展等公共利益的需要。

（3）关于涉案征收决定主要证据是否充足、是否符合相关规划和计划要求的审查。《征收补偿条例》第 9 条第 1 款规定："依照本条例第八条规定，确需征收房屋的各项建设活动，应当符合国民经济和社会发展规划、土地利用总体规划、城乡规划和专项规划。保障性安居工程建设、旧城区改建，应当纳入市、县级国民经济和社会发展年度计划。"经审查被告某区政府提供的相关证据，可以证明 XX 项目经陕西省发展和改革委员会同意立项后，该项目取得了规划部门核发的规划许可，符合城乡规划、专项规划，通过了国土资源部门的审核，符合土地利用总体规划，涉案项目符合陕西省文化和旅游发展规划、X 市国民经济和社会发展第十三个五年规划，并被纳入 2019 年 B 区国民经济和社会发展规划，故本院认为，被告作出的 XX 房征决字［2019］××号《征收决定》主要证据充分确凿、符合相关规划要求。

（4）关于征收程序的审查。《征收补偿条例》第 10 条、第 11 条规定：房屋征收部门拟定征收补偿方案，报市、县级人民政府。市、县级人民政府应当组织有关部门对征收补偿方案进行论证并予以公布，征求公众意见。征求意见期限不得少于 30 日。征求意见后，还应当将征求意见情况和根据公众意见修改的情况及时公布。第 12 条规定："市、县级人民政府作出房屋征收决定前，应当按照有关规定进行社会稳定风险评估；房屋征收决定涉及被征收人数量较多的，应当经政府常务会议讨论决定。作出房屋征收决定前，征收补偿费用应当足额到位、专户存储、专款专用。"第 13 条第 1 款规定："市、县级人民政府作出房屋征收决定后应当及时公告。公告应当载明征收补偿方案和行政复议、行政诉讼权利等事项。"第 15 条规定:"房屋征收部门应当对房屋征收范围内房屋的权属、区位、用途、建筑面积等情况组织调查登记,被征收人应当予以配合。调查结果应当在房屋征收范围内向被征收人公布。"第 16 条第 1 款规定:"房屋征收范围确定后,不得在房屋征收范围内实施新建、扩建、改建房屋和改变房屋用途等不当增加补偿费用的行为;违反规定实施的,不予补偿。"本案中,××年××月××日,某区政府对涉案项目范围内房屋进行调查登记,并于××年××月××日发布暂停办理房屋新建、扩建、改建和改变房屋用途等手续的通知,××年××月××日×市国土资源局出具复函确定涉案项目安置房源用地,于××年×月××日至××年××月××日对房屋调查登记结果进行了公示,组织有关部门对征收补偿方案进行论证。某有限公司向某区××中心转入涉案项目房屋征收款××元。2019 年××月××日,各方代表对涉案项目征收补偿方案(讨论稿)进行论证、提出意见建议,2019 年××月××日至××月××日,对征收补偿方案进行公示,2019 年××月××日,某区住房和城市建设局征求公众意见后,公布修改情况。2019 年××月××日,涉案项目委托评估机构进行社会稳定风险评估,评估风险等级为低风险,《社会稳定风险评估报告》经评审审议、备案。涉案项目根据《X 市国有土地上房屋征收与补偿办法》第 16 条规定,经市、区政府常委会讨论决定并通过。2019 年××月××日,XX住房和城乡建设局向被告出具回函同意该项目征收决定备案,2019 年××月××日,被告发布涉案征收决定的通告,公布了征收项目、征收主体、部门及实施单位、征收补偿方案,告知了征收补偿方案和行政复议、行政诉讼权利等事项,并于 2019 年××月××日在《西安日报》进行了专版刊登。故本院认为:涉案项目履行了征收补偿方案进行论证并予以公布,征求公众意见、将征求意见情况和根据公众意见修改的情况及时公布、进行社会稳定风险评估;并经政府常务会议讨论决定。征收补偿费用足额到位、专款专用。市、县级人民政府作出房屋征收决定后及时予以公告,并告知被征收人行政复议、行政诉讼等权利事项。综上,被告作出的征收决定程序符合国有土地征收补偿的程序性规定。

原告认为某区政府不是《征收补偿条例》规定的市、县级人民政府;按照《X 市国有土地上房屋征收与补偿办法》第 3 条第 4 项之规定市人民政府确定的重大项目的房屋征收与补偿工作由市人民政府负责,某区政府无权作出被诉征收决定。本院对原告的上述主张审查后认为，某区政府属于《征收补偿条例》规定的市、县级人民政府，其有权作出征收决定。关于本案所涉征收项目是否属于 X 市人民政府确定的重大项目，应由 X 市人民政府作出征收决定一节，从原告列举的事实及其所依据的《X 市国有土地上房屋征收与补偿办法》，均无法认定某区政府没有作出本案被诉征收决定的法定职权，且根据《征收补偿条例》的规定，某区政府具有作出征收决定的法定职权。对于原告主张被告发布征收决定的程序不合法，被告陈述的文件不合法、不规范，确定的征收范围不合法等意见，缺乏事实和法律依据，本院不予采纳。原告向本院提出的调取证据申请，因其申请调取的证据并不在本案的审查范围内，故本院不予准许。

综上所述，被告某区政府具有作出被诉征收决定的法定职权，被诉征收决定证据确凿，适用法律、法规正确，符合法定程序。原告主张撤销被诉征收决定的理由不能成立，对其诉讼请求本院不予支持。但需要指出，根据《征收补偿条例》第 13 条第 2 款的规定："市、县级人民政府及房屋征收部门应当做好房屋征收与补偿的宣传、解释工作。"涉案的征收决定涉及被征收人人数较多，被告应当继续深入做好房屋征收与补偿的宣传解释工作，以保障被征收人的合法权益。依照《行政诉讼法》第 69 条之规定，判决如下：

驳回原告甲某某的诉讼请求。

【上诉情况】

上诉人甲某某上诉称：（1）某区××号房屋征收决定违法。①本案涉及的项目是 X 市重大项目，应由 X 市人民政府作出征收决定，某区政府无权作出征收决定。②某区政府发布征收决定的程序不合法。③某区政府作出的房屋征收决定应符合《中华人民共和国文物保护法》及公共利益。④某区政府作出的房屋征收决定不具备合法审批的建设项目立项等必要文件，所依据的《陕西省 XX 委关于 XX 项目可行性研究报告的批复》不具有合法性。⑤某区政府作出的房屋征收决定所依据的《中华人民共和国建设项目选址意见书》有重大法律瑕疵。⑥某区政府作出的房屋征收决定依据的某自然资源和规划局《关于 XX 项目有关规划条件的函》是虚假证据。（2）甲某某调取证据的申请，人民法院应予支持。请求：撤销原判，依法重新判决。

被上诉人某区政府提交答辩意见称：（1）某区政府具有作出涉案房屋征

收决定的法定职权。涉案项目位于某区辖区内，根据《征收补偿条例》第4条、第5条的规定，某区政府作为区级人民政府，具有作出涉案房屋征收决定的法定职权。（2）某区政府作出涉案房屋征收决定是基于公共利益需要的合法征收。涉案项目是为XX涉及的国有土地上房屋的征收，是为了公共利益的目的。（3）某区政府作出涉案房屋征收决定符合相关规划要求。涉案项目取得了立项批复，符合国民经济和社会发展规划；涉案项目符合城乡规划；涉案项目符合专项规划；涉案项目符合用地条件。（4）某区政府作出涉案房屋征收决定程序合法。某区政府作出涉案房屋征收决定前依法进行了论证并公开征求了意见；进行了社会风险评估，并经政府常务会议讨论，履行了备案程序；涉案项目安置房源用地已经落实，征收补偿款项足额到位；B区政府作出涉案征收决定后，及时进行了公告，并载明了补偿方案和行政复议、行政诉讼等事项。请求：驳回上诉，维持原判。

【二审裁判】

本院认为，本案争议的焦点问题是某区××号房屋征收决定是否合法。

《征收补偿条例》第8条规定："为了保障国家安全、促进国民经济和社会发展等公共利益的需要，有下列情形之一，确需征收房屋的，由市、县级人民政府作出房屋征收决定……"该条第6项规定："法律、行政法规规定的其他公共利益的需要。"第9条第1款规定："依照本条例第八条规定，确需征收房屋的各项建设活动，应当符合国民经济和社会发展规划、土地利用总体规划、城乡规划和专项规划。保障性安居工程建设、旧城区改建，应当纳入市、县级国民经济和社会发展年度计划。"第12条第1款规定："市、县人民政府作出房屋征收决定前，应当按照有关规定进行社会风险评估；房屋征收决定涉及被征收人数量较多的，应当经政府常务会议讨论决定。"当时有效的《X市国有土地上房屋征收与补偿办法》第8条规定："为了保障国家安全、促进国民经济和社会发展等公共利益的需要，有下列情形之一，确需征收房屋的，由市、区人民政府作出房屋征收决定，开发区管委会根据市人民政府的委托作出房屋征收决定……"该条第6项规定："法律、行政法规规定的其他公共利益的需要。"第9条规定："作出房屋征收决定时，需具备下列条件：（一）建设项目立项文件；（二）规划部门核发的建设用地规划许可证或确认的规划设计条件；（三）国土资源部门的土地相关文件；（四）征收补偿方案。"

本案中，XX 项目是陕西省加强文物保护与利用，更好满足人民群众日益增长文化需求的重要举措，是继续提升基本公共文化服务水平，促进省市区文化、旅游、民生等共同发展的重要举措，符合公共利益的需要。某区政府于 2019 年××月××日作出××号房屋征收决定，在作出××号征收决定前，《陕西省 2019 年政府工作报告》、省委书记专题会议纪要〔××〕××号、陕西省人民政府专项问题会议纪要（第××次）、陕西省人民政府专项问题会议纪要（第××次）确定 XX 项目为陕西省 2019 年重点工作，并将 XX 纳入 2019 年 B 区国民经济和社会发展规划，且已取得《陕西省发展和改革委员会关于 XX 可行性研究报告的批复》（陕发改社会〔××〕××号）、《中华人民共和国建设项目选址意见书》（西规选字第〔××〕××号）、《关于 XX 有关规划条件的函》《XX 分局关于 XX 用地意见的函》（XX 函〔××〕××号）、《XX 房屋征收补偿方案》。2019 年××月××日，XX 向各被征收人发出《关于对 XX 项目房屋征收补偿方案征求意见的通知》，公布期间一个月，征求公众意见。2019 年××月××日，涉案项目委托评估机构进行社会稳定风险评估，评估风险等级为低风险。因涉及被征收人数量较多，某区政府常务会议于××年××月××日讨论通过 XX 号房屋征收决定。××年××月××日，XX 有限公司通过西安银行向 XX 中心分次转账 300 万元、700 万元，作为 XX 项目房屋征收补偿款。××年××月××日，XX 公司向 XX 中心转账 2700 万元，作为 XX 项目房屋征收补偿款。××年××月××日，XX 银行进账单显示，XX 公司向区 XX 中心转账 5.63 亿元。区 XX 号房屋征收决定后，发布了涉案征收决定的通告，公布了征收项目、征收主体、部门及实施单位、征收补偿方案，告知被征收人行政复议、行政诉讼权利等救济的方式，并于××年××月××日在《西安日报》进行了专版刊登。故某区 XX 号房屋征收决定，符合《征收补偿条例》和当时有效的《X 市国有土地上房屋征收与补偿办法》的规定。

关于甲某某提出 XX 项目是市级重点项目，应由 X 市人民政府作出房屋征收决定，某区政府无权作出房屋征收决定的上诉理由。本案中，虽然 XX 工程已列入 XX 年度市级重点工程，但某区政府是否具有作出房屋征收的法定职权，并不依据涉案项目是哪一级政府的重点工程，而是取决于法律、法规是否赋予其该项职权。根据《征收补偿条例》第 8 条的规定，某区政府具有作出房屋征收决定的法定职权，故对甲某某的该上诉理由不予支持。

关于甲某某提出某区政府作出房屋征收决定不符合《中华人民共和国文物保护法》规定的上诉理由。经查，国家文物局已对涉案建设项目拟建区域考古及新建 XX 的体量、规模和形制等提出了要求，故甲某某的该理由不能成立。

关于甲某某在一审期间提出调取证据的申请。经查，甲某某申请调取的证据是《XX 改造项目实施方案的批复》（XX 发［××］××号），因该证据与待证事实无关联、对证明待证事实无意义，故原审法院不予准许并无不当。

综上，上诉人甲某某的上诉理由不能成立，依法不予支持。原审判决认定事实清楚，适用法律正确，依法应予维持。依照《中华人民共和国行政诉讼法》第 89 条第 1 款第 1 项的规定，判决如下：

驳回上诉，维持原判。

【案例解析及拓展】

这是一起因不服征收决定引发的诉讼。

如何审查房屋征收决定的合法性？在征收纠纷中，核心的争论必然是征收决定是否合法。质疑征收决定的合法性，应当考虑作出征收决定的机关是否适格？征收所需的要件是否具备？征收决定的作出程序是否合法？

1. 作出征收决定的主体是否合法？

根据《征收补偿条例》的规定，作出征收决定的主体只有市、县级人民政府，包括市人民政府、县人民政府、区人民政府等达到市县级别的人民政府。其他的政府工作部门、政府设立的派出机构、政府的内设机构、其他行政机关均没有批准权限。

2. 作出征收决定的要件是否具备？

根据《征收补偿条例》的规定，征收房屋应该符合以下四个条件：①征收决定应该符合公共利益；②征收房屋属于确需征收的范围；③符合行政规划和计划；④征收补偿费用已经足额到位。

2020 年 3 月 1 日实施的《X 市国有土地上房屋征收与补偿办法》对 X 市房屋征收决定作出之前应满足的条件作出了要求。该办法第 19 条规定："作出房屋征收决定时，需具备下列条件：（一）发展改革部门出具的征收项目符合国民经济和社会发展规划的文件；（二）资源规划部门出具的征收项目符合土地利用总体规划、城乡规划和专项规划的文件；（三）征收补偿方案。保障性安居工程建设、旧城区改建，还应当纳入市、区国民经济和社会发展年度计划。"

3. 作出征收决定的程序是否合法？

征收补偿应符合征收程序。首先，应确定征收范围、对征收范围进行审查和计划的编订、对建设项目进行立项（X市新的征收与补偿办法中未有立项规定）。其次，应拟订具体的征收补偿方案、对该方案进行论证并征求公众的意见，之后进行适当的修正。再次，应进行社会风险评估、落实征收补偿费用、落实安置房源。最后，应对征收决定进行公告。欠缺任一环节都可能造成征收决定程序违法。

一审裁判文书：

XXXXXX 法院

行政判决书

〔2019〕××行初××号

原告：韩某某。

委托代理人：韩某。

被告：X市B区人民政府。法定代表人：卢某某，区长。

委托代理人：田某，该政府单位工作人员。

委托代理人：王阿娟，陕西明萌律师事务所律师。

原告韩某某不服被告X市B区人民政府（以下简称"B区政府"）作出的房屋征收决定，于2019年10月31日向本院提起行政诉讼。本院于同日立案后，2019年11月4日向被告送达了起诉状副本及应诉通知书。本院依法组成合议庭，于2019年11月25日公开开庭审理了本案。原告韩某某委托代理人韩某、被告B区政府委托代理人田某、王阿娟到庭参加诉讼。本案现已审理终结。

被告B区政府于2019年8月14日发布B房征决字〔2019〕×号《关于对西安B区博物馆改扩建工程项目涉及的国有土地上房屋予以征收的决定》，决定对西安B区博物馆改扩建项目涉及的国有土地上房屋予以征收。征收项目为西安B区博物馆改扩建工程项目；征收范围以实测成果表为准；征收主体：X市B区人民政府，征收组织部门：X市B区住房和城市建设局；征收实施单位为 X 市 B 区 XX 街道办事处、X 市 B 区特色街区 XX 楼宇经济发展服务中心。2019 年 8 月 16 日，被告 B 区 XX 房××号《通告》，对 B 房征收字 [2019] ×号房屋征收决定的内容予以公布，该《通告》附件为西安 B 区博物馆改扩建工程项目房屋征收补偿方案。该通告载明，签约期限为自征收决定通告之日起 3 月内；征收补偿方案见附件即西安 B 区博物馆改扩建工程项目房屋征收补偿方案。该决定同时载明被征收人、公有房屋承租人应当在补偿协议约定或补偿决定确定的期限内完成搬迁，如对房屋征收决定不服，可在本决定公布之日起 60 日内依法申请行政复议，或者在 6 个月内提起行政诉讼。

原告韩某某诉称，（1）国务院法规、X 市地方法规为每一个行政主体规定了法定权限，行政主体只能在法定的权限范围内按照法定程序实施行政行为。B 区政府《关于对西安 B 区博物馆改扩建工程项目涉及的国有土地上房屋予以征收的决定》违背国务院法规和 X 市地方法规。①根据国务院《国有土地上房屋征收与补偿条例》第 8 条的规定，B 区政府不具备国务院法规所规定的由市、县级人民政府作出房屋征收决定的行政主体条件。②文物保护是依据《文物保护法》对不可移动文物进行保护，根据《文物保护法实施条例》第 9 条、第 13 条的规定，《国有土地上房屋征收与补偿条例》第 8 条第 3 款有关文物保护的本意是指对文物保护单位的本体及周围进行保护时，可以征收土地上的房屋。B 区博物馆是国家重点文物保护单位。在国家重点文物保护单位的保护范围内以及建设控制地带上新建参观游览项目不属于法律规定的文物保护，不适用对文物保护单位本体及周围进行保护时可以征收国有土地上房屋的规定。B 区博物馆是以营利为目的事业单位，不是法律规定的依法成立的公益性社会团体或非营利性事业单位。因此，案涉项目并非法律规定的文物保护，不是《国有土地上房屋征收与补偿条例》第 8 条所指的促进国民经济和社会发展的公共利益。③被告发布的征收决定和通告违反《X 市国有土地上房屋征收与补偿办法》第 3 条第 4 款市人民政府确定的重大项目的房屋征收与补偿工作由市人民政府负责的规定。尽管 2014 年 9 月 22 日 X 市人民政府第 93 次常务会议将《X 市国有土地上房屋征收与补偿办法》第 7 条改为第 8 条，将第 1 款中的"由市人民政府作出房屋征收决定"修改为"由市、区人民政府作出房屋征收决定，开发区管委会根据市人民政府的委托作出房屋征收决定"。但根据《X 市国有土地上房屋征收与补偿办法》第 3 条第4款的规定，由市人民政府确定的重大项目，被告仍无权作出房屋征收决定。原告提供了相关证据所指向的九个事实，足以证明西安B区博物馆改扩建项目是市委市政府确定的重大项目，被告可以执行市委、市政府的工作安排，但无权对该项目作出重大决定。(2)《X市国有土地上房屋征收与补偿办法》第9条规定了作出房屋征收决定时需要具备的条件。而被告作出征收决定时未完成必须具备的前置程序，程序违法，应当撤销该征收决定。①案涉项目立项文件缺失，被告应当出示建设项目可行性研究报告。②被告没有提交《土地管理法》第22条规定的建设项目用地预审报告。③案涉项目的建筑工程设计方案至今没有按照《X市XX乡规划条例》第47条的规定进行公告。④被诉征收决定作出时，被告没有规划部门核发的建设用地规划许可证或确认的规划设计条件。(3)请求法院依法确认被诉征收决定所确定的征收范围违法。①在没有建设用地规划许可、建设项目用地预审意见、测量成果的情况下，征收决定确定的征收范围没有依据。②B区博物馆北扩的新建项目建设用地在B区以北至XX市，而被告为该项目划定的征收范围为S街、XX巷、XX巷、XX巷、XX街道。③被诉征收决定确定的征收范围是对西安XX城的破坏。根据《X市XX城保护条例》第28条的规定，古城墙以内S街历史文化街区是XX城的重要组成部分。根据《X市不可移动文物保护条例》第2条的规定，XX城、街区的保护按照《X市XX城保护条例》的规定执行。根据《文物保护法》第17条的规定，文物保护单位的保护范围内不得进行其他建设工程或者爆破、钻探、挖掘等作业。案涉项目违反了上述规定。
(4)请求法院确认被告启动的案涉项目侵犯了社会公共利益。①用B区历史文化街区替代S街历史文化街区违法，侵犯社会公共利益。《国务院地名管理条例》《陕西省实施办法》对地名的命名、更名都有严格规定。《西安XX城保护规划》对S街历史文化街区有明确规定，却没有B区历史文化街区任何规定。②用下位规划项目取代上位保护规划，违反了《X市XX乡规划条例》，侵害了社会公共利益。X市自然资源和规划局在给省文物局《关于西安B区博物馆改扩建工程项目有关规划意见的函》中告知：该项目用地位于S街历史文化街区，涉及三个上位规划，《西安XX城保护规划》《S街历史文化街区保护规划》《S街历史文化街区控制性详细规划》。这三个上位规划均已编制完成，经中、省、市多次研究审议，目前还处于按程序报审阶段。而案涉建设项目用地位于S街历史文化街区，在上位规划报审结论未出来的情况下，X市自然资源和规划局出具《B区博物馆改扩建工程项目符合上述专项规划有关意见的函》没有依据。在文物保护范围内开辟参观游览场所，在历史文化街区保护范围内开发新建旅游项目与三个上位规划不符。案涉项目应该重新选址，历史文化街区的保护与改造应当单独立项，由X市人民政府严格依照法律法规重新作出该重大项目的保护改造规划。③被告启动案涉项目侵害社会公共利益。所谓公共利益，是指不特定的社会成员所享有的超出地方性的明显的受法律法规保护的长远利益。公共利益必须获得国家承认。S街历史文化街区从法律层面讲属于社会公共利益，是一个法律名词，获国家承认。《文物保护法》将XX城和历史文化街区列入不可移动文物的保护范围，由国务院制定《XX城XX镇XX村保护条例》予以保护，是国家对历史文化街区的重视。案涉项目以保护文物为名，进行商业开发，意在拆除整个S街历史文化街区，严重侵害社会公共利益。原告认为被诉征收决定不但侵犯了自己的私有房产，还侵犯了全社会的公共利益。由被告组织的征收拆迁行为不代表公共利益，由政府主导的在文物保护范围内新建参观游览场所的征收拆迁更不能认为是公共利益。综上，请求根据《行政诉讼法》第74条、第75条之规定，撤销被诉征收决定。请求：依法撤销X市B区XX房征决字[2019]×号《关于对西安B区博物馆改扩建工程涉及的国有土地上房屋予以征收的决定》。

原告韩某某向本院提交了以下证据：

第一组证据：①《X市B区人民政府关于对西安B区博物馆改扩建工程项目涉及的国有土地上房屋予以征收的决定》；②X市人民政府关于Y历史文化片区综合改造项目的通告；③致被征收居民的一封信（两个版本）；④X市人民政府关于成立X市B区历史文化街区XX小组的通知；⑤索引的B区历史文化街区改造项目实施方案的批复。证明：B区政府不具备发布《征收决定》与《通告》的主体条件，应该由X市人民政府发布该征收决定与通告；X市人民政府虚造B区历史文化街区违反国务院《地名管理条例》《X市地名管理实施细则》，用虚造的历史文化街区名称对受国务院法规保护的S街历史文化街区进行改造，违反《西安XX城保护条例》。

第二组证据：①X市人民政府办公厅《关于印发2017年政府工作报告任务分解意见的通知》（市政办发[2017]××号）；②网页截图、报纸复印件：《XXX专题调研B区文化街区和黄帝陵文化景区规划建设》；③网页截图：

《省文物局与 XX 管理委员会共商 B 区北扩项目》；④网页截图：《XX 馆 XX 城墙文投召开项目对接协调会》；⑤网页截图：《B 区博物馆文化项目建议书》通过专家评审；⑥省委书记专题会议纪要［2018］×号；⑦网页截图：《省发改委调研 B 区博物馆改扩建工程进展》；⑧网页截图：《B 区博物馆改扩建工程设计方案通过专家论证》；⑨网页截图：《B 区博物馆召开改扩建工程进展情况通报会》；⑩X 市人民政府《关于成立 B 区博物馆改扩建工作领导小组的通知》；⑪X 市人民政府常务会议纪要［2018］第××次；⑫网页截图：《李某某在调研历史文化项目建设时强调突出特色加快进度精益求精打造古都文化新名片》。证明：B 区博物馆改扩建工程项目无论从项目对接、项目代建、项目立项、项目审批等各个环节均与 B 区政府没有关系，属于 X 市人民政府确定的重大项目，根据《X 市国有土地上房屋征收与补偿办法》第 3 条第 4 款的规定市人民政府确定的重大项目的房屋征收与补偿工作由市人民政府负责；B 区政府不具备主体条件。

第三组证据：①X 市自然资源和规划局《关于西安 B 区博物馆改扩建工程项目有关规划意见的函》；②X 市自然资源和规划局《关于西安 B 区博物馆改扩建工程项目有关规划条件的函》；③X 市文物局《关于 B 区博物馆改扩建涉及相关文物问题的函》；④X 市 B 区文化体育局《关于确认 B 区博物馆改扩建项目用地范围内文物保护点位置的复函》；⑤陕西省发展改革委员会《关于西安 B 区博物馆改扩建工程可行性研究报告的批复》；⑥国家文物局《关于西安 B 区建设控制地带内西安 B 区博物馆改扩建项目的意见函》。证明：B 区政府在不具备必要的前置条件的情况下作出房屋征收决定，程序违法。

第四组证据：①第一批全国重点文物保护单位西安 B 区保护范围的碑；②B 区博物馆门票价格；③网页截图：《西安 B 区博物馆圆满完成 2015 年游客接待工作》。证明：B 区博物馆是以营利为目的事业单位，不是法律规定的公益事业单位。B 区博物馆改扩建项目是省××号，为多年来用行政手段收集的可以移动的 2000 余件石刻墓碑开辟新的参观游览场所，是在全国重点文物保护单位的建设控制地带上新建文物展示项目，是在全国 XX 城的重要历史文化街区的保护范围内新建参观游览场馆，是一个商业旅游开发项目，不是法律层面的文物保护项目，不是国家《文物保护法》和国务院《房屋征收与补偿条例》规定的公共利益。

被告 B 区政府辩称：

（1）被告具有作出 B 房征决字［2019］×号《X 市 B 区人民政府关于对西安 B 区博物馆改扩建工程项目涉及的国有土地上房屋予以征收的决定》（以下简称《征收决定》）及 B 房征告字［2019］×号《通告》的法定职权。根据《国有土地上房屋征收与补偿条例》第 4 条、第 5 条之规定，市、县级人民政府负责本行政区域的房屋征收与补偿工作。市、县级人民政府确定的房屋征收部门组织实施本行政区域内房屋征收与补偿工作。房屋征收部门可以委托房屋征收实施单位承担房屋征收与补偿的具体工作。房屋征收实施单位不得以营利为目的。涉案项目位于 B 区辖区范围内，被告 B 区人民政府作为法定征收主体，具有作出《征收决定》《通告》的法定职权。被告确定 X 市 B 区住房和城市建设局（以下称"B 区住建局"）作为房屋征收部门，X 市 B 区 XX 街道办事处（以下称"XX 街办"）、X 市 B 区特色街区 XX 楼宇经济发展服务中心（以下称"B 区特色街区"）作为房屋征收实施单位符合法律法规规定。

（2）被告作出《征收决定》《通告》内容合法。①被告作出《征收决定》《通告》系基于公共利益需要而进行的合法征收。《国有土地上房屋征收与补偿条例》第 8 条规定："为了保障国家安全、促进国民经济和社会发展等公共利益的需要，有下列情形之一，确需征收房屋的，由市、县级人民政府作出房屋征收决定：……（三）由政府组织实施的科技、教育、文化、卫生、体育、环境和资源保护、防灾减灾、文物保护、社会福利、市政公用等公共事业的需要；……"2018 年 10 月 25 日，省委书记专题会议指出，实施西安 B 区博物馆改扩建工程，这是陕西省加强文物保护与利用，更好满足人民群众日益增长文化需求的重要举措。2018 年 12 月 3 日，陕西省《关中平原城市群发展规划》实施方案第××项"实施文化重大工程"确定，持续推进省图书馆新馆、西安 B 区博物馆等重大文化工程建设。2019 年陕西省政府工作报告第二部分"2019 年总体要求和预期目标"第七章第五项"继续提升基本公共文化服务水平"明确提出："加快推进 B 区博物馆等重大文化工程。"被告作出《征收决定》《通告》推进 B 区博物馆改扩建工程项目，不仅是落实省市政策、决议的要求，更是提升城市公共文化服务水平、促进 B 区文化、旅游、民生等共同发展的重要举措，是基于公共利益需要而进行的合法征收。②被告作出《征收决定》《通告》，符合相关规划及土地条件的规定。根据《国有土地上房屋征收与补偿条例》第 9 条之规定，确需征收房屋的各项建设活动，应当符合国民经济和社会发展规划、土地利用总体规划、XX 乡规划和专项规划。根据《X 市国有土地上房屋征收与补偿办法》第 9 条之规定："作出房屋征收决定时，需具备下列条件：……（三）国土资源部门的土地相关文件。"①涉案项目符合国民经济和社会发展规划。根据《陕西省国民经济和社会发展第十三个五年规划纲要》第三十章"促进文化事业繁荣发展"，加快建设一批博物馆和地方志馆，完成第二轮修志工作和区县年鉴全覆盖。引导行业博物馆和非国有博物馆健康发展。这说明该项目符合省国民经济和社会发展规划，且该项目已被列入 2019 年市、区重点建设项目，亦被纳入 B 区国民经济和社会发展计划。②涉案项目符合 XX 乡规划。B 区博物馆改扩建工程符合《西安城市总体规划（2008-2020 年）》（2017 年修订）的文化设施用地性质，并于 2019 年 1 月 10 日取得了 X 市规划局颁发的《建设项目选址意见书》。③涉案项目符合专项规划。案涉项目系《陕西省"十三五"文化和旅游融合发展规划》专栏 3 确定的 64 个文化和旅游融合发展重点项目中的"陕西文化博物馆项目"。X 市自然资源和规划局于 2019 年 7 月 16 日向省文物局出具《关于西安 B 区博物馆改扩建工程项目有关规划条件的函》，确定该项目符合专项规划。④涉案项目符合土地条件。根据 2019 年 7 月 12 日 X 市国土资源局 B 区分局作出的市国土碑函［2019］××号《X 市国土资源局 B 区分局关于西安 B 区博物馆改扩建工程项目用地意见的函》，函告该项目所属建设用地符合 X 市主城区土地利用总体规划（2006-2020 年），符合国家产业政策和供地政策。

（3）被告作出《征收决定》《通告》程序合法。①被告作出《征收决定》《通告》前依法进行了社会稳定风险评估。《国有土地上房屋征收与补偿条例》第 12 条规定："市、县级人民政府作出房屋征收决定前，应当按照有关规定进行社会稳定风险评估；房屋征收决定涉及被征收人数量较多的，应当经政府常务会议讨论决定。"《西安市国有土地上房屋征收与补偿办法》第 15 条第 1 款规定："区人民政府、开发区管委会应当按照有关规定进行社会稳定风险评估，并按照规定将评估报告报送相关部门。"涉案项目于 2018 年 12 月 21 日经 X 市人民政府常务会议（第 16 届××次）讨论通过。经征收实施单位 B 区特色街区委托第三方评估公司，对《西安 B 区博物馆改扩建工程项目》进行了社会稳定风险评估。第三方评估公司于 2019 年 7 月出具社会稳定风险评估报告，评估风险等级为低风险。2019 年 7 月 19 日，B 区住建局作出《西安 B 区博物馆改扩建工程项目房屋征收社会稳定风险评估报告评审会议邀请函》，于 2019 年 7 月 17 日举行论证会议，各机关单位代表及被征收人代表参加了会议。2019 年 7 月 19 日，该项目评估情况按照规定报送相关部门进行了备案。②被告作出《征收决定》《通告》前依法进行了论证并公开征求了意见。《国有土地上房屋征收与补偿条例》第 10 条规定："房屋征收部门拟定征收补偿方案，报市、县级人民政府。市、县级人民政府应当组织有关部门对征收补偿方案进行论证并予以公布，征求公众意见。征求意见期限不得少于 30 日。"涉案项目征收决定作出前已依法向 X 市住房和 XX 乡建设局进行了备案。2019 年 7 月 23 日，X 市住房和 XX 乡建设局作出《关于西安 B 区博物馆改扩建工程项目房屋征收决定备案意见的函》，同意该项目房屋征收决定备案。2019 年 5 月 17 日，X 市 B 区房屋征收管理办公室作出了 B 征办函 [2019] ×号《B 区博物馆改扩建综合改造项目房屋征收补偿方案（讨论稿）论证会议邀请函》，于 2019 年 5 月 17 日举行了论证会议，各机关单位代表及被征收人代表参加了会议。2019 年 5 月 17 日，X 市 B 区房屋征收管理办公室作出了《关于 B 区博物馆改扩建综合改造项目房屋征收补偿方案征求意见的通知》，通过广泛的形式及渠道征集了公众意见。截至 2019 年 6 月 17 日，公布征求意见已满 30 日。2019 年 6 月 25 日，X 市 B 区房屋征收管理办公室作出征求意见和修改情况的说明，就征收补偿方案的征求意见情况进行了公示。综上，被告作出的《征收决定》《通告》内容合法，程序正当，法律法规依据充分，系落实省市文物保护与利用的战略布局，继续提升基本公共文化服务水平，更好满足人民群众日益增长文化需求的重要举措，请依法驳回原告之诉请。

被告向本院提交了以下证据：

第一组证据：①证明：涉案项目取得合法立项文件。②建设项目选址意见书。③X 市自然资源和规划局关于西安 B 区博物馆改扩建工程项目有关规划条件的函。证明：涉案项目符合 XX 乡规划、专项规划，取得了规划部门核发的规划许可。④《X 市国土资源局 B 区分局》（市国土 B 函 [2019] ××号）。⑤X 市土地利用总体规划文本（节选）。⑥国家文物局函。证明：涉案项目符合土地利用总体规划，且通过了国土资源部门的审核。

第二组证据：①X 市 B 区发展和改革委员会《关于西安 B 区博物馆改扩建工程项目符合国民经济和社会发展规划的函》。②X 市 B 区发展和改革委员会《关于将西安 B 区博物馆改扩建工程项目列入 2019 年度重点建设项目计划的函》。证明：涉案项目符合并被纳入 2019 年 B 区国民经济和社会发展规划，为市区重点建设项目。③《X 市国民经济和社会发展第十三个五年规划纲要》（节选）证明：涉案项目符合 X 市国民经济和社会发展第十三个五年规划。④陕西省"十三五"文化和旅游融合发展规划（节选）。⑤陕西省文物局 2019 年度工作要点（节选）。证明：涉案项目符合陕西省文化和旅游发展规划，为陕西省文物局 2019 年要点规划项目。

第三组证据：①《陕西省 2019 年政府工作报告》（节选）；②省委书记专题会议纪要［2018］×号；③陕西省人民政府专项问题会议纪要（第 151 次）；④陕西省人民政府专项问题会议纪要（第 13 次）。证明：涉案项目基于公共利益需要而进行，为陕西省 2019 年重点工作，对陕西省文化、旅游融合发展具有重要意义。

第四组证据：①《房屋征收调查登记通知》（区××号）；②《公示》（初步调查结果公示）；③《公示》照片（光盘证据）。证明：涉案项目根据《X市国有土地上房屋征收与补偿办法》第 10 条的规定，对征收范围内房屋进行调查登记，并对调查登记结果进行了公示。

第五组证据：《X 市 B 区房屋征收管理办公室关于 XX 街 XX 户区改造项目征收范围内房屋新建、扩建、改建和改变房屋用途等手续的通知》。证明：涉案项目根据《X 市国有土地上房屋征收与补偿办法》第 12 条的规定，通知有关部门暂停办理相关建设、工商手续。

第六组证据：X 市国土资源局关于集中建设安置房源用地的复函。证明：涉案项目已落实安置房源。

第七组证据：①X 市人民政府专项问题会议纪要（××）；②西安银行业务凭证/回单（3 张）；③北京银行进账单。证明：涉案项目征收补偿资金足额到位，专款专用。

第八组证据：①《B 区博物馆改扩建综合改造项目房屋征收补偿方案（讨论稿）》论证会议邀请函（B 征办函［2019］×号）；②西安 B 区博物馆改扩建工程项目房屋征收社会稳定风险评估报告评审会议邀请函；③《B 区博物馆改扩建综合改造项目房屋征收补偿方案（讨论稿）》；④《B 区博物馆改扩建综合改造项目房屋征收补偿方案》论证会议签到表；⑤X 市 B 区房屋征收管理办公室会议纪要［2019］×号。证明：涉案项目根据《X 市国有土地上房屋征收与补偿办法》第13条的规定，组织有关部门对征收补偿方案进行论证。

第九组证据：①关于对B区博物馆改扩建综合改造项目房屋征收补偿方案征求意见的通知；②B区博物馆改扩建综合改造项目房屋征收补偿方案（公示稿）；③公示照片。证明：涉案项目根据《X市国有土地上房屋征收与补偿办法》第13条的规定，对经论证的补偿方案予以公布，征求意见期限不少于30日。

第十组证据：①关于对《B区博物馆改扩建综合改造项目房屋征收补偿方案》征求意见和修改情况的说明；②B区博物馆改扩建综合改造项目房屋征收补偿方案（修改公示稿）；③公示照片。证明：征收补偿方案征求公众意见后，依法公布修改情况。

第十一组证据：①西安B区博物馆改扩建工程房屋征收《社会稳定风险评估报告》（节选）；②X市B区博物馆改扩建工程项目房屋征收社会稳定风险评估报告评审会议邀请函；③X市社会稳定风险评估备案报告表。证明：涉案项目通过了合法有效的风险评估程序，评估结果向相关部门进行了备案。

第十二组证据：①X市人民政府常务会议纪要（第16届7×次）；②X市B区人民政府常务会议纪要（第18届第××次）。证明目的：案涉项目根据《X市国有土地上房屋征收与补偿办法》第16条的规定，经市、区常委会讨论决定。

第十三组证据：X市住房和XX乡建设局关于西安B区博物馆改扩建工程项目房屋征收决定备案意见的函。证明：涉案项目征收决定依法向相关部门履行了备案程序。

第十四组证据：①X市B区人民政府《关于对西安B区博物馆改扩建工程项目涉及的国有土地上房屋予以征收的决定》（B房征决字〔2019〕×号）；②《通告》（B房征告字〔2019〕×号），附件为《西安B区博物馆改扩建工程项目房屋征收补偿方案》；③西安日报专版（6）。证明：B区人民政府发布涉案征收决定、征收补偿方案程序合法。

经庭审质证，原告对被告B区政府提交的证据发表质证意见如下：对第一组证据1、2的真实性、合法性、关联性认可，证明目的不认可；第一组证据3的真实性、合法性认可，关联性不认可；第一组证据4、5的真实性认可，合法性、关联性不认可，证明目的不认可；第一组证据6的真实性、合法性认可，关联性部分认可，证明目的不认可；第二组证据 1 的真实性、关联性认可，合法性、证明目的不认可；第二组证据 2 的真实性认可，合法性、关联性不认可，证明目的不认可；第二组证据 3、4、5 的真实性、合法性认可，关联性不认可，证明目的不认可；第三组证据 1 的真实性认可，合法性、关联性不认可，证明目的不认可。第三组证据 2、3、4 的真实性认可，合法性、关联性认可，证明目的不认可；第四、五、六、七、八组证据真实性认可，合法性、关联性不认可，证明目的不认可，转账单原告方都没有见过，只是开了会；第九组证据的真实性、合法性、关联性认可，证明目的不认可。第十、十一、十二、十三组证据的真实性、合法性认可，关联性不认可，证明目的不认可；第十四组证据的真实性、关联性认可，合法性不认可，证明目的不认可。

被告 B 区政府对原告的证据质证认为：第一组证据 1、4 真实性、合法性、关联性认可，证明目的不认可；第一组证据 2 真实性、合法性认可，关联性不认可；第一组证据 3 真实性、合法性、关联性不认可；第一组证据 5 并非被告或相关部门持有；第二组证据 1 真实性、合法性认可，关联性、证明目的不认可；第二组证据 2、3、4、5、6、8、9、10、11、12 真实性、合法性、关联性认可，证明目的不认可；第二组证据 7 真实性、合法性、关联性认可，证明目的均认可；第三组证据 1、2、3、4 真实性不认可；第三组证据 5、6 真实性、合法性、关联性认可，证明目的不认可；第四组证据 1、2 真实性、合法性、关联性认可，证明目的不认可；第四组证据 3 真实性、合法性、关联性、证明目的均不认可。

本院对上述证据认证如下：原、被告对对方真实性没有争议的证据，本院对其真实性予以确认。对原、被告对真实性有争议的证据，经综合全案分析对其真实性予以确认。

经审理查明，2018 年 7 月 4 日，X 市 B 区房屋征收管理办公室作出区房证登字〔2018〕××号房屋征收调查登记通知，X 市 B 区人民政府授权 X 市 B 区 XX 街道办事处在 2018 年 7 月 4 日至 2018 年 7 月 14 日期间对该建设项目范围内的房屋情况进行调查登记。2019 年 2 月 22 日，X 市 B 区房屋征收管理办公室对初步调查结果进行了公示，公示时间为 2019 年 2 月 22 日至 2 月 26 日。2018 年 7 月 10 日，X 市 B 区房屋征收管理办公室作出 B 征办字〔2018〕×号《关于 XX 街 XX 户区改造项目征收范围内房屋新建、扩建、改建和改变房屋用途等手续的通知》。2018年12月12日，X市人民政府召开市政府常务会议，会议审议并原则通过了《西安B区博物馆改扩建项目实施方案》。

2019年1月10日，X市规划局为"西安B区博物馆改扩建工程"作出西规选字第［2019］××号建设项目选址意见书。2019年4月30日，陕西省发展和改革委员会向陕西省文物局作出陕发改社会［2019］××号《关于西安B区博物馆改扩建工程可行性研究报告的批复》，原则同意西安B区博物馆改扩建工程，对项目建设地点、建设规模、项目资金、建设期限等相关内容进行了批复。2019年5月15日，X市B区发展和改革委员会函告"西安B区博物馆改扩建工程项目"符合国民经济和社会发展规划。2019年7月12日，《X市B区发展和改革委员会关于将西安B区博物馆改扩建工程项目列入2019年度重点建设项目计划的函》载明"西安B区博物馆改扩建工程项目，已列入2019年市、区级重点建设项目，并纳入2019年B区国民经济和社会发展计划"。

2019年7月16日，X市自然资源和规划局向陕西省文物局作出《关于西安B区博物馆改扩建工程项目有关规划条件的函》，载明"项目规划用地符合《西安城市总体规划（2008-2020年）》（2017年修订）的文化设施用地性质（A2）。……西安B区博物馆改扩建工程项目符合上述专项规划，具体建设规模等规划指标以最终审批许可为准"。2019年7月12日，X市国土资源局B区分局向B区博物馆改扩建综合改造项目指挥部出具《关于西安B区博物馆改扩建工程项目用地意见的函》，该项目所用土地属国有建设用地，符合X市主城区土地利用总体规划（2006-2020年），符合国家产业政策和供地政策。

2019年5月17日，X市B区房屋征收管理办公室发布《关于对B区博物馆改扩建综合改造项目房屋征收补偿方案征求意见的通知》，对《B区博物馆改扩建综合改造项目房屋征收补偿方案（公示稿）》在征收范围内进行了公示、征求意见，征求意见截至2019年6月17日。2019年6月25日，X市B区住房和城市建设局作出《关于对征求意见和修改情况的说明》，对涉案项目征收补偿方案征求意见及修改情况进行说明，后附《B区博物馆改扩建综合改造项目房屋征收补偿方案（修改公示稿）》一并进行了公布。2019年7月，陕西万科项目管理咨询有限公司作出《西安B区博物馆改扩建工程项目房屋征收社会稳定风险评估报告》并经相关方评审审议，评估的风险等级为低风险。2019 年 7 月 19 日，B 区特色街区 XX 楼宇经济发展服务中心填写《X 市社会稳定风险评估备案报告表》，对涉案项目社会稳定风险评估情况进行了备案。

2019 年 4 月 16 日，XXX 有限公司向 X 市 B 区 XX 中心分次转账 300 万元、700 万元，作为 B 区博物馆项目房屋征收补偿款。2019 年 5 月 20 日，XXX 有限公司向 X 市 B 区 XX 中心转账 2700 万元，作为 B 区博物馆改扩建项目房屋征收款。2019 年 8 月 30 日，XXX 有限公司向 X 市 B 区 XX 中心转账 5.63 亿元整。2019 年 7 月 23 日，X 市住房和 XX 乡建设局向 B 区人民政府作出市建函〔2019〕××号《关于西安 B 区博物馆改扩建工程项目房屋征收决定备案意见的函》，同意该项目房屋征收决定备案。2019 年 7 月 29 日，B 区政府召开政府常务会议，审议并原则通过了区住建局《对西安 B 区博物馆改扩建工程项目作出房屋征收决定的请示》，以区政府名义印发决定和通告。2019 年 8 月 14 日，B 区政府作出《关于对西安 B 区博物馆改扩建工程项目涉及的国有土地上房屋予以征收的决定》，并于同日发布《通告》，后附《西安 B 区博物馆改扩建工程项目房屋征收补偿方案》。

另查明，截至 2019 年 11 月 25 日，西安 B 区博物馆改扩建工程项目涉及征收总户数 1169 户，累计签订协议 763 户，累计拆除 504 处。原告的房屋在涉案征收决定确定的征收范围之内。原告房屋未被拆除。原告不服，提起本案诉讼，诉请如上所述。

本院认为，本案的审理重点和争议焦点是被告 B 区 XX 房××号《征收决定》是否合法。根据《国有土地上房屋征收与补偿条例》（以下简称《征收补偿条例》）的相关规定，征收国有土地上的房屋应当符合并遵守以下主要条件和程序：征收房屋的行政主体具有法定职权；征收目的基于公共利益需要；建设项目符合相关规划和计划要求；征收程序符合法律规定。因此，根据查明认定的事实，本院对被诉房屋征收决定是否合法发表评判意见如下：

（1）关于征收主体的审查。《征收补偿条例》第 8 条规定："为了保障国家安全、促进国民经济和社会发展等公共利益的需要，有下列情形之一，确需征收房屋的，由市、县级人民政府作出房屋征收决定：……（三）由政府组织实施的科技、教育、文化、卫生、体育、环境和资源保护、防灾减灾、文物保护、社会福利、市政公用等公共事业的需要；……"据此，本院认为，被告具有作出被诉 B 房征决字［2019］×号《征收决定》的法定职权，其行政征收主体适格。

（2）关于征收目的的审查。《征收补偿条例》第 8 条第 3 项规定，……（三）由政府组织实施的科技、教育、文化、卫生、体育、环境和资源保护、防灾减灾、文物保护、社会福利、市政公用等公共事业的需要……"由政府组织实施的 B 区博物馆改扩建工程建设，属于公共利益的范畴。经审查，被告 B 区政府提交的相关证据和材料，能够证明被诉 B 房征决字［2019］4 号《征收决定》中确定的西安 B 区博物馆改扩建工程已经陕西省发展和改革委员会批复同意，同时《陕西省 2019 年政府工作报告》、省委书记专题会议纪要［2018］×号、陕西省人民政府专项问题会议纪要（第××次）、陕西省人民政府专项问题会议纪要（第 13 次）确定西安 B 区博物馆提升改造项目为陕西省 2019 年重点工作，其改扩建目的是加强文物保护与利用，更好满足人民群众日益增长文化需求的重要举措，对促进全省文化旅游产业发展具有重要意义，故被告 B 区政府作出的被诉 B 房征决字［2019］×号《征收决定》符合《征收补偿条例》第 8 条第 2 项的规定，其征收目的符合促进国民经济和社会发展等公共利益的需要。

（3）关于涉案征收决定主要证据是否充足、是否符合相关规划和计划要求的审查。《征收补偿条例》第 9 条第 1 款规定："确需征收房屋的各项建设活动，应当符合国民经济和社会发展规划、土地利用总体规划、XX 乡规划和专项规划。保障性安居工程建设、旧城区改建，应当纳入市、县级国民经济和社会发展年度计划。"经审查被告 B 区政府提供的相关证据，可以证明西安 B 区博物馆改扩建项目经陕西省发展和改革委员会同意立项后，该项目取得了规划部门核发的规划许可，符合 XX 乡规划、专项规划，通过了国土资源部门的审核，符合土地利用总体规划，涉案项目符合陕西省文化和旅游发展规划、X 市国民经济和社会发展第十三个五年规划，并被纳入 2019 年 B 区国民经济和社会发展规划，故本院认为，被告作出的 B 房征决字［2018-2019］××号房屋征收决定主要证据充分确凿、符合相关规划要求。

（4）关于征收程序的审查。《征收补偿条例》第 10 条、第 11 条规定，房屋征收部门拟定征收补偿方案，应当公布征求公众意见，征求意见期限不得少于 30 日。征求意见后，还应当将征求意见情况和根据公众意见修改的情况及时公布。第 12 条规定，市、县级人民政府作出房屋征收决定前，应当按照有关规定进行社会稳定风险评估；房屋征收决定涉及被征收人数量较多的，应当经政府常务会议讨论决定。作出房屋征收决定前，征收补偿费用应当足额到位、专户存储、专款专用。第13条规定，市、县级人民政府作出房屋征收决定后应当及时公告。公告应当载明征收补偿方案和行政复议、行政诉讼权利等事项。第15条规定，房屋征收部门应当对房屋征收范围内房屋的权属、区位、用途、建筑面积等情况组织调查登记，被征收人应当予以配合。调查结果应当在房屋征收范围内向被征收人公布。第16条规定，房屋征收范围确定后，不得在房屋征收范围内实施新建、扩建、改建房屋和改变房屋用途等不当增加补偿费用的行为；违反规定实施的，不予补偿。本案中，2018年7月4日，X市B区政府对涉案项目范围内房屋进行调查登记，并于2018年7月10日发布暂停办理房屋新建、扩建、改建和改变房屋用途等手续的通知，2018年11月16日X市国土资源局出具复函确定涉案项目安置房源用地，于2019年2月22日至2月26日对房屋调查登记结果进行了公示，组织有关部门对征收补偿方案进行论证。XXX有限公司向X市B区XX中心转入涉案项目房屋征收款5757元。2019年5月17日，各方代表对涉案项目征收补偿方案（讨论稿）进行论证、提出意见建议，2019年5月17日至6月17日，对征收补偿方案进行公示，2019年6月25日，X市B区住房和城市建设局征求公众意见后，公布修改情况。2019年7月19日，涉案项目委托评估机构进行社会稳定风险评估，评估风险等级为低风险，《社会稳定风险评估报告》经评审审议、备案。涉案项目根据《X市国有土地上房屋征收与补偿办法》第16条规定，经市、区政府常委会讨论决定并通过。2019年7月23日，西安住房和XX乡建设局向被告出具回函同意该项目征收决定备案，2019年8月14日，被告发布涉案征收决定的通告，公布了征收项目、征收主体、部门及实施单位、征收补偿方案，告知了征收补偿方案和行政复议、行政诉讼权利等事项。并于2019年8月16日在《西安日报》进行了专版刊登。故本院认为，涉案项目履行了征收补偿方案进行论证并予以公布，征求公众意见、将征求意见情况和根据公众意见修改的情况及时公布、进行社会稳定风险评估；并经政府常务会议讨论决定。征收补偿费用足额到位、专款专用。市、县级人民政府作出房屋征收决定后及时予以公告，并告知被征收人行政复议、行政诉讼等权利事项。综上，被告作出的征收决定程序符合国有土地征收补偿的程序性规定。

原告认为 B 区政府不是《征收补偿条例》规定的市、县级人民政府；按照《西安市国有土地上房屋征收与补偿办法》第 3 条第 4 项之规定市人民政府确定的重大项目的房屋征收与补偿工作由市人民政府负责，B 区政府无权作出被诉征收决定。本院对原告的上述主张审查后认为，B 区政府属于《征收补偿条例》规定的市、县级人民政府，其有权作出征收决定。关于本案所涉征收项目是否属于 X 市人民政府确定的重大项目，应由 X 市人民政府作出征收决定一节，从原告列举的事实及其所依据的《X 市国有土地上房屋征收与补偿办法》，均无法认定 B 区政府没有作出本案被诉征收决定的法定职权，且根据《征收补偿条例》的规定，B 区政府具有作出征收决定的法定职权。对于原告主张被告发布征收决定的程序不合法，被告陈述的文件不合法、不规范，确定的征收范围不合法等意见，缺乏事实和法律依据，本院不予采纳。原告向本院提出的调取证据申请，因其申请调取的证据并不在本案的审查范围内，故本院不予准许。

综上所述，被告 B 区政府具有作出被诉征收决定的法定职权，被诉征收决定证据确凿，适用法律、法规正确，符合法定程序。原告主张撤销被诉征收决定的理由不能成立，对其诉讼请求本院不予支持。但需要指出，根据《征收补偿条例》第 13 条第 2 款的规定，市、县级人民政府及房屋征收部门应当做好房屋征收与补偿的宣传、解释工作。涉案的征收决定涉及被征收人人数较多，被告应当继续深入做好房屋征收与补偿的宣传解释工作，以保障被征收人的合法权益。依照《中华人民共和国行政诉讼法》第 69 条之规定，判决如下：

驳回原告韩某某的诉讼请求。

案件受理费 50 元，由原告韩某某负担。

如不服本判决，可在判决书送达之日起 15 日内，向本院递交上诉状，并按对方当事人的人数提出副本，上诉于 XXXXXX 法院。

审判长　XXX

审判员　XXX

审判员　XXX

二〇一九年十二月二十七日

书记员　XXX

二审裁判文书：

XXXXXX 法院

行政判决书

［2020］×行终××号

上诉人（原审原告）：韩某某。委托诉讼代理人：韩某。

被上诉人（原审被告）：X市B区人民政府。法定代表人：卢某某，该区人民政府区长。

委托诉讼代理人：田某，该区人民政府工作人员。

委托诉讼代理人：王阿娟，陕西明萌律师事务所律师。

上诉人韩某某因诉被上诉人X市B区人民政府（以下简称"B区政府"）房屋征收决定一案，不服XXXXXX法院行政判决，向本院提起上诉。本院受理后依法组成合议庭，于2020年8月21日公开开庭审理了本案。上诉人韩某某的委托诉讼代理人韩某，被上诉人B区政府的委托诉讼代理人田某、王阿娟到庭参加诉讼。本案现已审理终结。

原审法院查明：2018年7月4日，X市B区房屋征收管理办公室（以下简称"B区征收办"）作出区××号房屋征收调查登记通知。B区政府授权X市B区柏树林街道办事处在2018年7月4日至2018年7月14日期间，对该建设项目范围内的房屋情况进行调查登记。2019年2月22日，B区征收办对初步调查结果进行了公示，公示时间为2019年2月22日至2月26日。2018年7月10日，B区征收办作出B征办字［2018］6号《关于暂停办理S街周边棚户区改造项目征收范围内房屋新建、扩建、改建和改变房屋用途等手续的通知》。2018年12月12日，X市人民政府召开市政府常务会议，会议审议并原则通过了《西安B区博物馆改扩建项目实施方案》。

2019年1月10日，X市规划局为"西安B区博物馆改扩建工程"作出西规选字第［2019］××号《中华人民共和国建设项目选址意见书》。2019年4月30日，陕西省发展和改革委员会向陕西省文物局作出陕发改社会［2019］××号《关于西安B区博物馆改扩建工程可行性研究报告的批复》，原则同意西安B区博物馆改扩建工程，对项目建设地点、建设规模、项目资金、建设期限等相关内容进行了批复。2019年5月15日，X市B区发展和改革委员会函告"西安 B 区博物馆改扩建工程项目"符合国民经济和社会发展规划。2019 年 7 月 12 日，《X 市 B 区发展和改革委员会关于将西安 B 区博物馆改扩建工程项目列入 2019 年度重点建设项目计划的函》载明"西安 B 区博物馆改扩建工程项目，已列入 2019 年市、区级重点建设项目，并纳入 2019 年 B 区国民经济和社会发展计划"。2019 年 7 月 16 日，X 市自然资源和规划局向陕西省文物局作出《关于西安 B 区博物馆改扩建工程项目有关规划条件的函》，载明"项目规划用地符合《西安城市总体规划（2008-2020 年）》（2017 修订）的文化设施用地性质（A2）。……西安 B 区博物馆改扩建工程项目符合上述专项规划，具体建设规模等规划指标以最终审批许可为准"。2019 年 7 月 12 日，X 市国土资源局 B 区分局向 B 区博物馆改扩建综合改造项目指挥部出具《关于西安 B 区博物馆改扩建工程项目用地意见的函》，该项目所用土地属国有建设用地，符合 X 市主城区土地利用总体规划（2006-2020 年），符合国家产业政策和供地政策。

2019 年 5 月 17 日，B 区征收办发布《关于对 B 区博物馆改扩建综合改造项目房屋征收补偿方案征求意见的通知》，对《B 区博物馆改扩建综合改造项目房屋征收补偿方案（公示稿）》在征收范围内进行了公示、征求意见，征求意见截至 2019 年 6 月 17 日。2019 年 6 月 25 日，X 市 B 区住房和城市建设局作出《关于对征求意见和修改情况的说明》，对涉案项目征收补偿方案征求意见及修改情况进行说明，后附《B 区博物馆改扩建综合改造项目房屋征收补偿方案（修改公示稿）》一并进行了公布。2019 年 7 月，陕西万科项目管理咨询有限公司作出《西安 B 区博物馆改扩建工程项目房屋征收社会稳定风险评估报告》并经相关方评审审议，评估的风险等级为低风险。2019 年 7 月 19 日，B 区特色街区 XX 楼宇经济发展服务中心填写《X 市社会稳定风险评估备案报告表》，对涉案项目社会稳定风险评估情况进行了备案。

2019 年 4 月 16 日，XXX 有限公司向 X 市 B 区 XX 中心分次转账 300 万元、700 万元，作为 B 区博物馆项目房屋征收补偿款。2019 年 5 月 20 日，XXX 有限公司向 X 市 B 区 XX 中心转账 2700 万元，作为 B 区博物馆改扩建项目房屋征收款。2019 年 8 月 30 日，XXX 有限公司向 X 市 B 区 XX 中心转账 5.63 亿元整。2019 年 7 月 23 日，X 市住房和城乡建设局向 B 区政府作出市××号《关于西安 B 区博物馆改扩建工程项目房屋征收决定备案意见的函》，同意该项目房屋征收决定备案。2019 年 7 月 29 日，B 区政府召开政府常务会议,审议并原则通过了区住建局《对西安 B 区博物馆改扩建工程项目作出房屋征收决定的请示》,以区政府名义印发决定和通告。2019 年 8 月 14 日,B 区 XX 房××号《关于对西安 B 区博物馆改扩建工程项目涉及的国有土地上房屋予以征收的决定》(以下简称"4 号房屋征收决定"),并于同日发布《通告》,后附《西安 B 区博物馆改扩建工程项目房屋征收补偿方案》。

另查明,截至 2019 年 11 月 25 日,西安 B 区博物馆改扩建工程项目涉及征收总户数 1169 户,累计签订协议 763 户,累计拆除 504 处。韩某某的房屋在涉案征收决定确定的征收范围之内。韩某某的房屋未被拆除。韩某某不服,提起本案诉讼,请求撤销 B 区××号房屋征收决定。

原审法院认为:本案的审理重点和争议焦点是 B 区××号房屋征收决定是否合法。根据《国有土地上房屋征收与补偿条例》(以下简称《征收补偿条例》)的相关规定,征收国有土地上的房屋应当符合并遵守以下主要条件和程序:征收房屋的行政主体具有法定职权;征收目的基于公共利益需要;建设项目符合相关规划和计划要求;征收程序符合法律规定。因此,根据查明认定的事实,对被诉房屋征收决定是否合法评判如下:

(1) 关于征收主体的审查。《征收补偿条例》第 8 条规定:"为了保障国家安全、促进国民经济和社会发展等公共利益的需要,有下列情形之一,确需征收房屋的,由市、县级人民政府作出房屋征收决定:……(三) 由政府组织实施的科技、教育、文化、卫生、体育、环境和资源保护、防灾减灾、文物保护、社会福利、市政公用等公共事业的需要;……"据此,B 区××号房屋征收决定的法定职权,征收主体适格。

(2) 关于征收目的的审查。《征收补偿条例》第 8 条第 3 项规定:"……(三) 由政府组织实施的科技、教育、文化、卫生、体育、环境和资源保护、防灾减灾、文物保护、社会福利、市政公用等公共事业的需要……"由政府组织实施的 B 区博物馆改扩建工程建设,属于公共利益的范畴。经审查,B 区政府提交的相关证据和材料,能够证明 4 号房屋征收决定中确定的西安 B 区博物馆改扩建工程已经陕西省发展和改革委员会批复同意,同时《陕西省 2019 年政府工作报告》、省委书记专题会议纪要 [2018] ×号、陕西省人民政府专项问题会议纪要 (第××次)、陕西省人民政府专项问题会议纪要 (第××次) 确定西安 B 区博物馆提升改造项目为陕西省 2019 年重点工作,其改扩建目的是加强文物保护与利用,更好满足人民群众日益增长文化需求的重要举措，对促进全省文化旅游产业发展具有重要意义，故 B 区××号房屋征收决定符合《征收补偿条例》第 8 条第 3 项的规定，其征收目的符合促进国民经济和社会发展等公共利益的需要。

（3）关于涉案征收决定主要证据是否充足、是否符合相关规划和计划要求的审查。《征收补偿条例》第 9 条第 1 款规定："确需征收房屋的各项建设活动，应当符合国民经济和社会发展规划、土地利用总体规划、城乡规划和专项规划。保障性安居工程建设、旧城区改建，应当纳入市、县级国民经济和社会发展年度计划。"经审查，B 区政府提供的相关证据，可以证明西安 B 区博物馆改扩建项目经陕西省发展和改革委员会同意立项后，该项目取得了规划部门核发的规划许可，符合城乡规划、专项规划，通过了国土资源部门的审核，符合土地利用总体规划，涉案项目符合陕西省文化和旅游发展规划、X 市国民经济和社会发展第十三个五年规划，并被纳入 2019 年 B 区国民经济和社会发展规划，故 B 区××号房屋征收决定主要证据充分确凿、符合相关规划要求。

（4）关于征收程序的审查。《征收补偿条例》第 10 条、第 11 条规定，房屋征收部门拟定征收补偿方案，应当公布征求公众意见，征求意见期限不得少于 30 日。征求意见后，还应当将征求意见情况和根据公众意见修改的情况及时公布。第 12 条规定："市、县级人民政府作出房屋征收决定前，应当按照有关规定进行社会稳定风险评估；房屋征收决定涉及被征收人数量较多的，应当经政府常务会议讨论决定。作出房屋征收决定前，征收补偿费用应当足额到位、专户存储、专款专用。"第 13 条规定："市、县级人民政府作出房屋征收决定后应当及时公告。公告应当载明征收补偿方案和行政复议、行政诉讼权利等事项。"第 15 条规定："房屋征收部门应当对房屋征收范围内房屋的权属、区位、用途、建筑面积等情况组织调查登记，被征收人应当予以配合。调查结果应当在房屋征收范围内向被征收人公布。"第 16 条规定："房屋征收范围确定后，不得在房屋征收范围内实施新建、扩建、改建房屋和改变房屋用途等不当增加补偿费用的行为；违反规定实施的，不予补偿。"本案中，2018 年 7 月 4 日，B 区政府对涉案项目范围内房屋进行调查登记，并于 2018 年 7 月 10 日发布暂停办理房屋新建、扩建、改建和改变房屋用途等手续的通知。2018 年 11 月 16 日，X 市国土资源局出具复函确定涉案项目安置房源用地，并于 2019 年 2 月 22 日至 2 月 26 日对房屋调查登记结果进行了公示，组织有关部门对征收补偿方案进行论证。西安城墙文化投资发展有限公司向 X 市 B 区 XX 中心转入了涉案项目房屋征收款。2019 年 5 月 17 日，各方代表对涉案项目征收补偿方案（讨论稿）进行论证、提出意见建议，2019 年 5 月 17 日至 6 月 17 日，对征收补偿方案进行公示，2019 年 6 月 25 日，X 市 B 区住房和城市建设局征求公众意见后，公布修改情况。2019 年 7 月 19 日，涉案项目委托评估机构进行社会稳定风险评估，评估风险等级为低风险，《社会稳定风险评估报告》经评审审议、备案。涉案项目根据《X 市国有土地上房屋征收与补偿办法》第 16 条的规定，经市、区政府常委会讨论决定并通过。2019 年 7 月 23 日，西安住房和城乡建设局向 B 区政府出具回函同意该项目征收决定备案，2019 年 8 月 14 日，B 区政府发布涉案征收决定的通告，公布了征收项目、征收主体、部门及实施单位、征收补偿方案，告知了征收补偿方案和行政复议、行政诉讼权利等事项；并于 2019 年 8 月 16 日在《西安日报》进行了专版刊登。故涉案项目履行了征收补偿方案进行论证并予以公布，征求公众意见、将征求意见情况和根据公众意见修改的情况及时公布、进行社会稳定风险评估；并经政府常务会议讨论决定。征收补偿费用足额到位、专款专用。市、县级人民政府作出房屋征收决定后及时予以公告，并告知被征收人行政复议、行政诉讼等权利事项。综上，B 区政府作出的房屋征收决定程序符合国有土地征收补偿的程序性规定。

韩某某认为 B 区政府不是《征收补偿条例》规定的市、县级人民政府；按照《X 市国有土地上房屋征收与补偿办法》第 3 条第 4 项之规定，市人民政府确定的重大项目的房屋征收与补偿工作由市人民政府负责，B 区政府无权作出被诉征收决定。经查，B 区政府属于《征收补偿条例》规定的市、县级人民政府，故其有权作出征收决定。关于本案所涉征收项目是否属于 X 市人民政府确定的重大项目，应由 X 市人民政府作出征收决定一节，从韩某某列举的事实及其所依据的《X 市国有土地上房屋征收与补偿办法》，均无法认定 B 区政府不具有作出本案被诉征收决定的法定职权，且根据《征收补偿条例》的规定，B 区政府具有作出征收决定的法定职权。对于韩某某主张 B 区政府发布征收决定的程序不合法，陈述的文件不合法、不规范等意见，缺乏事实和法律依据，不予采纳。原告向法院提出的调取证据申请，因其申请调取的证据并不在本案的审查范围内，故不予准许。

综上所述，B 区政府具有作出被诉征收决定的法定职权，被诉征收决定证据确凿，适用法律、法规正确，符合法定程序。韩某某主张撤销被诉征收决定的理由不能成立，对其诉讼请求不予支持。但需要指出，根据《征收补偿条例》第 13 条第 2 款的规定，市、县级人民政府及房屋征收部门应当做好房屋征收与补偿的宣传、解释工作。涉案的征收决定涉及被征收人人数较多，B 区政府应当继续深入做好房屋征收与补偿的宣传解释工作，以保障被征收人的合法权益。依照《中华人民共和国行政诉讼法》第 69 条的规定，判决：驳回韩某某的诉讼请求。

上诉人韩某某上诉称：（1）B 区××号房屋征收决定违法。①本案涉及的项目是 X 市重大项目，应由 X 市人民政府作出征收决定，B 区政府无权作出征收决定。②B 区政府发布征收决定的程序不合法。③B 区政府作出的房屋征收决定应符合《中华人民共和国文物保护法》及公共利益。④B 区政府作出的房屋征收决定不具备合法审批的建设项目立项等必要文件，所依据的《陕西省 XX 委关于西安 B 区博物馆改扩建工程项目可行性研究报告的批复》不具有合法性。⑤B 区政府作出的房屋征收决定所依据的《中华人民共和国建设项目选址意见书》有重大法律瑕疵。⑥B 区政府作出的房屋征收决定依据的 X 市自然资源和规划局《关于西安 B 区博物馆改扩建工程项目有关规划条件的函》是虚假证据。（2）韩某某调取证据的申请，人民法院应予支持。请求：撤销原判，依法重新判决。

被上诉人 B 区政府提交答辩意见称：①B 区政府具有作出涉案房屋征收决定的法定职权。涉案项目位于 B 区辖区内，根据《征收补偿条例》第 4 条、第 5 条的规定，B 区政府作为区级人民政府，具有作出涉案房屋征收决定的法定职权。②B 区政府作出涉案房屋征收决定是基于公共利益需要的合法征收。涉案项目是为 B 区博物馆改扩建工程所涉及的国有土地上房屋的征收，是为了公共利益的目的。③B 区政府作出涉案房屋征收决定符合相关规划要求。涉案项目取得了立项批复，符合国民经济和社会发展规划；涉案项目符合城乡规划；涉案项目符合专项规划；涉案项目符合用地条件。④B 区政府作出涉案房屋征收决定程序合法。B 区政府作出涉案房屋征收决定前依法进行了论证并公开征求了意见；进行了社会风险评估，并经政府常务会议讨论，履行了备案程序；涉案项目安置房源用地已经落实，征收补偿款项足额到位；B 区政府作出涉案征收决定后，及时进行了公告，并载明了补偿方案和行政复议、行政诉讼等事项。请求：驳回上诉，维持原判。

经审理查明：截至 2020 年 8 月 21 日，西安 B 区博物馆改扩建工程项目涉及实际征收总户数为 1068 户，累计签订协议 933 户，累计拆除 1067 户。韩某某就其房屋补偿问题已经签订补偿协议并领取了补偿款。

原审法院查明的其余事实属实，本院予以确认。

本院认为，本案争议的焦点问题是 B 区××号房屋征收决定是否合法。

《征收补偿条例》第 8 条规定："为了保障国家安全、促进国民经济和社会发展等公共利益的需要，有下列情形之一，确需征收房屋的，由市、县级人民政府作出房屋征收决定……"该条第 6 项规定："法律、行政法规规定的其他公共利益的需要。"第 9 条规定："依照本条例第八条规定，确需征收房屋的各项建设活动，应当符合国民经济和社会发展规划、土地利用总体规划、城乡规划和专项规划。保障性安居工程建设、旧城区改建，应当纳入市、县级国民经济和社会发展年度计划。"第 12 条规定："市、县人民政府作出房屋征收决定前，应当按照有关规定进行社会风险评估；房屋征收决定涉及被征收人数量较多的，应当经政府常务会议讨论决定。"当时有效的《X 市国有土地上房屋征收与补偿办法》第 8 条规定："为了保障国家安全、促进国民经济和社会发展等公共利益的需要，有下列情形之一，确需征收房屋的，由市、区人民政府作出房屋征收决定，开发区管委会根据市人民政府的委托作出房屋征收决定……"该条第 6 项规定："法律、行政法规规定的其他公共利益的需要。"第 9 条规定："作出房屋征收决定时，需具备下列条件：（一）建设项目立项文件；（二）规划部门核发的建设用地规划许可证或确认的规划设计条件；（三）国土资源部门的土地相关文件；（四）征收补偿方案。"本案中，B 区博物馆改扩建项目是陕西省加强文物保护与利用，更好满足人民群众日益增长文化需求的重要举措，是继续提升基本公共文化服务水平，促进省市区文化、旅游、民生等共同发展的重要举措，符合公共利益的需要。B 区政府于 2019 年 8 月 14 日作出×号房屋征收决定，在作出×号征收决定前，《陕西省 2019 年政府工作报告》、省委书记专题会议纪要〔2018〕×号、陕西省人民政府专项问题会议纪要（第××次）、陕西省人民政府专项问题会议纪要（第××次）确定西安 B 区博物馆提升改造项目为陕西省 2019 年重点工作，并将西安 B 区博物馆改扩建工程纳入 2019 年 B 区国民经济和社会发展规划，且已取得（《中华人民共和国建设项目选址意见书》（西规选字第〔2019〕××号）、《关于西安 B 区博物馆改扩建工程项目有关规划条件的函》《X 市国土资源局 B 区分局关于西安 B 区博物馆改扩建工程项目用地意见的函》（市国土 B 函 [2019] 10 号）、《西安 B 区博物馆改扩建工程项目房屋征收补偿方案》。2019 年 5 月 17 日，B 区征收办向各被征收人发出《关于对 B 区博物馆改扩建综合改造项目房屋征收补偿方案征求意见的通知》，公布期为 1 个月，征求公众意见。2019 年 7 月 19 日，涉案项目委托评估机构进行社会稳定风险评估，评估风险等级为低风险。因涉及被征收人数量较多，B 区政府常务会议于 2019 年 8 月 1 日讨论通过 4 号房屋征收决定。2019 年 4 月 16 日，西安城墙文化投资发展有限公司通过西安银行向 X 市 B 区 XX 中心分次转账 300 万元、700 万元，作为 B 区博物馆项目房屋征收补偿款。2019 年 5 月 20 日，西安城墙文化投资发展有限公司向 X 市 B 区 XX 中心转账 2700 万元，作为 B 区博物馆改扩建项目房屋征收补偿款。2019 年 8 月 30 日，北京银行进账单显示，西安城墙文化投资发展有限公司向 X 市 B 区 XX 中心转账 5.63 亿元。B 区××号房屋征收决定后，发布了涉案征收决定的通告，公布了征收项目、征收主体、部门及实施单位、征收补偿方案，告知被征收人行政复议、行政诉讼权利等救济的方式；并于 2019 年 8 月 16 日在《西安日报》进行了专版刊登。故 B 区××号房屋征收决定，符合《征收补偿条例》和当时有效的《X 市国有土地上房屋征收与补偿办法》的规定。

关于韩某某提出 B 区博物馆改扩建项目是市级重点项目，应由 X 市人民政府作出房屋征收决定，B 区政府无权作出房屋征收决定的上诉理由。本案中，虽然 B 区博物馆改扩建工程已列入 2019 年度市级重点工程，但 B 区政府是否具有作出房屋征收的法定职权，并不依据涉案项目是哪一级政府的重点工程，而是取决于法律、法规是否赋予其该项职权。根据《征收补偿条例》第 8 条的规定，B 区政府具有作出房屋征收决定的法定职权，故韩某某的该上诉理由不予支持。

关于韩某某提出 B 区政府作出房屋征收决定不符合《中华人民共和国文物保护法》规定的上诉理由。经查，国家文物局已对涉案建设项目拟建区域考古及新建博物馆的体量、规模和形制等提出了要求，故韩某某的该理由不能成立。

关于韩某某在一审期间提出调取证据的申请。经查，韩某某申请调取的证据是《B 区历史文化街区改造项目实施方案的批复》（XXX 发 [2018] ××号），因该证据与待证事实无关联、对证明待证事实无意义，故原审法院不予准许并无不当。

综上，上诉人韩某某的上诉理由不能成立，依法不予支持。原审判决认定事实清楚，适用法律正确，依法应予维持。依照《中华人民共和国行政诉讼法》第89条第1款第1项的规定，判决如下：

驳回上诉，维持原判。

二审案件受理费50元，由上诉人韩某某负担。本判决为终审判决。

审 判 长 XXX

审 判 员 XXX

审 判 员 XXX

二〇二〇年九月二十五日

法 官 助 理 XXX

书 记 员 XXX